国家社科基金
GUOJIA SHEKE JIJIN HOUQI ZIZHU XIANGMU
后期资助项目

电子政务云服务采纳、吸收及其价值影响机制研究

Research on the Mechanism of Adoption, Assimilation and Impact of E-Government Cloud Service

梁乙凯　戚桂杰　魏康宁　李 刚　著

蘭州大學出版社
LANZHOU UNIVERSITY PRESS

图书在版编目（CIP）数据

电子政务云服务采纳、吸收及其价值影响机制研究 / 梁乙凯等著. -- 兰州 : 兰州大学出版社, 2023.10
ISBN 978-7-311-06560-7

Ⅰ. ①电… Ⅱ. ①梁… Ⅲ. ①电子政务—研究—中国 Ⅳ. ①D63-39

中国国家版本馆CIP数据核字(2023)第202975号

责任编辑 黄 卉
封面设计 汪如祥

书　　名 电子政务云服务采纳、吸收及其价值影响机制研究
作　　者 梁乙凯等 著
出版发行 兰州大学出版社 （地址:兰州市天水南路222号 730000)
电　　话 0931-8912613(总编办公室) 0931-8617156(营销中心)
网　　址 http://press.lzu.edu.cn
电子信箱 press@lzu.edu.cn
印　　刷 西安日报社印务中心
开　　本 710 mm×1020 mm 1/16
印　　张 14.5
字　　数 251千
版　　次 2023年10月第1版
印　　次 2023年10月第1次印刷
书　　号 ISBN 978-7-311-06560-7
定　　价 40.00元

国家社科基金后期资助项目
出版说明

后期资助项目是国家社科基金项目主要类别之一，旨在鼓励广大人文社会科学工作者潜心治学，扎实研究，多出优秀成果，进一步发挥国家社科基金在繁荣发展哲学社会科学中的示范引导作用。后期资助项目主要资助已基本完成且尚未出版的人文社会科学基础研究的优秀学术成果，以资助学术专著为主，也资助少量学术价值较高的资料汇编和学术含量较高的工具书。为扩大后期资助项目的学术影响，促进成果转化，全国哲学社会科学工作办公室按照“统一设计、统一标识、统一版式、形成系列”的总体要求，组织出版国家社科基金后期资助项目成果。

全国哲学社会科学工作办公室

前　言

近几年，中国电子政务发展已进入推动信息整合与业务协同的崭新阶段。凭借超大规模计算与存储能力、虚拟化、可扩展性、按需服务、灵活性等技术优势，云计算成为解决电子政务发展瓶颈（资源利用率低、信息技术成本攀升、重复建设和投资浪费、信息技术采购部署周期长）的方法，以及推进电子政务信息化基础设施集约式建设、提高资源利用率、实现政务协同与部门间信息的互联互通的有效途径。在《国家电子政务“十二五”规划》等一系列政策指导与支持下，各地政府按照中央的部署与要求，逐步开展电子政务云计算服务体系规划与设计，着力推进统一的电子政务公共平台构建，促进电子政务建设由传统模式向集约化方式转变。虽然我国政府部门的电子政务云覆盖率在不断提高，但是由于电子政务云是一种全新模式创新，其独特性带来了许多政府管理方面的挑战，导致我国电子政务云采纳的比率与程度还远低于发展比较成熟的欧美发达国家。已有研究表明，信息技术的建设与投资能否获得成效与收益，依赖于信息技术的有效融合与使用。因此，探索电子政务云在政府部门的采纳过程，为提高电子政务系统在云平台的部署比例、基础设施利用率，提高跨层级、跨部门间的资源共享以及业务协同效果指明方向，这对政府部门、云服务提供商、云服务产业及国家电子政务战略而言，都具有重要的意义。

围绕着电子政务云相关问题，学者们展开了大量的研究。但纵观国内外已有研究结果可知，电子政务云采纳、吸收与价值的探究还处在起步阶段。很多学者大都是从企业视角对云计算使用进行研究，缺少对云计算在政府及公共部门情境的关注。而且，电子政务云的研究重点集中于技术架构、优势与风险以及电子政务云技术实施。只有少量研究关注到电子政务云的采纳问题，且这些研究以调查、案例、扎根分析等质性研究方法为主。这些方面的实证研究则侧重于云技术影响因素的直接作用，缺乏对外界环境和组织因素以及云采纳内部作用机制（间接作用）的关注。另外，很少有研究涉及电子政务云采纳后阶段，如电子政务云吸收如何实现电子政务云的信息技术价值。因此，为了回答影响电子政务云采纳的关键因素有哪些、这些因素的影响作用机制是什么、电子政务云吸收策略有哪些、这些策略如何影响组织信息技术价值实现等研究问题，有必要建立一个完整的理论框架对电子政务云采纳影响因素、电子政务云吸收及其信息技术价值影响机制进行深入探讨和考察。这对于当前电子政务云研究、信息技术采纳行为研究具有非常重要的理论意义。

本书基于信息技术创新采纳过程理论，将电子政务云采纳过程分为采纳前与采纳后两阶段，围绕“电子政务云采纳→电子政务云吸收→电子政务云价值”的路线进行一系列研究。一方面，在采纳前阶段侧重从技术、组织和环境维度识别电子政务云采纳的关键因素与作用机制；另一方面，在采纳后阶段侧重于分析采纳后电子政务云吸收策略对于组织信息技术价值的影响机制。

本书通过对政府部门的电子政务云采纳与吸收的探索性案例研究与实证研究，研究重点及研究结论如下：

1.研究了影响政府部门采纳电子政务云的关键因素及其作用机制

以技术-组织-环境模型与信任理论为理论基础，结合制度理论、双因素理论，在技术因素、组织因素和环境因素三个维度的基础上，添加政府部门普遍关注的电子政务云服务信任因素，构建与检验了电子政务云采纳影响因素概念模型。在技术维度，基于双因素理论将电子政务云特质分为感知技术优势与感知技术风险，同时考虑电子政务云的服务属性，将云提供商能力作为技术维度的组成；组织维度增加了由高层管理支持与资源组成的组织就绪度；环境维度则增加了基于制度理论的外部强制压力。实证研究结果表明，云提供商能力、组织就绪度、外界压力、云信任对电子政务采纳有显著的正向影响，同时还发现感知技术优势与云提供商能力对电子政务采纳具有显著的正向间接作用。云信任在技术维度中的感知技术优势、云提供商能力和电子政务采纳的关系中呈现完全中介与部分中介效应。外部压力在云信任与云采纳的关系中起到正向调节效应。以上影响机制的发现，弥补了以往研究过多关注技术-组织-环境模型影响因素的直接作用而忽略间接作用的不足，丰富了信息技术创新、云计算、电子政务采纳影响作用机制。

2.研究了影响政府部门采纳电子政务云的关键因素组合

组织要素间经常相互依赖与共同作用导致结果产生，前因是多重并发的。然而，传统基于自变量相互独立、单向线性关系与因果对称性的统计方法，很难解释自变量的相互依赖。因此，有必要探寻导致电子政务云采纳的不同前因变量组合，为促进电子政务云采纳提供更多样化和针对性的选择。本书基于复杂理论，利用“组态”的整体分析视角，采用模糊集定性比较方法，分析电子政务云技术特质（感知技术优势、感知技术风险、云提供商能力）、组织就绪度、外部压力、电子政务云信任等因素的共同作用，从而形成导致电子政务云采纳的不同组态，以揭示这种复杂的因果关系。采用模糊集定性比较方法分析发现9个导致高水平电子政务云采纳的组态，以及7种导致低水平电子政务云采纳的组态。

3.研究了电子政务云吸收及其组织信息技术价值影响机制

本书以信息技术吸收理论为基础，从电子政务云吸收的建设维度出发，将电子政务云吸收分为吸收深度和吸收广度两个维度；从电子政务云信息技术价值的实现先后顺序出发，将电子政务云信息技术价值界定为短期的信息技术业务价值与长期的信息技术战略价值；同时从资源编排理论与双元理论出发，界定了两种电子政务云吸收深度与广度的匹配方式——平衡和互补匹配策略，并以此为基础构建并实证了电子政务云吸收与价值影响机制模型，探究了电子政务云吸收深度和广度两个维度及其匹配策略对组织电子政务云信息技术价值的影响机制。实证研究结果表明，电子政务云吸收深度和广度都对短期的信息技术业务价值有正向影响，且与电子政务云吸收深度相比，吸收广度效果更明显。同时，电子政务云吸收深度和广度通过信息技术业务价值对长期信息技术战略价值具有正向间接影响，同样与电子政务云吸收深度相比，吸收广度间接效果更明显。本书还发现电子政务云吸收深度和广度的互补匹配策略对长期的信息技术战略价值具有正向影响，而平衡匹配策略没有显著影响。以上电子政务云吸收及其价值影响机制的发现，弥补了以往研究过多关注信息技术采纳前的环节而忽略吸收影响机制的不足，将信息技术吸收由以往传统的信息技术建设模式扩展到电子政务云环境中，丰富了信息技术吸收与信息技术价值相关理论。

本书的创新点如下：

1.探索性地研究电子政务云在政府部门的采纳问题

云服务的应用逐渐变为电子政务发展与研究的关注点，但已有研究主要关注技术架构、优势与劣势等方面。虽然国外区域、企业领域对云计算服务的采纳探究越来越丰富，但由于不同国家（地区）、不同类型的组织对云计算服务的需求存在一定的差异化，因此现有研究对中国情境下的政府部门缺乏针对性。本书把中国的政府部门作为实证对象，结论更加具有针对意义。

2.基于信息技术创新采纳过程理论深入探析电子政务云采纳过程

已有研究对于云计算、电子政务云的采纳研究多集中于某一阶段的影响因素识别研究，未能有效揭示云计算在组织中的采纳过程。本书从采纳行为主体（政府部门）的角度，不仅探究了采纳前阶段电子政务云采纳的影响因素及其作用机制，还分析了采纳后阶段的电子政务云吸收深度、广度及其匹配方式对组织电子政务信息技术价值的影响机制。本书有利于更好地理解政府部门电子政务云的采纳过程，不仅丰富了信息技术采纳过程理论，还弥补了对政府电子政务云采纳过程研究的不足。

3.整合不同信息技术采纳理论提出电子政务云采纳模型

不同的信息技术采纳理论有不同侧重点，考虑到基于一种模型的研究存在一定片面性的问题，所以本书在梳理组织信息技术创新采纳理论的基础上，构建了基于技术-组织-环境理论、信任理论、制度理论、双因素理论的电子政务云采纳影响因素模型，并进行了多维度的深入研究，得到了创新性结果。本书模型不仅丰富了政府层面的信息技术创新采纳行为研究，而且能够拓展到其他类型信息技术创新的采纳研究中。

4.发现推进电子政务云采纳的关键因素组合

创新地利用整体（Holistic）的分析视角，找出影响因素组态与结果（电子政务云采纳）间的多条作用路径。从研究方法看，以往研究大多基于传统线性的回归统计方法，孤立地分析各影响因素对于结果的作用，未能考虑影响因素的联系及其对结果的综合作用。本课题从“组态”的视角，探究政府部门采纳电子政务云的关键因素组合，为推进政府电子政务云实施提供多种路径选择。

5.探析了电子政务云信息技术吸收与信息技术价值的作用机制

已有文献缺乏对电子政务云采纳后阶段的关注，虽有少量文献探究了电子政务采纳后云实施的关键影响因素，但依然缺乏电子政务云吸收对电子政务云信息技术价值创造机制的深度解释。因此，本书以中国政府部门为例，基于信息技术吸收理论、信息技术价值理论、资源编排理论与双元理论，探究了电子政务云吸收广度、深度维度及其匹配方式（平衡、互补）对政府部门电子政务云信息技术价值的影响机制。本书深化了信息技术吸收与信息技术价值的概念，丰富了信息技术吸收与电子政务云吸收、信息技术价值与电子政务云价值相关研究，也有效弥补了电子政务云采纳后阶段信息技术吸收相关研究。

目　录

第一章　绪论

第一节　研究背景

一、现实背景

信息和通信技术的进步与发展使各国政府能够更有效地开展内部和外部事务。利用信息和通信技术来强化政府的基本任务与职能，实现为公众及社会提供较高质量的公共服务，以此形成了电子政务[1，2]。电子政务就是指政府通过先进的信息和通信技术，梳理、优化与重构政务业务活动与流程，并构建一个基于互联网的业务处理平台。电子政务有效建立政府之间，政府与企业、公众以及政府职员之间的良好关系[3-9]。

在过去的十几年中，随着通信技术基础设施的不断发展，世界各国政府和各级政府都已采用了电子政务，满足了用户的需求，这为政府和公众带来了毋庸置疑的成效[3，4，10-16]。具体包括：优化梳理政府业务活动与流程，提高政务效率；降低管理成本，而且通过互联网实现与公众的直接“对话”，赢得广泛的社会参与度；增强政府公开透明度，实现对政府的有效监督；有效地提升政府监管能力；增强政府服务功能；改进公共政策的质量和决策的科学性。

然而，随着政府信息化战略的进一步发展与政务信息资源开发利用的深入，我国电子政务已迈进推动资源整合与业务协同的崭新阶段[16]，电子政务平台的应用系统和基础设施（计算机、存储与网络硬件设备）在持续增加，不仅导致政府电子政务基础设施的扩张成本越来越高，而且使得政府面临着更多的技术性、组织性和经济性挑战，诸如资源利用率低、信息技术成本不断上升、重复建设和投资浪费、网络建设不规范、数据割据和信息孤岛、信息安全不乐观、信息技术和采购部署周期长，特别是“老三难”（资源共享难、互联互通难、业务协同难）等问题[13，15，17，18]。这些困难和瓶颈严重阻碍了政府现代化、政府信息化与电子政务智慧化的进步，严重限制了电子政务价值的体现，导致政府系统难以支撑地方政府履行公共服务、社会管理以及市场监管职能，依赖传统的“申工程、建项目、持续追加基础设备投资”的途径建设电子政务，已很难支持当前电子政务的集约化发展趋势，迫使政府进行电子政务建设和管理模式的变革[19-25]。许多学者提出应该通过使用云计算等新型创新技术来进一步解决传统“自建、自用、自管”电子政务建设模式的问题与瓶颈[4, 7, 26, 27]。

云计算是网络互联时代信息基础设施与应用模式的全新形态，云计算使信息和通信技术支持的服务提供模式的经济性和可持续性发生了重大变化。云计算是分布式计算、虚拟化、热备份冗余、面向服务架构等传统计算机和网络技术发展融合的产物，是一种以灵活和敏捷的方式访问和使用信息和通信技术服务的方法，只在需要时购买所需的服务[11, 16]。云计算通过动态易扩展的资源整合和按需供给的专业化应用服务交付模式，提供高效可靠、绿色节能、低成本的计算与数据服务，满足各种信息化的需求。云计算可以提供统一技术标准的托管和交付模型，推动政府的各成员间的协调配合，充分共享硬件资源，从而增加政府在业务发展过程中应用系统的灵活性，实现最大的信息技术资产利用率[5, 19, 28, 29]。因此，政府致力构建基于云计算的电子政务服务模式，并按需向用户提供计算资源（按需交付模式），通过开发云计算方面的创新，将极大地满足推动信息资源整合、促进政务资源共享的需求，对公共服务、民生服务的提高和改善起到极大的推动作用。同时，这将把政府公共部门的信息和通信技术产业转变为一个灵活、成本有效和环境可持续发展的产业。

当前，云计算已经受到越来越多的关注与青睐[30-32]。云服务以其超大规模计算与存储能力、虚拟化、可扩展性、按需服务、灵活性等主要特征与优势，在个人领域和企业领域（尤其是中小企业）已被广泛应用，例如云存储与移动云[33]、企业云与工业云。云计算不仅猛烈颠覆了产业格局以及商业模式等，而且正深切改变着电子政务建设维保的基础技术环境[11]，给电子政务模式创新与高质量公共服务带来珍贵的机遇。因此，云计算成为解决电子政务发展瓶颈（分散建设、重复投入、数据安全问题）的方法以及推动电子政务基础设施共建共享和共用、提高资源利用率、实现政务协同和部门间信息的互联互通的有效途径[3, 13, 27, 34-36]。在这种情境下，电子政务云的概念被提出，它是一个新的政府信息技术建设范式，基于云计算的技术优势与属性，为政府各级部门提供按需购买服务的基础信息技术平台[21]。

国外许多国家政府已认识到云计算在政府信息化建设中的优势与必然[37]，纷纷进行信息技术变革，将云战略应用到电子政务建设当中，以提高政府运营效率，推进政务信息资源共享，提升电子政务安全水平，节约建设运维成本，提高公共服务质量，加快电子政务向集约型、高效型和服务型政府转变[3, 13, 21, 38]。政府的“云化”运动正在世界各地蔓延，不仅是发达国家（美国、英国、澳大利亚、新加坡、欧盟、日本、韩国、丹麦和新西兰），而且包括发展中国家（越南、泰国、加纳、巴基斯坦、印度尼西亚和马来西亚）都已经或试图将云计算引入电子政务建设[11, 22, 28, 37, 39-43]。

中国也在2012年的《国家电子政务“十二五”规划》中明确提出建设完善电子政务公共平台，探索云计算在电子政务发展中的作用，实现电子政务公共云平台顶层设计，并推广“云计算服务优先”战略，鼓励向云计算模式迁移[44]。随后，我国发布了《“十二五”国家政务信息化工程建设规划》《基于云计算的电子政务公共平台顶层设计指南》《首批基于云计算的电子政务公共平台建设和应用试点示范地区名单》《国家发展改革委关于加强和完善国家电子政务工程建设管理的意见》和《中共中央关于全面深化改革若干重大问题的决定》等文件，以推进基于云计算的电子政务建设[16]。

“十二五”期间，各级地方政府在国家一系列政策的支持下，充分发挥信息化领导小组的作用，提出电子政务云战略，积极开展政务云平台建设，成功案例不断涌现，形成不同的电子政务云建设运维模式（例如政府建设，政府补充，云提供商运维模式；政府建设，云提供商补充，云提供商运维模式；云提供商投资，政府统一整体购买模式；云提供商按需投资，政府整体购买模式；云提供商投资，政府按需购买模式）。例如，北京市电子政务互联网云平台、上海市电子政务云、山东省级电子政务公共服务云平台、福建省的电子政务外网云计算平台。根据电子政务云横向整合各委、办、局分散的信息技术资源，实现由传统的自建模式向云模式转变，在集约建设、资源共享、节约投资等方面的应用效果正在逐渐显现[45]。

第一，提高基础资源利用率，减少重复建设与投资浪费。陕西省利用电子政务云平台，削减省级信息中心30余个，节省运维费约五成，每年节省资金约2亿元。

第二，推动跨地区、跨部门的信息共享。济南市基于电子政务云平台，实现人口、法人基础信息的跨地区共享，增强了业务协同效果。

第三，推进政务与技术运维的独立。陕西省通过电子政务公共平台，解决了技术能力低以及人才短缺等问题，信息技术建设周期与应用推广时间约减少七成。

第四，推动云技术、云安全与云产业发展。德州市选择国产品牌自主研发的设备构建电子政务云平台，不仅节省1.6倍购买资金，还刺激国内云产业的发展。

总体而言，我国政府部门的电子政务云采纳率不断提高，初步实现基础资源利用率逐步提高、运维成本明显节省、跨地区跨部门信息共享的目标。然而由于云计算是一种全新模式创新，其独特性带来了许多政府管理方面的理论和实践问题，电子政务云采纳的比率与程度还远低于电子政务云比较成熟的欧美发达国家，在已使用电子政务云的政府部门中，云服务的使用率相对较低，同时云服务较多应用于云备份、云灾备、云设备等非核心业务领域。例如，调研发现，山东省省级电子政务公共服务云平台拥有四千多台云服务器，但截至2016年9月云平台仅运行着39个机构的四十多个业务系统。

在地方政府部门间阻碍电子政务云深度应用与推广的原因是多方面的，如对云计算性能认识不清、缺乏健全统一的技术标准体系、缺乏财政资金等[35]。电子政务云的采纳率低的问题严重影响了基于云计算的电子政务基础设施建设模式的推广，阻碍了集约型、服务型与智慧型政府的构建。如果各级政府部门没有采纳和使用电子政务云平台的意图与计划，那么耗费大量资金集中建设的电子政务云平台则会造成更大的投资失败。以往研究表明，信息技术的投资能否获得收益，取决于信息技术的有效使用[46]，信息技术对政府影响的驱动力并非来自信息技术投资，而是实际的技术使用，改进信息技术的使用可能是未来收益的主要来源[47]。在2016年国务院印发的《“十三五”国家信息化规划》，指明了“十三五”时期以“统建共用”原则统一布局电子政务基础设施建设，推广基于云计算的电子政务模式。可见，“十三五”时期电子政务云进入了推广阶段，为了实现这一目标，政府在云计算服务采购、过渡和业务安排方面面临诸多挑战。政府必须确保电子政务云服务提供合理的安全风险缓解水平，并确保电子政务云服务符合有关信息的法律和法定义务。例如，山东省计划到2020年，政务系统在云平台的运行率至少接近98%，基础设施利用率不小于85%，同时加深云计算在政府决策、社会治理化等方面的广度应用。那么如何推进电子政务云的深度与广度应用是各级地方政府关注的核心问题。

因此，为了提高电子政务系统在云平台的部署比例以及基础设施利用率，并提高跨层级、跨部门的信息共享以及业务协同效果，探索电子政务云在政府部门的采纳、吸收及其价值影响机制，对于政府部门、云服务提供商、云服务产业甚至是国家电子政务战略而言，都是一个非常有意义的现实问题，同时对电子政务云的成功应用以及政府职能创新至关重要。

二、理论背景

在信息系统研究领域中，对于新兴信息技术创新的理论研究通常呈现相似的发展趋势[48]。图1-1中描述的是企业资源计划、决策支持系统、电子数据交换技术、互联网等信息技术研究主题的发展脉络。

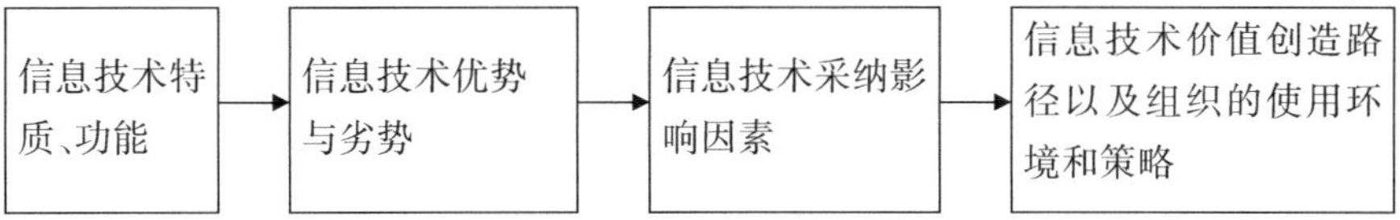

图1-1　信息科学研究主题的发展脉络

电子政务云是云计算在政府电子政务领域的应用，是云计算和电子政务的有机融合[20]。

一方面，“云计算”概念一经被提出，就吸引了学界与业界的广泛关注[30, 49]。在科学引文索引（web of science, WS）与中国知网期刊库（排除中英文扩展）中，以“cloud computing”和“云计算”进行篇名检索，以2006年（在2006年，谷歌首席执行官埃里克·施密特在搜索引擎大会首次提出“云计算”的概念）至2020年为检索区间，分别检索到216018篇和21528篇文献。文献数量呈逐年递增趋势（如图1-2所示）。

结合国内外研究学者对云计算研究的分析结果，发现云计算研究也遵循信息技术研究主题的发展脉络，因此本研究将云计算的研究主要分为3个阶段[50, 51]：

云计算孕育期（2003—2008年）：此阶段大部分研究围绕云计算相近的概念展开，如效用计算[52]、按需定制网络服务[53]、面向服务模型[54]、软件即服务[55]，这些概念表明计算范式由本地部署的程序向互联网服务模式转变。Foster等给出了云计算明确的定义：云计算是一个分布式计算范式，利用互联网向用户提供虚拟的与扩展的资源池[56]。

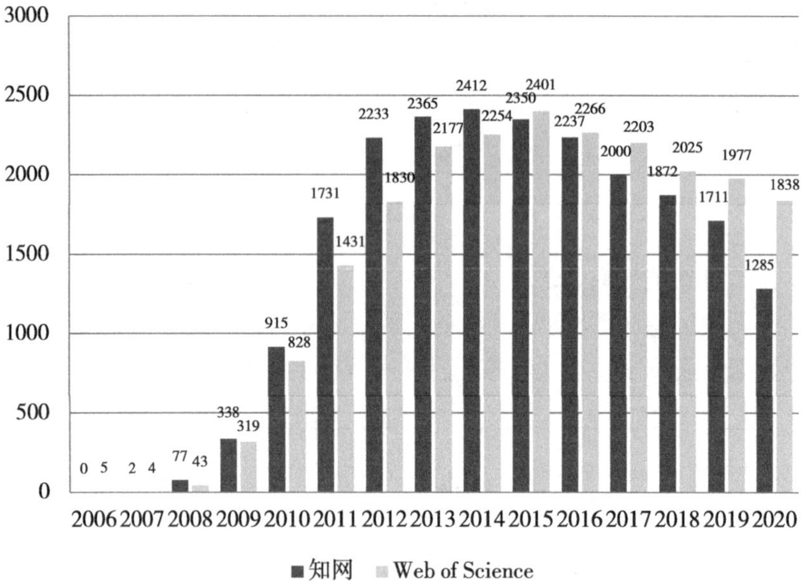

图1-2　云计算文献数量逐年分布

探索阶段（2009—2011年）：此阶段大部分研究集中于云计算的概念性认知，包括定义[57]、技术特征（自我服务性、虚拟化、配置动态性、资源弹性、技术兼容性）[58]、服务层次模式与服务实施模式[59]、潜在优势价值与潜在劣势风险。

迅速发展阶段（2012年至今）：随着云计算产业的蓬勃发展，研究者由概念性研究偏向更为深入的商业技术应用问题的研究[51, 60]，如管理机制[61]、商业影响等，尤其在不同领域不同地区的云计算采纳影响因素方面展开了深入的探究[32, 60, 62-71]，但不同的学者发现的关键因素不尽相同[50]，这与采纳情境（国家区域、产业）、采纳主体（个人、企业、事业、政府）与采纳客体（IaaS①、PaaS②与SaaS③或者私有云、公共云）特征的差异性有关，如Oliveira等发现制造行业与服务行业的云采纳的关键因素有差异[32]。

虽然在组织层面的云计算采纳研究已取得了丰富的研究成果，但Wang等指出仅仅研究云计算采纳是不够的，云计算必须适当地融入组织

① IaaS是infrastructure as a service的英文缩写，也就是基础设施即服务，如云存储、云恢复等。

② PaaS是platform as a service的英文缩写，也就是平台即服务，如电子政务系统的测试和开发、虚拟主机等。

③ SaaS是software as a service的英文缩写，也就是软件即服务，如云桌面、云应用等。

的业务流程才能实现其潜在价值[50]。因此，如何进行云吸收、实现云计算价值，以更好地指导组织获取云计算信息技术商业价值，是当前的关注重点。另外，已有云计算采纳研究大都集中于企业类型，尤其是中小型企业（采纳主体）对云计算的采纳，缺少在政府及公共部门情境的关注与实证研究，主要原因可能是由于政府政务信息产生、使用与安全要求的特殊性导致数据难于获取。

另一方面，在电子政务领域，分别在科学引文检索与中国知网期刊数据库中以“e-government”和“电子政务”进行篇名搜索，从1999年截至2016年共检索到9127篇和11824篇文献，文献数量分布如图1-3所示。国内外电子政务研究都出现了由递增到减少趋势，表明现有研究趋于成熟。

结合国内外文献对于电子政务研究的分析结果[72, 73]，电子政务研究主题集中于技术（技术标准化、安全与隐私等）、组织（项目管理、信息管理）与应用（信息化实施）等领域。在电子政务采纳研究领域，国内外学者普遍关注公众个人的采纳行为研究，一部分学者关注政府对信息技术与信息系统的采纳与实施。随着信息技术的发展，部分学者开始关注新兴信息技术在政府领域的应用，如社交媒体应用[74, 75]、移动政府应用[76]、开源软件[77]、开放数据[78]，同样缺少对云计算在政府部门采纳的关注。

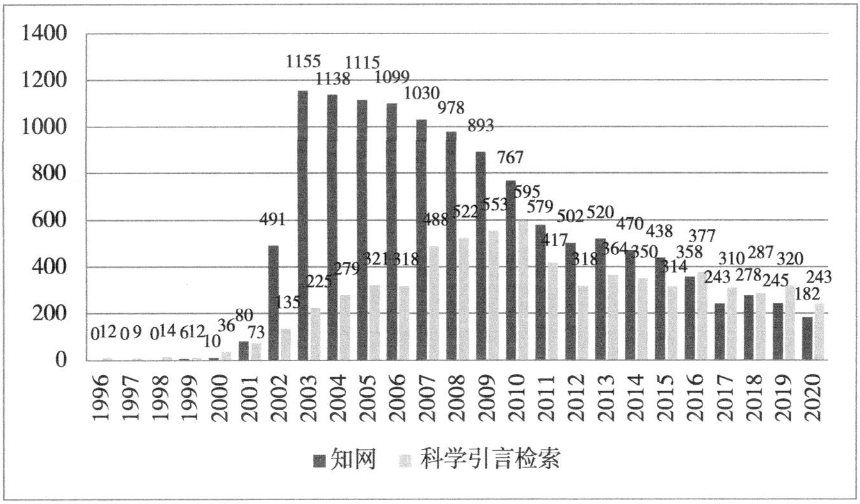

图1-3　电子政务文献数量逐年分布

对于云计算在政府电子政务领域的应用，近年来也受到越来越多研究学者的关注，但电子政务云相关文献数量在云计算、电子政务研究的占比还比较小，研究主题主要处于信息科学研究主题发展脉络的第二阶段，即技术架构、优势与风险分析、电子政务云技术实现等，然而对于电子政务云采纳及其采纳过程关注较少，尤其是围绕政府部门对电子政务公共云平台的采纳、融合以及信息技术价值提升方面的研究则更少。已有研究在理论架构以及研究方法上都没有形成完整的体系，缺乏能够指导电子政务云实践的有效成果，也表明在此领域的理论研究还比较薄弱，仍需进行深入研究。

因此，探索电子政务云在政府部门的采纳、吸收及其价值影响机制，不仅能扩展云计算的应用领域（政府领域应用）、丰富电子政务的研究（云计算）、弥补当前电子政务云领域的研究不足，还能拓展相关信息技术采纳、吸收与价值理论的应用范围，具有重要的理论意义。

第二节　问题提出

基于以上现实背景与理论背景分析，如何成功地采纳与吸收电子政务云、如何最大化电子政务云的价值成为信息科学研究学者与实践界共同关注的问题。电子政务云作为一种新兴信息技术解决方案，它对政府部门的变革不仅仅局限于技术或者技术架构，还体现在政府信息技术战略价值方式。一方面，由于组织是比个人更加复杂的实体[79]，因此组织在采纳云计算服务时，面临的问题比个人要复杂，尤其是具有特殊性的政府部门。另一方面，电子政务云是一种技术创新，同时也是一项服务模式创新，这种类型的创新在给政府部门带来相应利益的同时也带来了更多的不确定性和风险[80]。因此，由于采纳主体——政府部门与采纳客体——电子政务云的特殊性，政府部门在采纳与吸收电子政务云时，面临以下急需解决的研究问题：

1.影响电子政务云采纳的关键因素以及这些关键因素的作用机制

这两个问题与电子政务云采纳决策有关，所谓采纳决策，就是组织从技术、财务、战略等多维度评估信息技术创新并做出接受信息技术创新的决策[81]。政府部门的采纳决策受到技术、组织、环境等因素的综合作用，然而已有电子政务云采纳的相关研究大都仅利用案例研究、调查、扎根理论等质性研究方法分析云采纳[82]，从单一维度分析云采纳，如技术维度[83–86]或环境维度[87]，或仅探讨了影响因素的直接作用却忽略了间接作用（即影响过程机制）[88–90]，这难以全面有效地解释政府部门采纳电子政务云的问题。因此，这就需要基于整合的信息技术采纳模型探究电子政务云的采纳问题，即关键因素及其作用机理，并通过定量分析验证整合模型的有效性。

2.有效提高电子政务吸收对电子政务云信息技术价值的影响作用的方法

这个问题与电子政务云采纳后的云吸收有关，所谓电子政务云吸收就是使用的电子政务云与政府部门各层面的业务活动及管理流程相融合。对于一项信息技术创新在采纳和实施后，只有被组织真正地消化和吸收，才能发挥出应有的作用，为组织带来更多的价值[91]。采纳电子政务云的部门机构关注的重点：如何实现电子政务云吸收？电子政务云吸收可以给政府部门带来什么价值？什么样的吸收策略可以有效实现电子政务云信息技术价值？已有研究缺乏对电子政务云采纳后云吸收及其价值提升的关注，虽有学者探究了电子政务采纳后影响电子政务云实施的关键因素[85, 92–94]，但依然缺乏对电子政务云信息技术价值创造作用机制的深度解释。因此，探究电子政务云吸收策略以及其如何影响组织价值实现的问题，是政府部门采纳电子政务云的最初动力与最终追求目标。

为了更好地解决以上问题，本研究基于组织信息技术采纳过程理论[79, 95]，以及个体信息技术采纳阶段模型[96]，确定了电子政务云采纳过程阶段：采纳前阶段与采纳后阶段，并以两阶段为基础围绕“电子政务云采纳→电子政务云吸收→电子政务云价值”的路线进行一系列研究。在电子政务云采纳前阶段，本研究侧重于从技术、组织和环境维度识别电子政务云采纳的关键影响与分析影响机制，构建电子政务云影响因素及其作用机制模型；在电子政务云采纳后阶段，本研究侧重于分析采纳后电子政务云吸收策略对于组织信息技术价值的影响机制，构建电子政务云吸收及其价值影响模型，研究框架如图1–4所示。

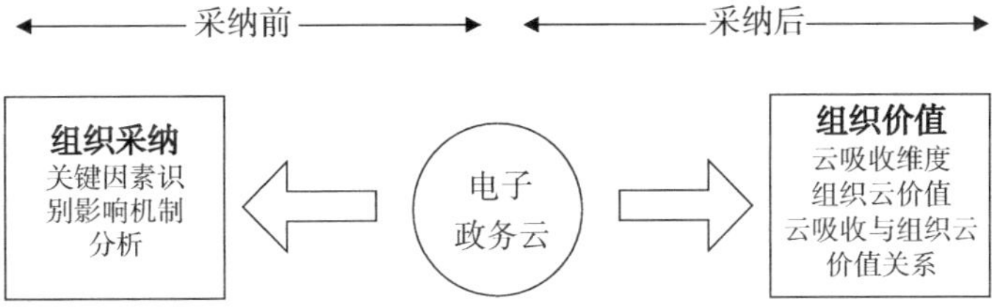

图1–4　研究框架

通过上述研究问题的解答，不仅有助于对电子政务云在政府部门间采纳的理解，而且还为正在考虑采用与正在实施电子政务云的政府机构提供指导，同时为政策制定部门与云提供商带来有益的启示。

第三节　技术路线与研究方法

一、技术路线

本研究在实践调研与文献梳理过程中发现问题并定义问题，随后通过探索性案例研究方法初步探究该问题，在初步研究结果的基础上，基于理论推导构建概念模型，并利用实证方法检验模型，并回答该问题。

本研究遵循以下技术路线，如图1–5所示。

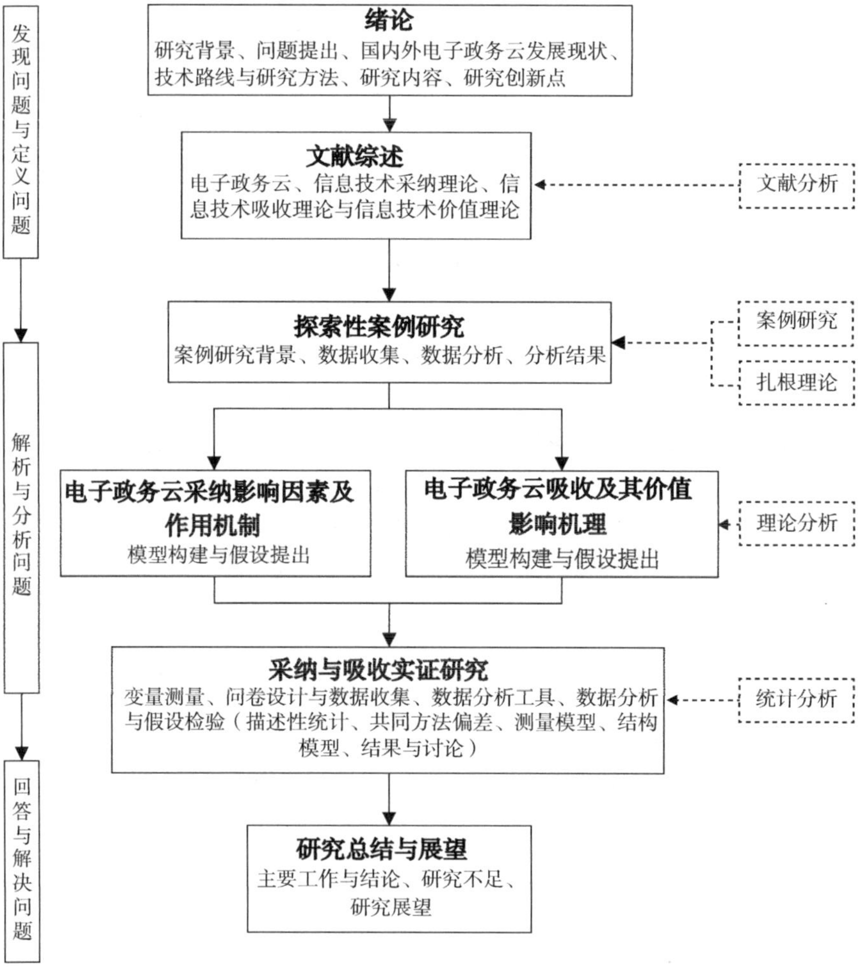

图1–5　技术路线图

二、研究方法

本研究通过定性和定量研究、文献研究和实地调研、案例研究和统计分析相结合的研究方法体系，对上述所提出的问题进行探索。具体采用如下研究方法：

（一）文献研究方法

掌握现有研究现状是提出研究问题的基础，通过深入阅读、归纳和总结相关文献的研究脉络和进展，了解国内外电子政务云采纳与吸收研究现状及不足，对电子政务云采纳影响因素与作用机制、电子政务云吸收与影响作用机制等问题进行理论探讨，构筑理论体系。

（二）探索性案例研究方法

本研究的研究问题是分析电子政务云采纳影响因素与作用机制、电子政务云吸收及其价值影响作用机制。通过对多案例探索性研究方法，利用扎根理论分析步骤，得出电子政务云采纳关键因素以及电子政务云吸收及其影响机制的初步概念模型，为后续的实证分析提供基础。

（三）问卷调查法与结构方程模型研究方法

基于探索性案例研究结果与理论探讨，提出研究假设，本研究采用调研访谈和问卷调查的方式，对样本政府部门采纳及吸收电子政务云意向或行为获取研究所需的数据，并利用基于偏最小二乘①的结构方程建模②统计分析方法，应用Smart PLS 3.0③对数据进行分析，解释并验证推理与假设的正确性。

（四）定性比较分析研究方法

定性比较分析擅长处理社会现象中的复杂因果关系。定性比较分析的重心不是单个条件变量如何导致了结果的发生，它更关注多个不同的条件变量如何以"组态"的形式影响了最终的结果。在本研究中，利用定性比较分析方法构建基于布尔代数与集合论的真值表，用这两个值表示某个变量两种截然相反的性质状态以表示不同条件的组态，致力于回答在政府部门采纳电子政务云的关键因素中，存在哪些作用更大因素的排列组态。

---

① 偏最小二乘：即partial least squares，英文缩写为PLS。

② 结构方程模型：即structual equation modeling，英文缩写为SEM。

③ Smart PLS 3.0是偏最小二乘结构方程模型软件。

第四节 研究内容

本研究主要围绕探究影响政府部门采纳电子政务云的关键因素及其作用机制、电子政务云吸收及其组织信息技术价值影响机制展开，具体包括：

第一，本研究对电子政务云研究、信息技术采纳理论、信息技术吸收与信息技术价值理论进行综述，明确本研究的切入点，为后续研究奠定基础。

第二，本研究为探究电子政务云采纳过程，通过探索性案例研究，构建了电子政务云采纳过程模型，为实证检验奠定基础。

第三，本研究以技术-组织-环境理论与信任理论为框架，结合制度理论、双因素理论，在技术因素、组织因素和环境因素三个维度的基础上，提出了电子政务云采纳影响因素概念模型，通过实证检验验证了相关假设。

第四，基于上一个研究内容，本研究利用定性比较分析方法，研究了影响政府部门采纳电子政务云的关键因素组合。本研究基于复杂理论，利用“组态”的整体分析视角，采用模糊集定性比较方法，分析电子政务云技术特质（感知技术优势、感知技术风险、云提供商能力）、组织就绪度、外部压力、电子政务云信任等因素的共同作用，从而形成导致电子政务云采纳的不同组态，以揭示这种复杂的因果关系。

第五，本研究以信息技术吸收理论为基础，从电子政务云吸收的建设维度出发，将电子政务云吸收分为吸收深度和吸收广度两个维度；从电子政务云信息技术价值的实现顺序出发，将电子政务云价值界定为短期的信息技术业务价值与长期的信息技术战略价值；同时从资源编排理论与双元理论出发，界定了两种电子政务云吸收深度与广度的匹配方式——平衡、互补匹配策略，并以此为基础构建并实证了电子政务云吸收与价值影响机制模型。

第五节 研究创新点

本研究在如下方面进行了创新性的研究：

1.探索性地研究中国情境下电子政务云在政府部门的采纳问题

云服务的应用逐步成为电子政务发展与研究的关注点，但已有研究主要关注技术架构、优势与劣势等方面。尽管企业对云计算服务的采纳研究越来越多、国外云计算采纳逐渐兴起，但对中国情境下的政府部门缺乏针对性，因为不同国家地区、不同类别的组织对云计算服务的需求存在一定程度的差异。本研究将中国的政府部门作为实证对象，研究结论更加具有针对意义。

2.基于信息技术创新采纳过程深入探析电子政务云采纳过程

已有研究对于云计算、电子政务云的采纳研究多集中于某一阶段的影响因素识别研究，未能有效揭示云计算在组织中的采纳过程。本研究从采纳行为主体（政府部门）的角度，不仅探究了采纳前阶段电子政务云采纳的影响因素及其作用机制，还分析了采纳后阶段的电子政务云吸收深度、广度及其匹配方式对组织电子政务信息技术价值的影响机制。本研究有利于更好地理解政府部门电子政务云的采纳过程，在丰富信息技术采纳过程理论的同时，也弥补了对政府电子政务云采纳过程研究的不足。

3.整合不同信息技术采纳理论提出电子政务云采纳模型

不同的信息技术采纳理论有不同侧重点，考虑到基于一种模型存在一定程度的片面性，因此本研究在组织信息技术创新采纳理论梳理的基础上，构建了基于技术-组织-环境理论、信任理论、制度理论、双因素理论的电子政务云采纳影响因素模型，并进行了多维度、深入的研究，得到了创新性结果。本研究模型不仅丰富了政府层面的信息技术创新采纳行为研究，还能够拓展到其他类型信息技术创新的采纳研究中。

具体而言，本研究识别了电子政务云感知技术优势、云提供商能力、云信任、组织就绪度与外部压力是直接影响电子政务云采纳的关键因素；识别了电子政务云信任的三个显著影响因素（电子政务云感知技术优势、感知技术风险和云提供商能力）；发现电子政务云信任中介作用（云信任在感知技术优势与云采纳、云提供商与云采纳之间具有完全中介效应、部分中介效应）；发现外部压力在云信任与云采纳之间起到调节作用。整合概念模型与发现不仅弥补了缺乏对云提供商、云信任关注的不足，同时还发现了中介与调节作用，丰富了电子政务云采纳作用机制的理解。

4.发现推进电子政务云采纳的关键因素组合

创新地利用整体的分析视角，找出影响因素组态与结果（电子政务云采纳）间的多条作用路径。从研究方法看，以往研究大多基于传统线性的回归统计方法，孤立地分析各影响因素对于结果的作用，未能考虑影响因素的联系及其对结果的综合作用。本研究从“组态”的视角，探究政府部门采纳电子政务云的关键因素组合，为推进政府电子政务云使用提供多种路径选择。

5.探析了电子政务云信息技术吸收与信息技术价值的作用机制

已有研究缺乏电子政务云采纳后阶段的关注，虽有少量文献探究了电子政务采纳后云实施的关键影响因素，但依然缺乏电子政务云吸收对电子政务云信息技术价值创造机制的深度解释。因此，本研究以中国政府部门为例，基于信息技术吸收理论、信息技术价值理论、资源编排理论与双元理论，探究了电子政务云吸收广度、深度维度及其匹配方式（平衡、互补）对组织电子政务云信息技术价值的影响机制，深化了信息技术吸收与信息技术价值概念，丰富了信息技术吸收与电子政务云吸收、信息技术价值与电子政务云价值相关研究，也有效弥补了电子政务云采纳后阶段信息技术吸收相关研究。

具体而言，从信息技术吸收（深度与广度）维度的理论视角出发，界定电子政务云的信息技术业务价值和信息技术战略价值作为政府部门信息技术价值的体现，并结合资源编排理论，尝试考虑电子政务云吸收的深度与广度之间匹配方式对政府部门信息技术战略价值的提升作用。

第二章　电子政务云概述

结合本研究的研究对象，本章从研究文献、政策实施两方面对国内外电子政务云的研究进展与发展现状进行梳理。通过对国内外相关的文献资料的梳理，分析以往研究的不足之处；通过对国内外电子政务云实践案例的分析，总结现有电子政务云发展现状。

第一节　电子政务云文献综述

遵循Webster和Watson的文献综述方法程序[97]：选择文献来源范围、确定文献、通过主题进行文献归类、讨论当前研究现状的不足与趋势，本节采用定量（数量、分布）以及定性（主题归纳）分析的方法，对国内外电子政务云研究的现状展开系统地梳理和总结。

首先，基于Elsevier Science Direct、Springer Link、IEEE/IET Electronic、Taylor & Francies、ACM Digital Library、Emerald、Web of Science、EBSCO、Wiley online Library等文献数据库以及Google Scholar，对已有关于电子政务云的英文文献展开了梳理，得出了电子政务云英文文献研究的总体概况。其次，基于CNKI中国学术期刊库，对国内“电子政务云”主题的相关研究进行了总结。因为云计算技术在政府公共部门领域的应用是在近几年时期才逐渐兴起与推广的，所以对电子政务云从提出至今的文献进行分析，着重从文献分布情况、研究主题和研究方法方面总结近八年来的概况，并评述当前电子政务云研究不足。

另外，基于电子政务云是云计算和电子政务的有机组合，为了更好地探析电子政务云采纳，本研究还对云计算采纳与电子政务采纳进行了梳理，以期能够为后续研究模型构建提供理论依据。

一、电子政务云英文文献

对于英文文献，本研究以“e - government cloud”“e - governance cloud”以及“cloud computing”“cloud”“cloud platform”“cloud service”“Saftware as a Service”“platform as a service”“infrastructure as a service”与“public sector”“government”的组配为关键词对外文数据库进行了搜

索，检索年限从2009年开始至2016年9月15日。得到有关电子政务云的文献166篇。由于按照主题等来进行搜索，会导致许多并不属于本学科研究领域范畴的研究也被囊括进来。本研究紧接着通过摘要阅读进行了逐篇筛查，依照剔除标准，剔除了其中不属于“管理信息系统”这一研究范畴的研究。具体来说，选择相关文献的条件标准：一是对非学术研究性文献予以剔除；二是对计算与信息科学类的技术文献予以剔除；三是非电子政务云相关文献予以剔除，如cloud governance。另外，本研究还对检索结果中的参考文献进行回溯，最终一共确定文献117篇。

从研究数量分布的角度，本研究将搜索到的117篇英文文献按照发表时间、来源类型进行统计，图2-1显示了国外电子政务云相关文献总量年度变化规律。

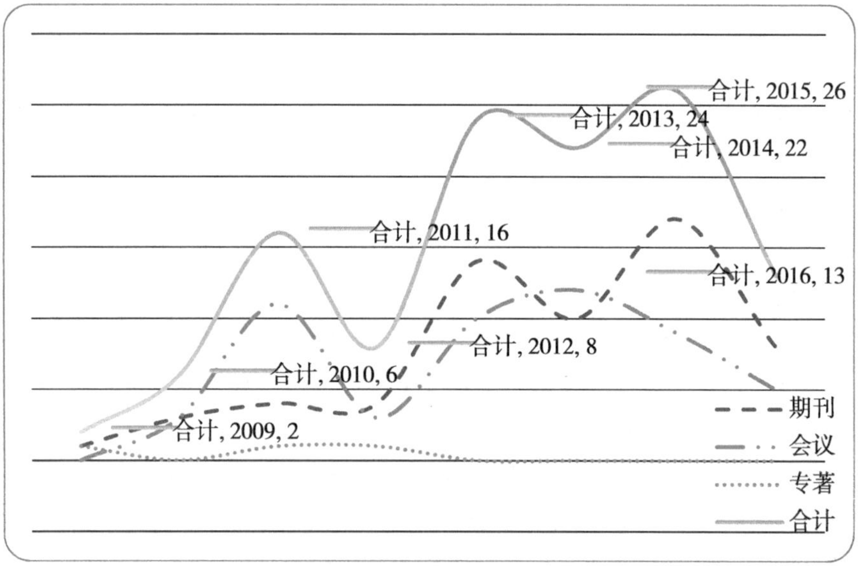

图2-1　英文文献年度分布

国外学者从2009年开始关注云计算在政府领域的应用，与电子政务云相关的文献也在这几年迅速增长。

从研究主题的角度，按照Jourdan提出的结合策略分类和研究内容分类的文献分析方法[98]，基于信息技术研究主题的发展脉络[48]，本研究对这117篇电子政务云相关的文献进行了分析，并按照研究主题进行了归纳和汇总。

（一）传统电子政务与电子政务云技术特质

1.传统电子政务模式弊端

前期大部分电子政务云研究分析了传统电子政务发展模式的弊端与暴露出来的问题，并提出了实施云计算的必要性[20，42]。为了推进政府电子政务云的认识和应用过程，着重对电子政务云这种新兴技术模式的概念、技术特征和服务模式等进行概念性的介绍。

传统电子政务发展模式弊端主要集中于：建设投入与运维耗费巨大、硬件设备投资浪费现象严重、电子政务发展重建设轻应用、电子政务安全保障能力不足、部门之间资源共享渠道不畅、信息化建设投资效益偏低[4，22]。传统电子政务模式的弊端汇总具体见表2-1。

表2-1　传统电子政务模式的弊端

文献来源	传统电子政务模式弊端
Liang[21]	难以满足公共服务需要；难以实现业务协同；高信息技术预算与低资源利用率；安全问题与高运维支出
Alshomrani和Qamar[4]	信息和通信技术预算不断减少；公众信息服务需求不断增加；政府创新很难顺应信息技术更新换代的速度
Hashemi等[11]	数据存储与电力成本；硬件消耗不断增加
Khan等[22]	资产利用率低；系统重复建设；信息技术采购与部署周期长

2.电子政务云概念

对于电子政务云的概念，研究者对其进行了不同的界定。例如，Liang提出政务云是一种新的电子政务模式，其利用云计算重构电子政务系统的业务流程，以通过网络实现政府硬件和软件资源的集中分配、管理、分布和维护[21]。Mohammed等提出电子政务云是一种新的电子政务范例，它融合了云计算的特征（广泛的网络接入、资源池、按需自助服务、快速弹性和可度量的服务）[99]。Liang等指出电子政务云为政府行政和公共服务提供可靠的云服务平台，如IaaS（云存储、云恢复等）、PaaS（电子政务系统的测试和开发、虚拟主机等）、SaaS（云桌面、云应用等），以共享数据资源，节约开发运营成本，提高平台承载能力[100]。

3.电子政务云技术特性

对于电子政务云的特性，由于云技术强调的是对信息技术资源的有效合理运用，提供新型的服务模式，而不是如何去实现细节，相比传统信息技术，它具备了独有的信息技术特性。Wyld指出对于公共部门而言，云计算模式应具备8个必要要素：普遍连接、开放存取、可靠、互操作、安全、隐私、经济价值与可持续[42]。由于政府数据的涉密性，大部分研究强调，当云计算应用到政府领域时，需要保证电子政务云服务的安全性与可靠性[24, 37]。

4.电子政务云体系架构

对于电子政务云技术架构，部分学者在传统电子政务架构、云计算服务架构和面向服务架构（Service-Oriented Architecture，SOA）架构的基础上分析电子政务云的框架[34]，具体如表2-2所示。

表2-2 电子政务云体系架构

文献来源	主要发现与结论
Cellary和Strykowski[19]	设计基于面向服务架构模式与云计算服务模式的电子政务体系架构，两种模式的整合有利于带来技术、组织、社会与经济优势
Zissis和Lekkas[24]	分析了基于云计算体系架构的电子政务与电子选举投票的解决方案，提出控制硬件、软件与网络威胁以保证系统安全
Chanchary和Islam[101]	设计了基于智能代理的云计算模式的电子政务方案，以提高混合云架构的功能与效率
Kurdi和Randles[102]	设计基于云计算电子政务门户体系架构，有利于不同体系架构的任何系统的整合、协同与自动化处理
Al-Rashedi[5]	设计基于面向服务架构框架的电子政务云分布式多层次体系架构，以支持不同政务系统应用的整合与通信

5.电子政务云服务层次

为了更容易在整体功能结构中定义体系架构，并解释电子政务云的业务在体系模型中如何体现，基于云计算的服务类型与服务层次划分[58, 59, 103, 104]，部分学者将电子政务云服务概念与体系架构简化为层级体系[21, 23, 29]。电子政务云层级服务模型能够清楚地明晰每个服务层是由什么组成、每个服务层的预期功能以及这些服务层之间如何交互等。具体电子政务云层级服务架构见表2-3。

表2-3 电子政务云层级服务模型

文献来源	电子政务云服务层级与功能
Zhang和Chen[23]	5层：SaaS层（社会服务类应用、政府政务应用、企业级应用）、PaaS层（开发工具、开发环境、数据库）、IaaS层（计算、存储、网络、虚拟主机服务）、虚拟化层（资源池）、物理层（硬件设施）
Liang[21]	5层：客户层（客户端）、管理层（资源、任务、安全管理）、应用层（政府门户、办公自动化、邮件系统等网络服务）、应用平台层（虚拟技术）、基础设施层（计算、网络、存储、操作系统等基础软硬件资源）
Ahmad和Hasibuan[39]	3层：云服务层、云平台层与物理层，具体包括用户层、接入层（多接口汇聚）、服务层（SaaS、IaaS、GaaS、DaaS）、平台管理层（服务、质量、安全、资源、业务、数据管理）、虚拟化层、基础设施/物理层（必备的物理硬件设施）
Bellamy[29]	3层：SaaS层（客户应用软件）、PaaS层（操作系统、平台/通用环境软件）、IaaS层（数据中心、网络防火墙设备、硬件服务器与虚拟化）

6.电子政务云部署模式

基于云计算的部署模式[57, 58]，部分学者从政府领域情境下，分析了云计算在政府部门中的部署模式分类：公共云、私有云、团体云以及混合云[21, 23, 38]。

由于政府机构高度重视信息安全问题，美国等国家政府青睐部署私有云，然而私有云模式无法从根本上提升组织的技术设施水平、数据运算能力，且不具备云计算框架下存在的资源的复用性、成本集约性[57]，因此，本研究的研究对象——电子政务云平台属于公共云或团体云，是由地方政府相关信息化部门统一构建一个基础架构平台，并把其他政府组成部门的原有政务系统与数据迁移至平台中进行运行，提供统一的运维保障服务，以提升电子政务的服务质量[21]。

（二）电子政务云的优势与风险

大部分研究分析讨论了采纳云计算为政府带来的预期收益与潜在挑战[4, 11, 29, 105-107]。

1.电子政务云优势

基于云计算的技术特点，采纳云计算服务能够为政府、公众与社会环境带来相应的优势与价值[7, 108, 109]，政府利用云计算技术满足信息和通信扩展需求，将信息和通信服务提供模式从成本高昂、反复的投入建设开发，转变成市场提供的最佳服务，以平衡功能、服务水平和成本。在云服务市场发展成熟的情况下，这种服务提供模式最为有效，以便业务能够快速、轻松地利用云提供商的解决方案。表2-4列举了政府采纳云计算技术的潜在优势。

表2-4 电子政务云优势

优势	描述	参考文献
可扩展性与弹性	基于按需定制与集成服务，当资源需求增加时，电子政务云可以基于不同的部署模型快速扩展服务	Almarabeh 等[3]; Alshammari 和 Bach[110]; Alshomrani 和 Qamar[4]; Chanchary 和 Islam[101]; Hashemi 等[11]; Mohammed 和 Ibrahim[34]; Mosa 等[8]; Rastogi[12]; Smitha 等[7]; Tweneboah-Koduah 等[41]; Wyld[42]; Zhang 和 Chen[23]; Zissis 和 Lekkas[24]; Zwattendorfer 和 Tauber[43]
可用性与可接入性	电子政务云是基于虚拟技术的云平台，具有高资源可用性以及随时随地的接入性	Almarabeh 等[3]; Alshomrani 和 Qamar[4]; Liang[21]; Mohammed 和 Ibrahim[34]; Mosa 等[8]; Rastogi[12]; Zhang 和 Chen[23]; Zissis 和 Lekkas[24]; Zwattendorfer 和 Tauber[43]
节约成本	电子政务云通过购买服务的方式使政府部门减少在ICT硬件和软件采购、部署及维护成本	Ahmad 和 Hasibuan[39]; Ali 等[10]; Almarabeh 等[3]; Alshomrani 和 Qamar[4]; Hashemi 等[11]; Khan 等[22]; Liang[21]; Mohammed 和 Ibrahim[34]; Mosa 等[8]; Rastogi[12]; Tweneboah-Koduah 等[41]; Wyld[42]; Zhang 和 Chen[23]; Zissis 和 Lekkas[24]; Zwattendorfer 和 Tauber[43]
数据备份与安全灾备恢复	电子政务云能提供可靠的安全的数据存储服务，相比传统方式更为简单	Almarabeh 等[3]; Ali 等[10]; Chanchary 和 Islam[101]; Hashemi 等[11]; Smitha 等[7]; Wyld[42]
海量存数	电子政务云拥有动态、可变的存储空间，能够实现政府数据存储海量的分析与计算	Ali 等[10]; Almarabeh 等[3]; Chanchary 和 Islam[101]; Liang[21]
部署简单	电子政务云能给政府部门提供简单快捷的部署方式，即无需购买硬件与软件	Ali 等[10]; Chanchary 和 Islam[101]; Mohammed 和 Ibrahim[34]; Mosa 等[8]; Rastogi[12]; Smitha 等[7]; Zhang 和 Chen[23]

续表2-4

优势	描述	参考文献
效率与协同	电子政务云能够提供跨平台、跨系统的共享基础环境，减低了数据共享的技术难度	Ali 等[10]; Alshammari 和 Bach[110]; Alshomrani 和 Qamar[4]; Hashemi 等[11]; Khan 等[22]; Liang[21]; Smitha 等[7]; Tweneboah-Koduah 等[41]; Wyld[42]
专业化的技术支持	电子政务云由供应商专业的团队负责提供更新软件等支持	Cellary 和 Strykowski[19]; Hashemi 等[11]; Mohammed 和 Ibrahim[34]; Pokharel 和 Park[111]
集中精力于核心业务	电子政务云能减少信息技术运维工作量，以实现政府部门将精力集中于核心业务	Ali 等[10]; Mohammed 和 Ibrahim[34]; Zhang 和 Chen[23]
绿色信息技术	电子政务云能明显降低能源消耗，通过虚拟服务提供绿色的生态系统	Ali 等[10]; Almarabeh 等[3]; Hashemi 等[11]; Mohammed 和 Ibrahim[34]; Mosa 等[8]; Wyld[42]

基于电子政务云价值的认识，一些学者提出从传统信息技术体系架构到云模式的迁移过程模型或策略（表2-5所示），如Wyld提出涵盖学习、组织评估、云试点、云准备就绪度评估、云实施以及云持续改进的六阶段策略[42]。

表2-5 电子政务云迁移过程模型

过程模型/策略	描述	文献来源
迁移策略	认识云计算、组织评估、云计算原型设计、云迁移评估、正式上线、持续改进6阶段	Ali 等[10]; Wyld[42]; Rastogi[12]
电子政务云采纳前模型	评估、基于面向服务架构的应用程序服务重构、服务分类（静态/动态服务、查询/交互式服务等）、服务汇聚、法律合同支撑5阶段	Nasr 和 Galal-Edeen[112]

续表2-5

过程模型/策略	描述	文献来源
云计算采用过程模型	政策(政府云政策指导)、技术(云计算技术匹配指标)、服务引进(确定服务模型与实施模式)	Song等[40]
公共部门云计算实施模型	基础设施建设(基于云计算的基础设施和平台)、指导方针(政策规划与实施标准)、实施(正式构建)三阶段	Seo等[38]
迁移策略	内部宣传和培训、制度评估、安全风险评估、通用连接性、对于实施云计算机的基础设施调整、法规和标准化、云试点七阶段	Tweneboah-Koduah等[41]

2. 电子政务云风险

云计算如同其他信息技术一样存在相关问题阻碍其采纳，政府部门需要考虑采纳电子政务云的一些有形（技术性）与无形（与人有关的、非技术性）风险与问题，如技术功能性、项目、金融、法律政策、管理等风险[37]，具体包括安全与隐私风险、失去数据控制主权、缺乏信任、网络连通性风险、统一标准与法律问题、业务连续性和可靠性风险、迁移和定制化成本、提供商依赖问题等[3, 24]。因此，采纳电子政务云时需要启动风险管理评估程序以完成风险识别与控制[37]。表2-6简单描述了电子政务云风险及其文献来源。

表2-6 电子政务云风险与问题

风险	描述	文献来源
安全隐私	当政府敏感与涉密数据存储于云平台后，存在数据泄漏、非法访问等安全隐私风险	Ali等[10]; Almarabeh等[3]; Alshammari和Bach[110]; Alshomrani和Qamar[4]; Bellamy[29]; Liang[21]; Mosa等[8]; Tweneboah-Koduah等[41];Zissis和Lekkas[24]
失去数据主权	政府数据将存储在第三方平台，政府担忧失去信息资源的控制，即数据主权担忧	Ali等[10]; Alshomrani和Qamar[4]; Bellamy[29]; Tweneboah-Koduah等[41]; Zwattendorfer和Tauber[43]

续表2-6

风险	描述	文献来源
网络连通性	是否提供可靠和稳定的网络连接，以实现可访问性、速度和可用性	Almarabeh 等[3]；Tweneboah-Koduah 等[41]；Paquette 等[37]
统一的技术标准	缺乏统一的标准与政策支持将增加实施电子政务云的难度，造成无标准可依的局面	Almarabeh 等[3]；Bellamy[29]；Liang[21]；Mosa 等[8]；Tweneboah - Koduah 等[41]；Paquette 等[37]；Zwattendorfer 和 Tauber[43]；Ji 和 Liang[88]
业务连续性和服务可靠性	电子政务云能否提供7×24小时的可靠服务，降低服务中断概率	Liang[21]；Paquette 等[37]；Tweneboah - Koduah 等[41]；
迁移与自定义服务的成本	可能存在潜在成本，如政务系统迁移、云规划、云培训、自定义服务等成本	Mosa 等[8]；Tweneboah-Koduah 等[41]；Zwattendorfer 和 Tauber[43]；
过分依赖提供商	依赖云提供商可能导致锁定问题，即出现特殊情况时难以更换云提供商	Bellamy[29]；Zwattendorfer 和 Tauber[43]

3. 电子政务云采纳影响因素研究

全面地识别电子政务云采纳影响因素、系统地分析电子政务云采纳过程对于推进云计算在政府的应用与相关政策部门的政策制定具有重要意义[109, 113]。一些学者通过调查、案例研究或理论推演识别了电子政务云采纳与实施主要影响因素（见表2-7）。

表2-7　电子政务云影响因素

文献来源	研究方法	主要结论
Kurdi 等[107]	文献分析法	构建包括技术、组织、利益相关方、环境维度与社会维度（14个因素）的电子政务就绪度与云计算迁移框架
Zhao 等[113]	案例研究	分析了政府部门采纳云计算初期的评估过程（识别变化、分析变化、分配资源）

续表2-7

文献来源	研究方法	主要结论
Li等[114]	文献分析法	构建电子政务云实施影响因素模型，提出5大类(云计算技术、项目、个人主观、组织情境、外界环境)22个指标
Mohammed和Ibrahim[84]	文献分析法	发现节省成本和可扩展性需求是主要驱动因素
Ali等[108]	深度访谈	发现网络连通性、存储位置、成本、集成性，数据备份与恢复、提供商可信赖性、员工云知识与可移植性等是澳大利亚地区地方政府采纳云计算的主要因素
Elena和Johnson [115]	半结构化访谈	感知优势/机遇、组织风险文化、感知风险、缺乏专业知识、缺乏对云提供商信任、易用性、社会规范影响英国政府部门采纳云服务意愿

另外一些学者基于创新采纳理论视角展开研究，利用访谈、案例研究、扎根理论等研究方法，从不同角度系统地分析了政府部门采纳云计算模式的影响因素（如表2-8所示）。

表2-8　基于信息技术采纳理论电子政务云影响因素研究

文献来源	理论基础	研究方法	主要结论
Shin[86]	TAM①	深度访谈与问卷（韩国）	云服务感知功能(可用、安全、可靠、易接入等性能)与感知易用以及有用影响公共部门的云服务采纳
Kuiper等[83]	DOI②	桌面研究（欧洲）	相对优势、兼容性、可观察性、可试用性、协同、可追溯性与可审计性、信息技术管理者等因素能够提高公共部门采纳云计算，安全与法律问题、复杂性、风险降低采纳意愿
El-Gazzar和Wahid[87]	INT③	案例研究（挪威）	分析挪威政府在强制、规范、模仿等制度压力下对云计算的回应策略，发现拒绝采纳的因素是复杂性、组织性的冲突及特定的业务需要

① TAM是technology acceptance model的英文缩写，即技术接受模型。

② DOI是diffusion of innovations的英文缩写，即创新扩散理论。

③ INT是institutional theory的英文缩写，即制度理论。

文献来源	理论基础	研究方法	主要结论
Polyviou和Pouloudi[116]	TOE①、DOI	半结构化访谈（欧洲）	发现公共部门采纳云计算的影响因素包括技术（相对优势、兼容性、复杂性）、组织（互操作性、专注关键业务、高效管理、符合标准、流程透明性）与环境（官僚主义、政治、法律）因素
Ali等[117]	TOE、DOI	深度访谈（澳大利亚）	发现相对优势、兼容性、成本、技术就绪度和竞争压力是澳大利亚地方政府采纳云计算的影响因素
Wahsh和Dhillon [90]	TOE、DOI	问卷（伊拉克）	构建技术与非技术因素概念模型，发现安全性、兼容性、高层支持、信息技术知识、相对优势是影响伊拉克政府采纳云计算关键因素
Sallehudin等[85]	DOI	问卷（马来西亚）	相对优势、兼容性和信息技术人员知识是影响马来西亚公共部门采纳云计算的主要因素
Ji和Liang[88]	TOE、DOI	案例研究（中国）	发现技术（相对优势、兼容性、复杂性、可察性、可试性）、组织（高层支持、组织惯性、信息技术规模与复杂性）、环境（财政支持、政策与标准、成功案例）的影响作用
Li等[118]	TOE	扎根理论（中国）	发现技术驱动、云提供商可选择性、环境刺激、组织就绪度对电子政务云采纳起重要作用
Mohammed和Ibrahim[89]	TOE、DOI、匹配可行性模型	量表开发（也门）	构建技术-任务匹配与可行性（经济条件、技术就绪度）概念模型，并开发了测量量表
Liang和Qi[119]	TOE、DOI、TAM、TTF②	案例研究（中国）	构建了整合模型，发现感知优势与感知阻碍的前因与后果，如相对优势、复杂性、技术-组织匹配、外界制度等作用

在云计算技术采纳后的实施阶段，很少有学者关注如何吸收云计算以实现电子政务云价值。仅有一位学者在会议论文中研究政府部门影响云计算吸收的关键因素，并探索了电子政务云吸收对组织效率的影响（如表2-9所示）。

① TOE是technology organization environment的英文缩写，即技术-组织-环境理论。
② TTF是task technology fit的英文缩写，即任务技术适配模型。

表2-9 电子政务云吸收研究

文献来源	理论基础	研究方法	主要结论
Sallehudin等[85]	TOE、DOI	问卷调查（马来西亚）	发现技术、组织影响采纳意愿，技术、环境影响云计算实施
Sallehudin等[92]	TOE、信息科学成功模型	问卷调查（马来西亚）	发现技术、组织、环境、人员因素影响云计算实施，并进一步影响运作效率

4.英文文献研究总结

从研究主题来看，现有电子政务云英文文献可以归纳成4个类别：一是电子政务云概念性论述，如云计算和电子政务之间的联系，电子政务云的意义，电子政务云的定义、特质、体系架构、服务层次和实施模式[120]。二是电子政务云的优势与劣势以及实施电子政务云对策分析，由于电子政务云在世界范围内的应用已经展开，所以这类文献占大多数。三是电子政务云采纳问题。一部分研究已“跳出”对云计算优势的概念与系统阐述的早期认知阶段，进一步分析政府部门采纳云计算的关键因素。这些研究以调查[108, 117]、案例[88, 119]、扎根分析[100, 118]等质性研究方法为主，而实证研究则以侧重于技术因素，外界环境和内部组织因素与云计算采纳的直接影响作用[86, 90]，未能充分分析与解释影响云采纳的内部作用机制，即缺乏关键因素间接作用的关注。四是电子政务云影响研究。少量文献尝试用案例或实证的方法探讨云计算吸收的影响因素以及对信息技术业务绩效的影响[85, 92, 93]，但是大部分文章来自会议或一般期刊，研究结果的有效性不高。

从研究方法上来看，除了综述性的文献，大部分文献主要为论述性、案例研究与调查访谈等研究方法，只有少量基于问卷调研数据的实证研究，并且基于调查数据的研究也基本上是探索电子政务云采纳影响因素[85, 90]，缺乏电子政务云吸收及其信息技术价值的实证文献[92-94]。

二、电子政务云中文文献

对于中文文献，本研究以“电子政务云”“基于云计算的电子政务”为主题，以“云计算”与“政府”的篇名组配，以“云”为主题与刊名为“电子政务”的组配，在CNKI数据库的CSSCI来源期刊进行了搜索，检索年限从2009年至2016年9月15日，得到有关电子政务云的文献76篇。本研究紧接着进行了逐篇筛查，依照剔除标准，剔除了不相关的文献，最终共获得相关文献62篇。

从研究数量分布的角度，本研究将搜索到的62篇国内文献按照发表时间进行统计，图2-2显示了电子政务云的中文文献总量年度变化规律。

从总体数量而言，目前国内对电子政务云的文献远远少于外文文献。从时间维度上来看，国内对电子政务云的研究几乎同步于国外，2010年开始出现2篇文献，最早关于电子政务云方面的研究文章是来自上海师范大学的吕元智，主题是“基于云计算的电子政务信息资源共享系统建设”，从理论、技术、实践以及成本方面强调云计算应用于政府信息共享领域的可行性[121]。从2011年开始保持每年10篇的速度，这表明这一领域研究已受到较多学者及研究机构的关注。

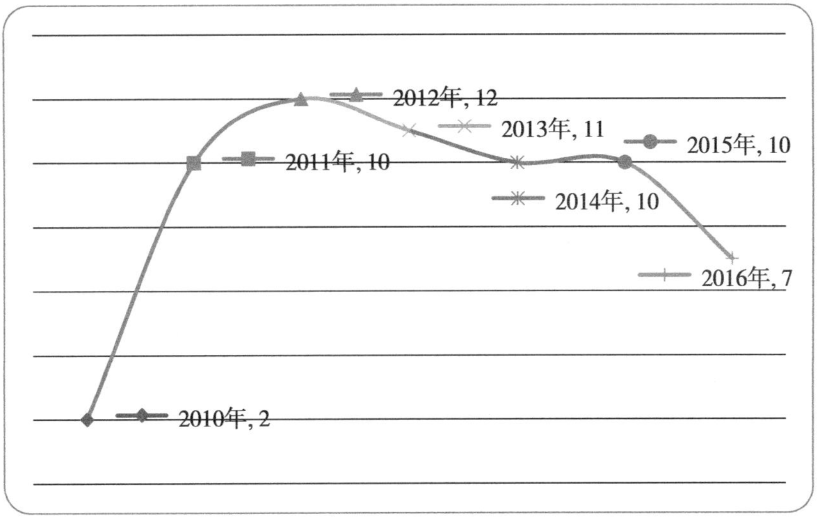

图2-2　中文文献年度分布

从文献来源的期刊来看，这些文献主要发表在情报杂志、情报科学、图书馆学研究、电子政务等期刊上，尤其是《电子政务》期刊发表居多，由于《电子政务》属于政治行政类，这表明我国政府十分重视电子政务云的实践探讨与理论研究，详细情况见表2-10。

表2-10　电子政务云中文文献来源期刊分布

期刊名称	电子政务	情报杂志	现代情报	情报科学	图书馆学研究	其他
篇数	28	6	6	3	2	17

从研究主题的角度，本研究对这62篇电子政务云文献进行了分析，并按照研究主题进行了系统的梳理归纳和汇总。

（一）电子政务云概念

随着云计算在世界各国的应用，依托电子服务云平台是电子服务的发展趋势[9]，我国学者也在积极引入电子政务云的概念以促进电子政务实践与理论的发展，明晰了“政府云”“云政府”“政务云”的定义。

对于“政府云”的内涵，张艳指出政府云就是政府将其他政府部门所需的系统应用集中起来统一管理，并提高服务给目标部门使用[122]；李和中和陈芳则认为政府云是特殊的政府行业云，它基于云计算技术建立的基础设施服务平台[123]；徐晓林和李卫东认为政府云是提供政务应用的计算中心，通过云计算模式，整合政务信息资源[124]；黄铧焕和孙宇认为政府云以云计算为基础，以优化政府职能、提高政府效率与服务质量为目的，建立的信息技术基础设施平台[25]。

对于“云政府”的内涵，李和中和陈芳构建基于云计算的政府管理模式，分析云政府的政治基础、组织结构以及实现条件，认为云政府是实现信息共享、透明廉政、高效服务、一站式服务型政府的一种组织形式[123]。

对于“电子政务云”的内涵，刘国城认为电子政务云属于电子政务的纵向扩展，它通过云计算技术，把跨部门、跨区域的，分散建设的电子政务信息资源加以整合，实现不同系统的统一管理与运维[125]。

通过以上学者研究结论，明确了“政府云”“云政府”“政务云”这是深入研究基于电子政务云的前提。

（二）电子政务云的优势与风险

推进电子政务云建设不仅是社会进步发展的需要，同时对解决传统电子政务建设模式的系统重复建设、信息孤岛、信息共享难、基础设施使用率低、系统互联互通不畅以及部署周期较长等一系列难题有重要意义，而且也是增强政府管理效率以及提高公共服务质量的有效方式[15, 25–27, 120]。

1.电子政务云优势

基于云计算的动态性、虚拟化、超级计算能力、低成本、高安全性等属性[121]，国内学者通过理论分析与案例分析（美国联邦政府云计算战略）[26, 122, 126, 127]，认为云计算给政府电子政务服务与公共管理带来了广泛的潜在优势、价值与社会效益。例如，按需弹性使用资源，能够降低成本，使服务具有经济性[9, 15, 27, 36, 126, 128]；提供不同服务器间数据共享环境，提高资源共享与业务协同性[9, 15, 16, 27, 121, 128-130]；整合公共服务等，提高政务工作效率[15, 27, 126]；推动政务透明化[36, 126]；具有便捷、灵活、定制化的信息技术服务[9, 15, 121]；具有超大规模的存储能力[16]；能够降低用户端设备要求与成本[16, 121, 128]；破除地理限制[36]。

另外，电子政务云市场的发展还有利于中小型和新兴云供应商的发展。信息和通信技术提供商从商品定制到商品解决方案的转变给市场带来新的变化。由于政府部门没有“锁定”长期的服务合同，提供商可以随时为政府客户提供新的、更高质量和更有价值的解决方案、简单和公平的购买模式。通过使用电子政务云，将消除采购过程周期长、采购成本昂贵的弊端。这为提供商（包括主要提供商和新兴提供商）创造了一个公平的竞争环境，特别是中小企业将能够提供易于被政府采用的解决方案。服务提供商可以自由创新，随时提供新的解决方案和改进服务，而不是在采购过程中交付过时或不恰当的定制规格的服务。

2.电子政务云风险

在强调电子政务云优势的同时，部分学者还关注电子政务云带来的风险问题。例如，胡水晶和李伟认为政府公共云服务的虚拟性以及潜在无国界性等属性，将导致政府对数据主权控制的隐忧，并指出应努力制定权威的国家间的云服务协议以保障数据主权不受危害[36]。姜茸等指出了电子政务云面临的安全风险因素（服务层以及终端安全风险），并从云提供商、云用户以及政策等不同维度提出安全风险应对策略[131]。鲍凌云和刘文云也指出服务中断、涉密数据安全性是电子政务云的潜在风险[128]。可见，电子政务云的安全风险、数据主权风险、服务中断等性能风险已成为阻碍电子政务云发展的主要原因。

基于电子政务云的优势与劣势，部分学者在介绍美国联邦政府成功案例的同时，从云服务模式（依托政府内网建立政府私有云、依托互联网建立政府公共云）、云服务架构（底层平台共享、高层平台共享、直接应用）、云安全等方面提出了我国发展电子政务云的思考与建议[26, 122]。

3.电子政务云的构建模型与流程

为了加快电子政务云的“落地”，经过理论基础、技术条件、经济成本、实践环境的可行性论证[121, 128]，宁家骏指出云计算应广泛应用于政府门户网站、政务系统以及数据中心等方面，并指出要加快形成云计算发展与建设的总体框架和模型[132]。随后，大部分学者从概念构想和模型构建层面探讨电子政务云的建设模型与建设流程（如表2-11所示）。

表2-11　电子政务云的构建模型与流程

参考文献	应用对象	模型/流程
吕元智[121]	基于云的电子政务信息资源共享系统	构建流程：设计与建立共享云计算实现模型（资源、管理中间件和服务3个层级），规范地封装当前的差异化政务信息资源，建立信息资源共享的应用以及数据中心（外包与统一自建模式），构建云接入平台（方便与安全要求）
杨杰等[130]	基于云的政府网站群整合	实现步骤：清楚网站群整合层级，设计网站群整合框架（资源层、管理层和应用层），构建信息共享交换平台（政务信息、公共服务以及基础设施资源）
鲍凌云和刘文云[128]	电子政务云计算系统	体系结构：资源层（物理资源）、虚拟层（虚拟设备）、应用管理层（动态部署）以及业务表现层（一站式服务系统）
鲁俊杰和侯卫真[27]	电子政务云平台	构建思路：虚拟化（服务器、存储与应用程序），平台搭建（公众云、业务云、支撑云），服务提供（SaaS、PaaS、IaaS）3个阶段
黄铧焕和孙宇[25]	政务云网络平台	政务云建设的思路：确定建设方式（横向、纵向）与建设架构（云接入、云平台和云业务3个层次）
刘紫微等[18]	基于云的政府信息资源集成	建立整合模式（物理设备、数据、系统应用与政务服务等4个平台），模式包括设施资源集成层、资源管理层、云端管理层、用户服务层等
徐晓林和李卫东[124]	政府云	体系结构模型：政府云基础设施层、云资源池层、云数据库层、云平台层和云应用层（计算中心与统一的信息资源管理平台）
朱继团等[133]	基于云的电子政务协同服务模式	基本架构（IaaS、PaaS及SaaS），指出该模式有效实现政府部门内部、区域内政府部门间及跨区域政府部门协同服务
迪莉娅[134]	基于云的电子政务大数据管理	设计与建立模式：政务大数据的采集（集中与分布方法）、存储、联机分析、挖掘、可视化
牛力[13]	政务信息云服务模型	模型层级：基础设施、数据资源、资源整合、业务应用和公共服务5个层级
迪莉娅[129]	基于云的政府门户网站知识管理	实现过程：数据云的建设（集成与存储）、挖掘、知识抽取（本体表、本体库、知识服务）

续表2-11

参考文献	应用对象	模型/流程
刘邦凡和詹国辉[9]	电子服务发展模式	六种电子服务云类型（HaaS①、IaaS、PaaS、SaaS、DaaS②、TaaS③）以及三种电子服务云平台建构方式（本土云、公共云、混合云）
杨美沂和林勇[135]	基于云的政府统计平台	体系架构（云服务、云管理、用户访问接口）、功能模块（数据采集、数据存储、数据分析、数据服务和数据交付）及其运行流程

通过以上学者的理论与概念分析，明确了电子政务云建设模型与建设步骤，为从实践角度进行深入探讨和分析提供有力理论支撑。

4.电子政务云的技术实现

电子政务云建设的推进依赖于云计算服务的成功应用，在概念性理论探索已趋于饱和的基础上，电子政务云在不同政务领域的实现问题成了国内相关研究的热点[120]。

在政府危机决策方面，孙振嘉等为解决危机发生时随着大量的信息传递引发信息沟通不顺畅的问题，通过云计算设计与构建政府的危机决策信息管理系统，并阐述了系统架构、设计原则、管理机制设计与建设[136]。在安全审计方面，刘国城提出了电子政务云安全审计的规范体系与流程模式[125]。

随着电子政务云发展，云的建设与实施已成功地在各个试点政府运行，如北京市、湖北省、济南市、福建省、南京市等。

邓峰和刘延滨通过湖北科技政务服务平台实施的案例，提出基于云计算的政务信息融合平台的总体架构（基础设施、资源整合、业务管理及公共服务）与相关功能模块[35]。于颖以河南省为例，阐述了电子政务云服务平台的建设思路（确定云平台功能模型、选择合适的云平台技术），构建了云服务平台功能模型和技术体系架构[15]。孙伟晔和袁飚以苏州个人数字服务空间平台为例，提出云环境中公共服务平台的设计思路与原则、整体框架、业务模型、功能结构和关键技术[14]。董凌峰和李永忠构建了基于云计算的电子政务平台，以应对“数字福建”建设中呈现的问题，并分析了平台架构与实施数据共享的关键技术（虚拟化、数据抽取、数据转换以及数据处理）[137]。毕建新和郑建明以南京市“E路阳

① HaaS是hardware as a service的英文缩写，即硬件即服务。

② DaaS是data as a service的英文缩写，即数据即服务。

③ TaaS是test as a service的英文缩写，即测试即服务。

光”为例，提出了实时行政监察监控政府一体化业务流程模式[138]。

5.电子政务云的管理

在电子政务云的管理与行为方面，相关研究还比较缺乏。在电子政务云采纳方面，丁郁和吴菊华基于技术-组织-环境理论提出政府采纳云计算框架，并运用多案例研究方法，探索了政府部门采纳云计算的成因，如政策支持、公众支持、成功案例、高层支持、安全性与兼容性等[82]。在标准制定方面，张晓娟和郭娟结合欧美等发达国家政府云计算安全标准制定经验，分析怎样制定中国情境下的政府云安全标准[127]。

6.中文文献研究总结

从研究主题来看，中文文献对云计算与电子政务的结合的研究重点主要集中于理论探索和实践应用两方面。在理论探索方面，大部分研究集中于论述性的概念，如电子政务云的定义、云计算应用在电子政务建设中的意义、电子政务云的优势与风险[15, 26]；还有一部分学者为了提高电子政务云可行性，重点关注电子政务云建设的体系架构、应用模式、结构功能等建设模型与建设流程[18]。在实践应用方面，一部分学者为推进云计算概念“落地”，重点分析电子政务云平台的构建、云政府的技术实现与关键技术[125]。以上学者的研究大都是从宏观角度分析电子政务云的发展现状、优势与劣势、实践应用问题以及行动建设路径，缺乏微观问题的深入探讨。

从研究方法来看，除了综述性的文献[120, 139]，绝大部分文献主要为论述性为主，案例研究多是利用案例描述性方法描述基于云计算的电子政务平台构建[14, 15, 35, 137, 138]，只有丁郁和吴菊华利用多案例研究方法分析决定政府采纳云计算的关键因素[82]，很少有文献探讨电子政务云更为具体、细致的问题，尤其是中国情境下的电子政务云采纳过程与价值影响机制的实证研究。

三、电子政务云研究评述

从中英文文献整体来看，国内外学者对电子政务云的概念、优势与风险有了共同的认识，虽然我国政府部门自身也非常关注和支持这个领域的发展和研究，但对云计算环境下的电子政务发展研究是比较注重实践和应用方面，缺乏与国际电子政务研究热点的联系。因此，国内关于电子政务云的理论研究较为薄弱，需要不同学科背景的学者从不同角度进行深入的研究。

而在电子政务云采纳前阶段，虽然已有大量的研究讨论了电子政务云在采纳前阶段的不同的问题，但实施基于云计算的电子政务模式却很少受到关注[140]。采纳只是整个信息技术吸收过程的一个初始阶段[50]。也就是说，仅仅采纳云计算是不够的，必须适当地将其吸收到政府的业务流程中，以便在采纳云计算后实现其全部潜在价值[50]。因此，在采用后阶段，一些研究基于技术-组织-环境理论、创新扩散理论和任务技术匹配[93, 99, 140, 141]，探讨了电子政务云实施的前因和决定因素。此外，一些研究还探索了电子政务云吸收的影响，例如，提高服务交付质量和从运营效率提高财务绩效[92]。这些研究表明，电子政务云的实施为政府提供了额外的潜在机会，以提高效率、增强服务、降低成本和提高价值[93]。然而，如何在采纳后阶段吸收电子政务云以创造公共价值，却很少有人关注。例如，电子政务云的吸收类型是什么？吸收电子政务云获得的公共价值是什么？在本研究中，我们不仅关注采纳前的影响因素，还关注是电子政府云吸收的采纳后阶段。因此，从信息技术价值创造的角度理解政府机构对电子政务云的吸收过程，可以帮助我们更加深入地理解这一新兴技术的发展趋势。

第二节　电子政务云发展现状

一、国外电子政务云发展现状

随着云计算的发展，基于云计算的电子政务受到越来越多国家的重视。欧洲一些国家将基于云计算的电子政务列入了国家战略，还有一些国家已开始投入应用。其中，奥地利、丹麦、芬兰、法国、德国、爱尔兰、西班牙和英国属于基于云计算的电子政务发展较好的国家，这八个国家最常应用的云计算类型是私有云和社区云，公有云只有在满足安全与隐私要求的前提下才在考虑的范围内。欧洲大多数国家计划在全国层面的公共部门应用云计算，而奥地利、法国、西班牙和英国四国已经开发部署专门的政府云。

（一）欧洲国发展云计算服务的国家战略

欧洲一些国家将基于云计算的电子政务列入了国家战略，还有一些国家已开始投入应用。

1.奥地利

奥地利虽还未在公共服务中应用云计算，但奥地利总理府数据平台于2012年发布一份公共部门应用云计算的文件，涉及法律、经济、技术以及公共部门使用云计算的机遇和风险等方面的内容。根据该文件，奥地利电子政务应用系统或将部署私有云、社区云和公有云。

2.丹麦

丹麦政府早在2009年就开始讨论在公共部门应用云计算，但至今仍纠结于云计算的安全和隐私保护问题。事实上，丹麦政府是公共领域使用云计算的领先国家。例如，2011年，丹麦计划在学校系统使用谷歌应用程序（日历表、电子邮件等）。此外，丹麦政府采购组织还于2011年将政府采购移入云端。

3.芬兰

芬兰目前还没有在公共部门应用云计算的国家战略，仅启动了一项基于云计算的信息和通信技术集中服务的探索性研究，但芬兰政府在其发布的《生产力和创新力芬兰——2011年至2020年数字化议程》报告中，特别强调了云计算的重要性。

4.法国

法国支持发展和部署全国范围的政府专属云，并称之为政府云。法国于2011年开始发展名为“Andromeda”的政府云，由本土两大运营商提供服务，采用IaaS平台。法国发展政府云的意图在于解决本土数据保护和立法问题，并能符合本国国家数据保护和安全法律。此外，埃森哲公司还为法国法律与行政信息管理署建设了专属云，以便为法国公众提供更加便捷和高效的公共服务。

5.德国

德国联邦政府于2010年发布了信息和通信技术战略，云计算是战略的核心内容。德国希望促进云计算服务发展，并尽快使中小企业和公共部门从中受益。此外，德国还发布了云计算行动计划，具体讨论了如何面对云计算将要带来的挑战等问题。

6.爱尔兰

爱尔兰于2009年发布了《科技行动支持智慧经济》报告，将云计算提高到了国家战略层面，并将其视为国家经济发展的主要推动力。2012年，爱尔兰发布《云计算战略》报告，计划在多个政府部门使用云计算提供公共服务；此外，还发布了云计算应用指南，以指导企业更好地应用云计算。

7.西班牙

西班牙公共部门应用云计算的程度相当有限。事实上，云计算因其能节约成本的优势在财政能力有限的地方政府得到了更好的发展，一些地方政府应用云计算已经有3年以上的历史。在西班牙比较受欢迎的是私有云（占比58%），然后才是公有云（占比31%）和混合云。

8.英国

英国政府于2011年发布了信息和通信技术战略，该战略提及要部署英国的政府云，政府云根据需要为用户提供计算资源。2012年，英国政府云将通过创建政府应用程序商店来实现，政府云将采取在线门户的形式，并将提供一个开放的市场，展示能够在公共部门采购、使用和重用的基础设施、软件、平台和专业服务。政府应用程序商店将成为政府公共部门可以购买可信服务（在某些情况下是试用服务）的市场。政府应用商店的目标是提供复杂的功能和多样化的服务，并允许用户轻松地查找、评估、比较、购买、调试、停用和切换相关云服务。

9.八国云计算服务的发展现状比较

八个国家最常应用的云计算类型是私有云和社区云，公有云则需满足安全与隐私要求。上述八个欧洲国家中，有五个已经将基于云计算的电子政务纳入到国家战略，而另外的三个国家，云计算也已在个别城市得以应用。大多数欧洲国家计划在全国层面的公共部门应用云计算，而奥地利、法国、西班牙和英国四国正在计划或已经开发部署专门的政府云。八国云计算服务的发展现状比较如表2-12所示。

表2-12　八国基于云计算的电子政务发展现状比较

国家	是否列入国家战略	应用现状	应用范围	云计算类型	服务模式	服务内容
奥地利	是	已规划	国家、地区城市	公有云、私有云、社区云	IaaS、PaaS、SaaS	备份/存档、云计算架构的电子政务应用、协同办公、身份验证即服务
丹麦	否	规划中	直辖市	公有云、私有云、社区云	SaaS	电子邮件、政府采购
芬兰	否	已规划	国家	公有云、私有云、混合云	IaaS、PaaS、SaaS	电子政务服务、电子邮件、存储/备份、协同办公
法国	是	已实施	国家	社区云	IaaS	备份/存档、政府数据公开

续表2-12

国家	是否列入国家战略	应用现状	应用范围	云计算类型	服务模式	服务内容
德国	是	已规划	国家	公有云、私有云、混合云	IaaS、PaaS、SaaS	备份/存档、政务公开、电子邮件、协同办公
爱尔兰	是	已规划	国家	公有云、私有云、社区云	IaaS、PaaS、SaaS	数据开放、公众信息库、系统办公、电子邮件
西班牙	是	已实施	国家、地区城市	公有云、私有云、社区云、混合云	IaaS、PaaS、SaaS	电子政务服务、政务公开、公民参与、电子邮件、存储/备份、协同办公
英国	是	已实施	国家	私有云、社区云	IaaS、PaaS、SaaS	电子邮件、办公、消费者关系管理

八个国家最常应用的云计算类型是私有云和社区云，公有云只有在满足安全与隐私要求的前提下才在考虑的范围内。八个国家中，50%的国家最常应用的云计算服务模式为基础设施即服务、平台即服务和软件即服务，具体情况则根据每个国家的实际情况而有所不同。譬如法国侧重于基础设施即服务，丹麦偏向软件即服务，还有一些国家则选择了平台即服务模式等。

表2-12最后一栏列举了各国计划利用云计算提供的电子政务服务类型：基础设施即服务模式主要用于经济、高效的备份和存档方法，以及推动政府数据公开；平台即服务模式主要提供基于云计算框架的电子政务解决方案，并作为地方政府开发独立的电子政务应用的基础；软件即服务模式最常用于电子邮件服务。此外，多数国家正在考虑将云计算用于协同办公。

（二）基于云计算的电子政务的优势与挑战

高度的可扩展性和巨大的成本节约潜力，是云计算的特有优势，公共部门也可从中受益；安全仍是云计算服务最大的挑战。

1.优势

可扩展性：在2009年世界气候大会上，丹麦政府基于社区云提供信息技术服务，以便在会议前和会议中预测高负载峰值。

易实现性：西班牙加泰罗尼亚自治区政府自2010年起在云端实现系统迁移时的更新和替换，并成功将电子邮件系统（10500个用户）移入云端。

高可用性：如亚马逊或微软均在服务等级协议（Service level agreement,SLA）中承诺，保证全天候政务服务，可用性达99.95%。

预付费：英国政府计划利用云计算打造一个公共部门共享和再利用应用程序的平台，该平台应用程序管理采用预付费模式。

低成本：西班牙卡尔佩市政委员会通过虚拟桌面终端，进行公务员电脑桌面的更新，以此节省成本及维护费用。

高度的可扩展性和巨大的成本节约潜力是云计算的特有优势，公共部门也可从中受益。许多欧洲国家已经在部分公共部门领域应用云计算，而其他国家也正在规划之中。

2.挑战

安全：安全挑战仍是云计算服务最大的挑战之一。目前，私有云和社区云因能提供更多的控制设置和基础设施来保护数据安全而受到不少国家青睐。云计算服务提供商一般通过服务等级协议或认证（如ISO27001[①]）来保证相关安全级别。如德国政府发布的《云计算服务提供商安全建议白皮书》，就规定了对公共部门云计算信息安全级别的要求。

数据保护：为了符合数据保护法规，一些国家（如法国、英国）将部署专门的政府云，把敏感信息储存在本国境内。个别国家因为公有云对敏感数据缺乏保护而弃之不用。

互联互通和数据迁移：为了解决互联互通和数据迁移问题，很多国家（如英国）对基于云计算的电子政务使用开源组件和开放标准。

身份验证和识别：基于云计算的电子政务应用，需要更加安全可靠的身份验证和识别系统。一些云计算服务提供商已经开始提供该服务，此类服务可以视为推动电子政务进一步移入云端的关键。如奥地利云计算服务提供商Fabasoft为奥地利、德国和瑞士等国的电子身份证提供安全身份识别。

审查：一般公有云服务提供商无法轻易实现审查，仅有个别国家的私有云或社区云能实现审查。

---

① ISO2700即信息安全管理体系认证，是由国际标准化组织（International organization for standardization，ISO）采纳英国标准协会BS7799-2标准后实施的管理体系。

（三）国外电子政务云发展小结

总而言之，按照欧盟网络与信息安全局的观点，所有的欧盟国家的政府都应将基于云计算的电子政务纳入国家战略。此类国家战略应关注云计算的安全性和应变能力，并避免不兼容的问题，从而保证操作平台和数据格式的互联互通。

在比较的八个欧洲国家中，有一半的国家已经将云计算纳入国家战略层面，但大部分国家的基于云计算的电子政务仍处于发展初期。对于公共部门的应用而言，所有的云计算服务模式均适用。

二、国内电子政务云发展现状

（一）出台《国家电子政务“十二五”规划》

2012年，《国家电子政务“十二五”规划》指出“十一五”期间，地方和部门电子政务建设普遍开展，组织体系不断健全，专业技术队伍建设不断加强。推动电子政务发展的政策、制度和标准规范继续完善，许多地方制定了相关法规。围绕经济和社会发展的需要，电子政务应用深入推进，富有成效的典型应用不断涌现。中央和省级政务部门主要业务电子政务覆盖率已经达到70%。“金关”“金税”“金盾”“金审”等一批国家电子政务重要业务信息系统应用进一步深化，取得更大的经济和社会效益。宏观经济管理、财政管理、进出口业务管理等宏观调控信息系统在有效应对国际金融危机冲击、保持经济平稳较快发展方面发挥了重要作用。教育、医疗、就业、社会保障、行政审批和电子监察等方面电子政务积极推进，改善和增强了政府为社会公众提供服务的能力和水平。食品药品安全、社会治安、安全生产、环境保护、城市管理、质量监管、人口和法人管理等方面电子政务应用持续普及，加强和提升了社会管理能力和水平。县级以上政务部门普遍建立政府网站，积极开展政府信息公开、网上办事和政民互动等服务。电子政务基础设施建设取得成效，国家电子政务网络初步满足党委、人大、政府、政协、法院、检察院各系统推进业务应用的需要，技术支撑能力明显提高。电子政务信息安全保障系统普遍建立，管理制度规范逐步健全，网络与信息安全保障能力明显提升。

然而电子政务发展中存在着一系列严峻挑战：符合电子政务科学发展的体制机制亟待健全，需要着力改变统筹不足、政出多门、分散建设、低水平重复、投资浪费等现象；国家电子政务统筹规划和顶层设计亟待加强，需要着力改变应用发展水平不高和政务信息资源开发利用不足等现状，加大解决行业与地方条块矛盾突出、信息共享和业务协同难以推进等问题的力度；电子政务建设对国家信息产业发展的拉动作用亟待提升，需要努力提高安全可靠信息技术和产品应用水平，切实转变电子政务信息安全保障薄弱的现状。因此，必须科学判断和准确把握发展趋势，采取更加有力的措施，集中力量解决国家电子政务发展中的突出矛盾和问题。

为了解决电子政务面临的挑战，例如系统架构面临挑战（传统信息技术架构在资源、性能、安全能力有限，无法承接大量数据的采集、分析和利用，阻碍了未来互联网政务业务的发展）、数据孤岛（各部门间数据孤立，数据的共享度和自动化程度低，导致业务数据协同能力不高，消除数据孤岛问题迫在眉睫）、数据安全（各业务系统数量众多且分散，系统之间相互独立，难以进行统一的安全管理和风险控制，安全问题岌岌可危）、平台运维（各业务系统相互独立，无法进行统一的运维管理，导致运维成本高，运维效率低下）、移动化程度低下（多数地方政府尚未推出政务APP、微博、微信等移动媒介，而传统的电子政务网站难以满足移动互联网的访问需求，与民众的互动效果较差，无法满足民众对移动政务的服务需求）等，《国家电子政务“十二五”规划》指出需建设完善电子政务公共平台：

1.完成以云计算为基础的电子政务公共平台顶层设计

积极研究云计算模式在电子政务发展中的作用，全面分析新技术对电子政务公共平台发展的影响和全方位业务协同、信息资源共享及信息安全保障对电子政务公共平台发展的需求，适时开展以云计算为基础的电子政务公共平台顶层设计试点，在此基础上开展国家电子政务公共平台顶层设计，充分发挥既有资源的作用和新一代信息技术潜能，加快电子政务发展创新，为减少重复浪费、避免各自为政、信息孤岛等创建技术系统。

2.全面提升电子政务技术服务能力

鼓励地方在国家电子政务规划和顶层设计指导下，在现有基础上建设集中统一的区域性电子政务云平台，降低电子政务建设和运维成本，提高电子政务发展质量，增强电子政务安全保障能力。鼓励电子政务建设的运行维护走市场化、专业化的道路。系统集成资质管理和电子政务管理密切结合，将建设和运维安全可靠、复杂大系统的能力和绩效作为系统集成资质评价的重要内容。

3.制定电子政务云计算标准规范

尽快研究制定基于云计算的电子政务标准规范（主要包括系统架构、技术标准等技术性标准规范，应用分类服务标准、应用迁移标准、数据管理标准等服务性标准规范），公共平台安全规范、应用安全规范、信息安全规范、服务安全规范等信息安全保障标准规范，绩效评价标准、平台和信息管理标准，技术服务管理规范等管理性标准规范。

4.鼓励向云计算模式迁移

以效果为导向，推行“云计算服务优先”模式，制定电子政务公共平台建设和应用行动计划，明确相关部门的职责和分工，共同推动电子政务公共平台运行和服务。在满足安全需求、遵从法律法规和业务准备的基础上，推动政务部门业务应用系统向云计算服务模式的电子政务公共平台迁移，前期重点推进新建、升级改造的业务信息系统在电子政务公共平台上部署运行，提高基础资源利用率和应用服务成效。开展电子政务公共平台应用试点示范工作，总结推广应用服务的成功做法和有益经验。

（二）基于云计算的电子政务公共平台建设和应用试点

为大力推进电子政务发展，促进政府职能转变和管理创新，按照《国务院关于大力推进信息化发展和切实保障信息安全的若干意见》和《国家电子政务“十二五”规划》的要求，国家工业和信息化部研究确定北京市等18个省级地方和北京市海淀区等59个市（县、区）作为首批基于云计算的电子政务公共平台建设和应用试点示范地区，鼓励地方在现有基础上建设集中统一的区域性电子政务云平台，支撑各部门业务应用发展，防止重复建设和投资浪费，促进互联互通和信息共享，增强电子政务安全保障能力，推动电子政务朝集约、高效、安全和服务方向发展。

1.北京电子政务云实施

2010年10月，北京市经济和信息化委员会发布了《北京“祥云工程”行动计划》，提出在2015年，使“云计算”的三类典型服务——基础设施服务、平台服务及软件服务形成500亿元产业规模，由此带动云计算产业链形成2000亿元产值。

北京市政府电子政务云数据中心项目是北京市“祥云工程”的云应用重大示范工程，北京市政府希望在新一轮电子政务建设中应用云计算模式，推动北京市电子政务向更高层次跃进，同时通过示范项目培育北京市云计算产业链。

传统电子政务问题：北京市“祥云计划”成为国家云计算试点中最引人瞩目的部分，政府在计划中起到带头和示范作用，需要建立一个云计算的实际商用局点，既满足试验和检验的需求，更要成为带头使用云计算的模范。在政府的各类信息化系统中，政务云平台是使用云计算需求最迫切的系统。同时，在建设体制和技术上，电子政务外网存在一些固有的问题，需要通过新的架构和新的技术来解决。

政务外网分散建设：原有电子政务外网业务分散在近三十个小数据中心，相互独立形成“信息孤岛”，信息和资源难以共享，难以形成高效统一的电子政务网站群。因为业务独享物理的计算和存储资源，资源利用率平均不到16%，造成了很大浪费。

大量互联网出口：原有近三十个小数据中心都有各自的接口分别接入互联网，每个接口都承受着每月10万次以上的安全威胁，加之安全防护能力参差不齐，存在着巨大的隐患。

信息技术运维管理难：平均每个数据中心都配备2个以上的信息技术运维人员，近三十个政务外网的运维人员超过70人。但是分散的数据中心普遍缺乏专业的信息技术运维能力，处理问题的效率非常低，知识和经验无法共享，严重影响了政府的公共服务水平。

国产化要求：政务外网是政府服务民生的窗口，越来越多的关键数据和信息都承载在政务外网上，从国家安全的角度，需要尽可能采用国产设备。

北京电子政务云解决方案：北京电子政务云解决方案采用华为云计算技术建设电子政务数据中心IaaS平台，提供从服务器、存储设备、交换设备、安全设备、防火墙、云平台到运维管理的一体化解决方案，实现集约化建设，有效地降低成本、提升效率、保证绿色可靠；基于统一IaaS平台，适当部署现有成熟的PaaS平台，丰富政务信息化应用。便于向党政机关提供不同层次的SaaS政务应用，快速推进电子政务建设。实现分权分域运维管理，支持各电子政务的使用单位通过数据中心的统一运维管理平台，管理维护各自的网站系统（如图2-3所示）。

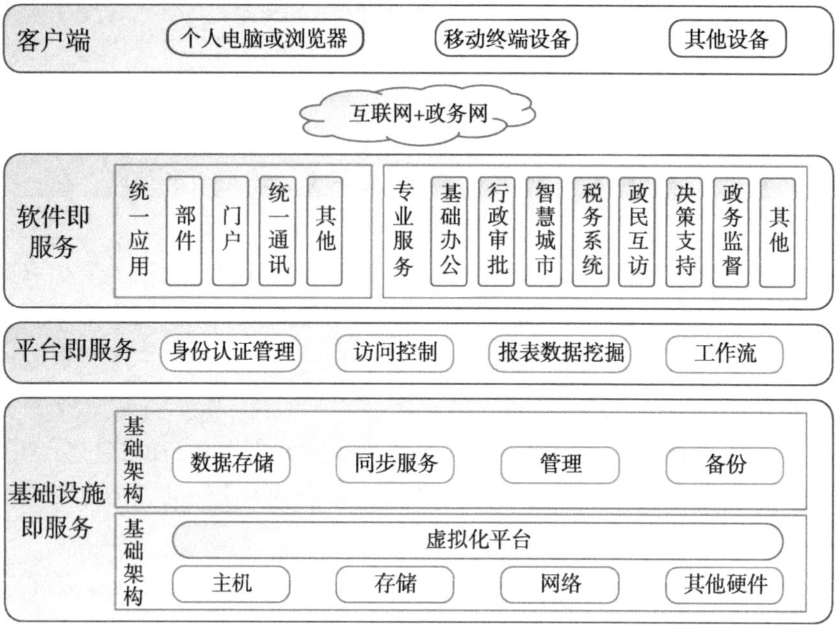

图2-3　统一电子政务云平台

解决方案的亮点主要体现在三方面：

首先，高效业务迁移工具和服务。业务“云化”迁移是一个专业化的服务过程，包括现状评估、规划设计、实施验证、试运行、业务上线等关键的环节。华为在业务“云化”迁移中积累了丰富的经验，形成了成熟的方法和流程，并且开发了物理机到虚拟机、虚拟机到虚拟机、数据库迁移等一系列的自动化迁移工具。高效的迁移工具和服务，帮助政务云平台业务快速平滑迁移。

其次，多层次资源整合。华为针对北京电子政务外网的情况，设计了完善的资源整合方案，最大化的发挥政务云平台的价值。方案把近三十个小数据中心的政务外网业务用一个云平台来承载，共享的架构解决了信息共享的问题，同时计算资源利用率大幅提升。原有近三十个互联网接口统一为一个，采用完善的安全防护方案，极大降低了安全隐患，实现了快速统一管控。原近三十个数据中心独立运维管理，现集中到政务云平台统一运维，华为提供了可视化的运维系统，大大提升了运维的专业性，运维人力显著降低。

最后，自主知识产权。华为唯一提供了全套自主知识产权的产品，并且具备核心技术开发能力，符合国产化保障信息安全的要求。国产化解决方案和产品，确保政府信息安全。

北京电子政务云价值：国内风起云涌地建设云计算平台，但是真正上线承载实际业务的并不多见，现网业务快速上线是最好的示范。北京电子政务云平台用仅仅3个月时间，把一批民生密切相关的外网业务（计生、社保、医保、视频北京等）平滑迁移到政务云平台并上线运行，3个月真正商用，同时打破原有信息孤岛实现深度共享，成为政务云平台整合的典范。

北京电子政务云方案应用后，将原来近三十个小数据中心不到16%的计算资源平均利用率提升到55%；互联网统一出口后，网络攻击、病毒攻击等安全威胁降为原来的5%；最后，在运维方面，原有近三十个小数据中心的运维人力为70人，而政务云数据中心仅需5人维护管理。

2.济南电子政务云

一直以来，济南市信息化走在政府信息化的前列，电子政务建设水平较高。龙奥大厦规划建设的市公用信息平台，是全市统一的非涉密电子政务基础设施，已实现了50多个部门机房、通信网络、支撑平台、运行管理的集中统一，300多项业务应用和十余项跨部门应用在平台运行。2011年7月22日，由济南市政府与浪潮云共同打造的济南云计算中心在济南市高新区正式揭牌成立。济南云计算中心将济南市公共服务、政府公共事务管理等应用纳入其中，全面增强政府面向社会的信息处理能力和综合服务能力。同时，解决了政府在信息化应用中重复投资和一次性投入过大等问题，以专业化、精细化服务降低投入和运营成本，提升信息化应用水平和质量，将进一步拓展成为面向全国的公共服务平台。

传统电子政务问题：2013年，济南市市直部门核心业务信息化支撑程度已达75%以上，40%的部门实现了信息共享，集约化建设成效逐步显现。但济南市电子政务建设和运行仍然存在一些问题，阻碍了济南市电子政务进一步发展。长期以来，济南市政府各部门应用系统软硬件采购都是单列预算、独立建设、自我使用，不能有效实现资源共享，基础信息资源共建共享的长效机制尚未形成，造成了数据重复采集，无法协同办公。据不完全统计，从“十一五”到2012年，济南市公用信息平台托管的部门服务器、网络、存储、安全设备近1000台，很多部门服务器中央处理器利用率仅为5%～10%。同时全市还有20多个部门建设了单独的机房，十几个部门建立了独立的专网，客观上仍存在信息系统重复建设、基础设施利用率低等问题。

2013年11月，为适应济南市电子政务工作快速发展的新形势，有效解决系统重复建设、信息分散等问题，济南市与浪潮集团签订合作共建协议，启动了济南政务云计算中心建设和应用工作。具体表现在采用电子政务集约化建设和整体服务外包模式，实现全市非涉密电子政务平台的集约化应用。同时制定安全标准、计费标准、服务规范，达到了建设集约化、服务标准化、信息共享化、效益最大化，走出了一条投资少、效益高的新型电子政务发展道路，树立了“政府购买服务”模式新典范。

济南电子政务云解决方案：转变电子政务发展方式就是要改变自建、自管、自用的传统模式，向建设基于云计算的电子政务公共平台转变，逐步将各级政务信息系统统一整合到该平台，由专业运维企业提供统一运维保障，政府统一购买服务的新模式转变。济南政务云建设运行总体思路是“以购代建”，实行专业化服务。即按照市场化、专业化方式建设运行云中心，从而提升了电子政务服务能力。济南和浪潮集团签订合作协议，依托浪潮云计算中心建设基于云计算的面向全部市直部门的电子政务公共平台，实现全市政务信息系统的统一建设、统一管理、统一运维和安全保障服务，从而全面提高信息资源的利用率。具体而言，济南政务云由浪潮集团投资建设政务云中心，为各级各部门开展电子政务建设提供基础设施和支撑软件服务。济南市按各部门资源使用情况支付相应的服务费用，由市和区县财政设立政务云服务专项资金分级统一支付。同时由浪潮集团建立健全完善的服务队伍和服务体系，负责政务云中心的运行维护，并为各级各部门提供专业化的技术服务。

济南政务云还有一个特点是实现了应用软件和技术支撑环境分离，按需求使用云中心服务资源。各级各部门建设电子政务系统涉及的硬件设施和支撑软件等由政务云中心提供服务，各单位按使用需求申请服务资源。同时，基础数据资源、通用软件实施全市统筹建设，部署在云中心，全市共享使用。

政务云中心建设，实现了全市电子政务基础设施的集约化应用，提高了部署效率，避免了重复投资。应用软件仍由各单位自行开发，完成后部署在云中心运行。转变电子政务建设运行方式后，各单位重点负责本单位信息化规划、业务梳理、应用软件开发、服务等，提高了各单位电子政务综合绩效和为民服务水平。

济南电子政务云价值：2017年济南电子政务集约化初步形成“济南模式”或将推向全国。基于政务云模式，济南市政府信息化资源的共享率远远高于过去。过去的中央处理器利用率基本上低于10%，在政务云的平台里，中央处理器的利用率在60%～80%之间，计算资源使用效率提高也意味着成本的降低。据估算，与购买整体化信息化设备相比，政务云可以节约15%～20%的成本。现在的云计算服务部署，可以到分钟级和秒级，最慢的速度也能在一个礼拜之内部署，而之前的电子政务模式，时间最长的需要两年才能把所有设备采购完，等到实施已经是第三年了。

自2013年建设运营至今，济南市政务云已有268个部门单位、1515项业务在云中心运行，市级部门上云率96.27%，市级应用上云率95.76%，各区县已有139个部门的330个业务迁移上云。系统建设效率提高1倍以上，大幅提高了各单位电子政务的综合绩效。为全市政务服务平台、公积金网上办事大厅、不动产登记业务、政法综治管理平台、基础地理信息服务平台、地下管线监管系统、人口健康云平台等重要应用提供了云计算支撑，有效提升了政务应用为民服务能力。

全市基于云计算的电子政务集约化建设的局面初步形成，非涉密电子政务系统在政务云中心建设和运行的比率达80%以上，市级部门主要业务信息化支撑程度达85%以上，主要业务信息共享率达到70%以上，全市社会管理和公共服务事项基本实现信息化覆盖。同时，实现有效降低电子政务建设和运行维护成本，各部门根据使用情况，只支付相应的服务费用，可减少软硬件设施和容灾备份中心建设一次性投资以及运行维护和终端设备费用，年度电子政务建设和运行成本降低三分之一以上，系统部署时间降低50%以上。

2018年3月21日，济南政务云成功通过先进试点评估，成为全国首个综合水平达到先进级的试点单位。济南政务云被业界称为“济南模式”，不仅开创了我国城市政府整体购买云服务的技术规范、安全规范和商务规范的先河，也在全国范围内树立了“政府购买服务”模式的新典范。济南政务云作为行业级云服务的成功实践，已成为可参考的典型案例和大家学习“济南模式”。之所以叫“济南模式”，是因为济南政务云试点最早，走出了一条投资少、效益高的新型电子政务发展道路，不仅开创了我国城市政府整体购买云服务的技术规范、安全规范和商务规范的先河，也在全国范围内树立了“政府购买服务”模式的新典范。下一步济南市将加速政务云升级换代，加快“6 + N”智慧应用专题开发建设进度，推进政务数据开放与共享，同时也将积极推动政务云与企业上云“双云”融合互动，打造云计算应用示范区和产业发展新高地。

（三）基于云计算的电子政务公共平台顶层设计指南

2013年工业和信息化部印发了《基于云计算的电子政务公共平台顶层设计指南》（以下简称《设计指南》），旨在充分发挥既有资源作用和新一代信息技术潜能，开展基于云计算的电子政务公共平台顶层设计，继续深化电子政务应用，全面提升电子政务服务能力和水平。

《设计指南》规定，设计目的要以需求为导向，以效益为根本，密切结合中心工作，积极推动云计算模式在电子政务中的应用，提高基础设施资源利用率，为减少重复浪费、避免各自为政和信息孤岛创建新的技术支撑体系；充分发挥云计算虚拟化、高可靠性、通用性、高可扩展性等优势，利用现有电子政务基础，建设完善电子政务公共平台，支撑各部门应用发展，促进跨地区、跨部门、跨层级信息共享；推动建设完善电子政务公共平台信息安全保障体系，加大安全可靠软硬件产品的研发和应用力度，带动信息产业发展，提升信息安全保障能力，保障政府信息系统安全可靠运行；转变电子政务建设和服务模式，促进电子政务建设运行维护走市场化、专业化道路，全面提升电子政务技术服务能力，降低电子政务建设和运维成本。设计方向是推动数据和业务系统与承载的技术环境分离，推动电子政务项目建设过程优化，推动建设完善信息资源服务体系。

《设计指南》主要包括需求设计、系统架构设计、应用功能服务设计等十项具体内容。在基础设施服务设计方面，电子政务公共平台的建设和运行需要基于广泛接入的互联互通的网络进行，各地应根据政务内网、政务外网和互联网的发展现状，围绕区域和行业应用发展的需要，采用能满足电子政务公共平台部署所需的互联互通的网络，设计并构建网络资源服务。

第三节　本章小结

本章从研究文献、政策实施两方面对国内外电子政务云的研究进展与发展现状进行梳理。通过对国内外相关的文献资料的梳理，分析以往研究的不足之处：国内外学者对电子政务云的概念、优势与风险有了共同的认识，虽然我国政府部门自身也非常关注和支持这个领域的发展和研究，但对云计算环境下的电子政务发展研究是比较注重实践和应用方面，缺乏与国际电子政务研究热点的联系。因此，国内关于电子政务云的理论研究较为薄弱，需要不同学科背景的学者从不同角度进行深入的研究。另外，通过对国内外电子政务云实践案例的分析，总结了现有电子政务云发展现状。

第三章　理论基础与方法论

结合研究内容，本章从信息技术创新采纳理论（信息技术创新采纳过程理论、信息技术创新采纳因素理论、云计算采纳研究、电子政务采纳研究）、信息技术吸收与信息技术价值理论两个方面展开文献综述，为后续章节建构电子政务云采纳、吸收及价值研究模型奠定理论基础。同时，本章还对研究所用方法（结构方程模型）进行了简单介绍。

第一节　信息技术创新采纳理论

信息技术创新采纳研究自出现以来便成为信息技术研究领域的研究热点之一。信息技术创新采纳是导致一个新的产品、程序或实践在组织中引进和使用的过程[142]。

信息技术创新采纳研究按其关注主题的不同，可归纳成两类：不同层次（个人、团队、组织）的创新采纳驱动因素识别、创新采纳与扩散过程（采纳前、采纳决策、采纳后持续使用阶段）的阐释[81, 95]，并以此产生了不同的研究方法（基于过程与因素的方法）与采纳模型[79]。

组织层面的信息技术创新采纳是学术领域的一个非常流行的主题，然而因为组织数据的难获取性，所以相对于个体层面研究其样本量要少，尤其在政府组织领域。虽然个体的有机组合形成了组织，但组织是一个更为复杂的实体[79]，这说明组织层面的信息技术创新采纳行为不等同于个体采纳行为的机械累加。因此，组织层面的信息技术采纳行为不只是一个技术选择决定，更是一个复杂的技术组织适应过程，其受到不同维度因素的共同作用[143]。本节主要阐述组织层面的创新采纳过程相关理论与采纳因素理论，一方面阐述划分电子政务云采纳阶段的信息技术创新采纳过程理论基础，另一方面阐述构建电子政务云采纳影响因素模型的信息技术创新采纳因素理论基础。

一、信息技术创新采纳过程理论

很多研究者以不同的理论视角把信息技术创新在组织层面采纳过程划分成为不同阶段[79]。

（一）创新扩散理论

Rogers于1962年提出了创新扩散理论[79]，通过考察创新扩散的进程以及多个影响因素，指出创新（新颖的观念、实践或事物）以特定的传播渠道伴随着时间变化，在社会系统的各成员中完成传播的过程。

创新扩散理论给出创新的4个基本组成（新颖、传播渠道、时间变化、社会系统）并描述了创新决策过程的阶段：知晓、说服、决策、实施以及确认5个阶段。其中，知晓是采纳主体开始碰触到新技术创新，但又了解很少；说服是采纳主体对创新呈现浓厚兴趣，同时搜索详细的相关信息；决策是采纳主体联系自身需求，考虑是否采纳；实施是采纳主体观察是否适合自己的情况；确认是采纳主体决定在大范围内实施。创新决策过程本质上是一系列信息检索与处理的活动，以降低个体对创新优势或劣势的不确定性[79]。

创新采纳的速率取决于采纳主体对创新的感知特征，例如相对优势（相对于其他被取代技术所具有优势）、兼容性（与现有的业务流程，规范和价值体系的融合）、复杂性（创新被理解或被使用的难易复杂程度）、可试验性（创新能够被试验的可能性）和可观察性（创新的可见性程度）。除了创新本身的特征以外，社会系统中的各个沟通渠道的交互过程、个人因素、组织因素以及组织外部特征都影响创新采纳。创新扩散理论模型如图3-1所示。

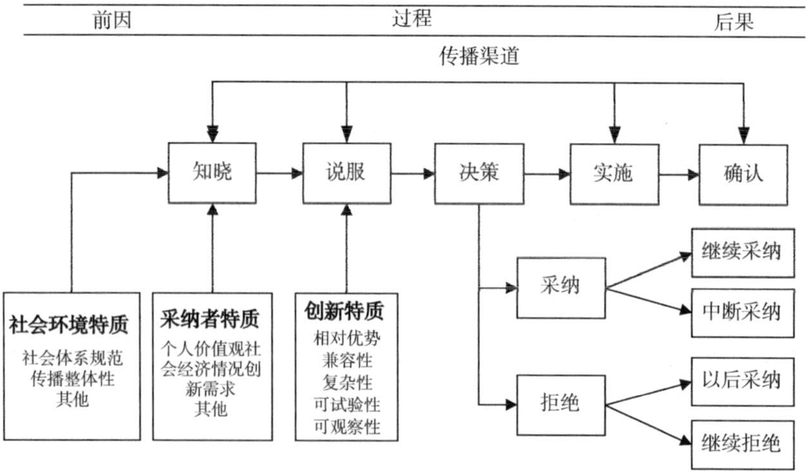

图3-1　创新扩散理论模型

创新扩散理论认为是个体采纳的“微观扩散”引发组织的“宏观扩散”，关注组织内部采纳创新的过程。创新扩散理论广泛应用于信息技术创新采纳研究领域，如电子商务[144, 145]、企业云计算[66]、互联网[146]、电子采购系统[147]、开源平台[148]。

创新扩散理论作为创新采纳过程研究的先行理论，为后续组织创新采纳提供了理论依据与基础。例如，基于创新扩散理论，Hage和Aiken将组织创新采纳划分为评估、启动、实施与常规化4个阶段[149]。Zaltman等将创新在组织的采纳分为6个阶段：知晓、意识、态度形成、决定、初步实施与持续实施[150]。创新扩散理论等创新扩散研究对于创新采纳过程的阶段划分是本研究的研究框架的理论基础。

（二）信息技术创新采纳过程模型

在信息技术领域，基于过程理论与创新扩散理论，一部分学者针对信息技术采纳过程以不同视角展开了研究。

Kwon和Zmud在创新扩散理论的基础上构建信息技术实施过程模型框架，涉及问题、采纳、适应、接受、使用和融合等组成部分[151]。Cooper和Zmud基于美国制造企业的物料需求计划实施过程调查与研究，对前期Kwon和Zmud的模型进一步进行研究扩展，加入信息技术采纳后组织的特征和行为，以形成一个更加完善的信息技术实施过程模型：启动、采纳、适应、接受、惯例化以及融合阶段[152]。其中，启动是受到组织内部需求或外部技术与环境变动的压力，主动分析面对的挑战以及机遇，并提出合理的信息技术解决方案；采纳是通过沟通制定配置相应资源以实施信息技术方案；适应为了信息技术创新的设计、实现、部署以及运行维护过程的顺利与成功，改动或完善相关组织政策制度，同时对员工进行培训与学习；接受是推动员工正式使用信息技术创新；惯例化是将信息技术创新使用进行惯例化与制度化；融合是实现更全面且综合的信息技术创新使用，增进组织信息技术创新成效。该研究还分析了影响信息技术实施过程的5个因素：用户群体属性、组织属性、技术属性、任务属性、环境属性因素。研究表明，不同的实施阶段，其影响因素与作用各不相同。Kwon和Zmud的组织信息技术实施过程模型[151]，得到了理论与实践界的广泛认可，在组织信息技术创新实施的研究中被广泛借鉴和应用。

Meyer和Goes通过对300个组织信息技术吸收过程的6年追踪研究，将组织的信息技术应用划分为知晓–意识阶段、评价–选择阶段、采纳–实施阶段这样三个阶段以及九个步骤[153]，具体如表3–1所示。同时，Meyer和Goes还指出，信息技术创新吸收受到情境属性（环境、组织、领导特质）、创新属性以及两者交互属性的影响[153]。

表3-1 Meyer和Goes的信息技术采纳决策过程

阶段	步骤	任务
知晓-意识	理解	组织成员知晓创新的存在
	考虑	成员考虑创新对于组织的适用性
	商议	组织成员对创新采纳进行商讨
评价-选择	购买方案	正式提出创新采纳方案
	技术-财务评估	方案的技术与财务可行性评估
	政治-战略评估	方案的政治与战略可行性评估
采纳-实施	试点	信息技术已被购买但处于试点评估阶段
	接受	信息技术被很好地接受并频繁使用
	改进	信息技术的扩展、升级、二次开发

Zhu等基于过程理论与技术扩散情境提出了信息技术吸收过程理论，并构建了企业信息技术吸收过程的三阶段模型：启动阶段、采纳阶段与常规化阶段，该模型揭示了企业在信息技术吸收过程不同阶段中关键因素（组织、技术、环境因素）的作用机理[154]。

Rai等通过对组织电子采购创新吸收的研究，提出信息技术吸收阶段，包括意识（主要决策人知晓技术）、兴趣（组织主动学习关于技术的更多信息）、评估或试点（组织已获知特定创新信息并启动评估或试点）、承诺（组织承诺使用创新技术）、有限实施（组织在某一业务过程使用创新技术）、局部实施（组织在局部使用创新技术）、全局实施（组织实现技术对业务的整体支撑）[155]。

Hameed等通过整合相关信息技术采纳理论，构建了组织信息技术创新采纳过程模型，包括启动阶段（创新意识、态度、提出方案），采纳决策阶段（采纳决定、资源配置），实施阶段（获知、个人接受、实际使用），并分析了创新因素、组织特质、环境特质、首席信息官特质与组织成员使用特质对于每个阶段的影响作用[81]。

基于信息技术实施过程框架[151]，毕新华和余翠玲建立信息技术吸纳过程模型：辨识（摸清组织内外环境状况，熟悉创新发展的趋势，提出应对现存问题的信息技术解决方案）、采纳（探析、对比以及评估信息技术方案，基于需求制定决策）、适应（重新设计先前的工作流程与信息技术方案相匹配）、接受（员工熟知与接受信息技术方案）与融合（信息技术的使用与工作、业务、员工以及组织相互融合）[156，157]。

高歌等基于Cohen和Levinthal提出的吸纳能力学习过程[158]，从过程/能力观探讨了信息技术吸纳过程：辨识（发现问题、分析需求、识别技术）、采纳（供应商筛选和评价、信息技术实施、使用、适应用户需求、加强培训、提高相容性、各职能部门集成各层级）与整合（知识传播和共享、内部职能协调、实现组织集成、应用系统来提高组织绩效、开始寻求下一个创新）[47]。

（三）信息技术创新采纳过程理论总结

根据现有文献对信息技术采纳过程的相关研究可看出，不同学者从不同的角度对组织信息技术采纳过程展开研究，对已有采纳过程理论的模型对比分析如表3-2所示。

表3-2　信息技术采纳过程理论总结

<table>
<tr><td>学者</td><td colspan="8">阶段</td></tr>
<tr><td>Rogers[79]</td><td colspan="2">知晓</td><td>说服</td><td>决策</td><td>实施</td><td colspan="3">确认</td></tr>
<tr><td>Hage和Aiken[149]</td><td colspan="3">评估</td><td>启动</td><td>实施</td><td colspan="3">常规化</td></tr>
<tr><td>Zaltman等[150]</td><td>知晓</td><td>意识</td><td>态度形成</td><td>决定</td><td colspan="2">初步实施</td><td colspan="2">持续实施</td></tr>
<tr><td>Cooper和Zmud[152]</td><td colspan="3">启动</td><td>采纳</td><td>适应</td><td>接受</td><td>惯例化</td><td>融合</td></tr>
<tr><td>Meyer和Goes[153]</td><td colspan="2">知晓-意识</td><td>评价-选择</td><td colspan="5">采纳-实施</td></tr>
<tr><td>Zhu等[154]</td><td colspan="3">启动</td><td>采纳</td><td colspan="4">常规化</td></tr>
<tr><td>Rai等[155]</td><td>意识</td><td>兴趣</td><td>评估/试点</td><td>承诺</td><td>有限实施</td><td>局部实施</td><td colspan="2">全局实施</td></tr>
<tr><td>Hameed等[81]</td><td colspan="3">启动</td><td>采纳</td><td colspan="4">实施</td></tr>
<tr><td>毕新华和余翠玲[156]</td><td colspan="3">辨识</td><td>采纳</td><td>适应</td><td>接受</td><td colspan="2">融合</td></tr>
<tr><td>高歌等[47]</td><td colspan="3">辨识</td><td>采纳</td><td colspan="4">整合</td></tr>
<tr><td>组织层面</td><td colspan="3">采纳前</td><td>采纳决策</td><td colspan="4">采纳后</td></tr>
<tr><td>个人层面</td><td colspan="4">采纳前决策</td><td colspan="4">采纳后持续使用</td></tr>
<tr><td>本研究</td><td colspan="4">采纳前决策</td><td colspan="4">采纳后吸收</td></tr>
</table>

由表3-2可知，信息技术创新采纳过程的阶段划分还没有统一的标准，虽然相同的词汇可能定义的是不同阶段、不同的词汇可能表达的是同一个阶段，但以上学者对组织信息技术采纳过程研究大致可以分为采纳前阶段、采纳决策与采纳后阶段[81，142]。

在对个体层面的信息技术采纳过程研究中，已有学者一般将其划分为采纳前决策与采纳后持续使用两阶段[96，159]，以探究不同阶段的信息技术创新使用影响因素与使用价值。因此，基于组织信息技术采纳过程模型，并借鉴个体信息技术采纳阶段的分类方式，本研究将电子政务云的采纳过程划分为两个阶段，即电子政务云采纳前阶段和采纳后阶段。在采纳前阶段，关注对电子政务云的认识（即电子政务云信任）与影响采纳决策的因素分析，即采纳问题；在采纳后阶段，关注电子政务云的实施与使用效果，即吸收问题。

二、信息技术创新采纳因素理论

（一）技术-组织-环境理论

Tornatzky和Fleischer于1990年在Rogers创新扩散理论的基础上提出了分析技术扩散的技术-组织-环境理论，创新技术扩散不只受到技术自身属性的影响作用，还受到组织自身属性以及外部环境状况的约束[160]。因此，技术-组织-环境理论认为应该从技术、组织和环境情境三个维度研究组织对一项创新技术的采纳。技术-组织-环境理论中的技术是指组织内外部创新特性的分析，既涉及现有使用技术状态与特性，也涵盖尚未采纳的技术特质（例如相对优势、兼容性、复杂性）[79]；组织情境因素是指组织的管理模式以及结构特性等，如组织特性（战略定位、组织结构、规模、文化、高层管理支持态度）、资源（人力及财务资源）以及员工之间的沟通过程（正式与非正式）的描述性特征；环境情境因素是组织所处环境相关因素，包括组织所在行业、合作者、市场因素、竞争对手、客户关系、政府支持和政策制度环境等因素。

技术-组织-环境理论具有较高的概括性、较强的系统性与可操作性，利用技术-组织-环境理论能够系统地考察组织内外的因素以及技术本身的特点，即通过技术、组织、环境三个维度分析每个维度涉及的具体因素，并根据实际情况、结合其他模型进行划分。另外对于不同的创新性技术（采纳客体）和组织（采纳主体），技术-组织-环境理论的具体组成因素以及作用方向又不尽相同。技术-组织-环境理论为研究信息技术创新扩散关键因素及其作用提供了一个很好的理论视角。因此，技术–组织–环境理论被广泛应用于不同组织类型中不同类别的信息技术采纳研究，如企业的电子商务[161]、云计算[32]、竞争情报系统[162]，医院的电子签名[163]与射频识别[164]、政府的开源软件与开源平台[165]、数据开放[78]的采纳研究。

技术–组织–环境理论综合考虑了组织的内外环境因素及技术自身属性，虽然拥有系统性与整体性的优势，但有学者指出技术–组织–环境框架是一个通用的分类框架，没有明确提出创新采纳影响因素，存在对采纳机理解释不够深入的问题[166，167]。具体而言，技术–组织–环境理论与Rogers等在1983提出的创新扩散理论是一致的，创新扩散理论将相对优势、复杂性、兼容性、可观察性和可试用性这五个技术特征作为创新采纳的影响因素[168–170]。一些信息技术领域的文献认为制度理论可以加强技术–组织–环境理论的环境背景[171–174]。制度理论定义了不同的制度压力，如强制压力、规范压力、模仿压力[175]。制度压力被证明为创新采纳的重要决定因素，特别是涉及例如SaaS的远程系统时[176，177]。然而，创新扩散理论和制度理论仅仅考虑了影响创新采纳过程的单方面因素，将创新扩散理论、制度理论与技术–组织–环境理论结合可以弥补这一缺陷，同时可以进一步提高研究模型的解释能力[32]。因此，许多学者提议整合多种采纳模型用于解释信息技术创新采纳行为，如整合技术接受模型[178，179]、计划行为理论[180]、创新扩散理论[32，181]、制度理论[60，174]等以提高技术–组织–环境理论对信息技术采纳的解释能力。

（二）双因素理论

双因素理论又称激励保健理论，属于激励理论的一种，由美国行为学家Fredrick Herzberg于20世纪50年代末期提出[182]。该理论描述了引发员工工作满意与不满意的因素，即激励因素与保健因素，并认为保健因素却只可减低员工的不满程度，但无法引发满意度[182]。随后，双因素理论被应用于不同的研究情境领域，如个人积极与消极情绪[183]，人际关系的信任与不信任[184]。同样，双因素理论也被广泛应用于信息技术领域[185–189]。

在信息技术领域，Cenfetelli和Schwarz借鉴双因素理论将个人对技术的感知分为推动因素与抑制因素[185]，并指出推动因素与抑制因素分别对信息技术使用动机起到关键作用，而且两种因素互不影响[189]。

推动因素是指那些促进信息技术使用的、有关系统设计和功能的外部感知因素，如信息技术的可用性与易用性[190]。伴随着信息网络技术的革新式发展，关于信息系统特质的感知因素的类别也出现多样化。除信息技术自身质量外，Delone和McLean指出了服务质量概念（可靠性、相关性和确定性），并认为承诺与情感是促进采纳的系统特质[191]。抑制因素也是影响系统使用的、有关系统属性的感知因素。与推动因素不同的是，抑制因素是阻碍系统使用的因素集合，例如，利用网络信息安全性、隐私性等。另外，尽管在推动因素存在的情况下，抑制因素往往还能够阻碍技术使用动机。Cenfetelli和Schwarz曾指出虽然抑制因素不是推动因素的对立面，但是阻碍技术采纳的抑制因素的缺失并不会促进技术采纳[185]。

组织云计算采纳是一个多方面因素作用的结果，而当前云计算与电子政务云采纳主要关注采纳推动因素。例如，Gupta等指出云计算的低成本、易用性、可靠性、共享与安全性特质能够影响中小企业采纳[192]；Mohammed和Ibrahim发现节省成本和可扩展性需求是电子政务云采纳主要驱动因素[84]。对于电子政务云来讲，云服务是一种相对较新的信息技术服务创新，目前仍然具有许多的不确定性。因此，为了更好地理解电子政务采纳行为，本研究基于双因素理论，从推动因素与抑制因素的维度，分析技术维度中感知技术优势与感知技术风险对电子政务云采纳的不同作用机制。

（三）制度理论

Selznick提出的制度理论指出组织不只在特定的技术环境里运作，而且在特定的制度环境里发展，即组织一方面受到技术、规模等物质上的资源的影响，另一方面还受到规范、文化和信念等社会及文化系统的影响[193]。制度理论解释了制度环境如何影响组织行为，并认为组织行为受自身所处环境制度制约，完全独立的理性决策是不存在的[194]。

制度理论认为组织采纳信息技术并不完全是由技术驱动，而是在很大程度上受到外部环境压力的刺激[195，196]。这些外部压力会促使组织在管理过程中广泛采纳信息技术系统，有效地优化业务过程、提高业务效率[197]。DiMaggio和Powell指出这些压力可以归纳为强制、模仿和规范压力[175]。强制压力来源于组织所依赖的其他组织与其所处社会中的文化期待向他施加的正式（法律、管理制度）或非正式压力（社会认知）[175]。强制压力迫使组织采纳类同于其他组织的结构、管理制度、方法与模式，有些情况下组织改变是对强制命令的直接反应[195]。当某一方组织拥有关键的资源，另一方由于必须依赖这种资源，从而在组织间形成权力关系。规范压力产生于专业化的标准和行为指导（行业协会、高等院校、咨询机构、培训机构），是一种社会或行业内普遍接受的行为标准[175]。规范压力对组织具有行为指导性的作用，组织进行变革以遵循规范标准[166]。组织本身处于关系网络所形成的社会中，当一个组织采用了某一种技术后，其他组织为了维持上述关系的稳定，也会相继采用该技术。这属于模仿压力，即对不确定性的反映，也就是说由于环境不确定性导致的组织模仿其他相似组织的行为[175]。当组织对新技术知之甚少、目标模糊或环境不确定性时，往往会为了减少创新成本、规避创新失败风险，以其他成功的最佳实践组织作为模仿标杆[195]。

在信息技术领域，已有很多研究从制度理论的视角来研究组织信息技术的实施与采纳，如企业组织类型中的金融电子数据交换[195]、企业资源计划[91，198]、电子人力资源管理[199]、供应链管理[200]、内部网络[201]、云计算[60]、射频识别[202]、绿色信息技术与公共部门的电子政务[197，203，204]的采纳与实施。尽管制度理论能够有效地解释外部环境因素对组织采纳技术创新的影响机制，但是仅仅考虑环境因素又是片面的。因此，本研究利用制度理论作为分析技术-组织-环境理论框架下环境维度的理论基础，以此探析政府部门在电子政务云采纳过程中的外部环境因素，如上级压力、服务对象压力和密切联系的其他政府部门压力等外界因素。

（四）信任理论

信任作为多种情境下建立积极关系的核心前提，有助于建立双赢合作战略关系，并有效提升市场的交易效率[205]。信任是一个多领域、跨学科的复杂概念，许多研究领域的学者在不同的情境下对信任进行深入的探讨与分析，如社会、心理、营销、经济管理与市场营销领域[206，207]，并为经济与社会互相作用提供了普遍认可的理论基础[208]。在管理学中，信任指的是“信任方选择放弃对被信任方的监督与控制的行为，这样的选择即使对自身会产生负面影响（暴露弱点、面临风险），但依然相信对方不会损害自身利益的信念”[209]。

对于信任关系关注的重点差异，信任研究可归纳成三类：第一种研究重点在信任方，从信任方的角度出发，探讨其为何愿意相信其他对象；第二种研究重点在被信任方，以其反应行为作分析重点，强调信任的产生完全依赖于被信任方的行为方式；第三种信任关系的研究重点在信任者以及被信任者之间的关系，即从双方互动的角度来探究信任的形成及影响。本研究隶属第一类范畴，即探究政府部门（信任方）为什么信任电子政务云。

不同的学者探讨了信任的类型。从信任来源来看，信任可以分为制度信任与技术信任。

1.制度信任是McKnight等基于社会学的研究结果提出的

McKnight等认为它是一系列的制度环境赋予的有利条件以保障预期的努力能够取得成效的信心，其中主要包括：结构保障与情境规范[207，210]。其中，结构保障是指有充足的承诺、合同、条例与保证等条件，情境规范指行为发生的现实情况在正常范围内[210]。

2.技术信任作为一种新兴的概念在信息系统领域引起了广泛关注[205，211，212]

McKnight等指出技术信任是对拥有必要特质的特定技术能够实现使用者预期的信心，并探究了技术信任的构成部分，包括技术信任倾向、技术相关的制度信任与对技术的信念。其中，信任倾向是指对信息技术特征的信心与信息技术带来积极结果的信任立场，制度信任指因为特定的技术在特定的环境里使用的过程中拥有的结构保障以及符合习惯与规则的情境，技术信念指的是对于技术属性（功能性、有用性、可靠性）的信念[205]。因此，本研究认为电子政务云这种新兴创新技术的信任来源，一方面来源于电子政务云技术属性，另一方面来源于电子政务云提供商所提供的、与制度信任相关结构保障能力等。

从信任的形成发展来看，信任可以分为初始信任以及基于经验的信任两种类型[205]。

（1）初始信任是指信任方在没有关于被信任方的经验或可靠信息的情况下做出判断[210]，它的形成与制度、倾向、环境因素有关[207]，在信任方与被信任方互相不了解的情况下对于双方合作关系的建立有重要作用[213]。在信息科学领域，初始信任对基于互联网的技术、交易、服务采纳前阶段采纳意愿的形成尤为重要，例如网上购物[212–217]、手机银行服务[218，219]，同样对电子政务（公共服务）的公众采纳具有重要影响作用[220–222]。

（2）基于经验的信任则指信任方在比较熟知被信任方的情况下做出的信任决定，与初始信任不同，这种基于经验的信任类型更加稳定持久[184]，即当被信任方出现意外情况时，信任方基于对被信任方的了解或以往合作经验也会选择继续信任并保持合作关系。在信息科学领域，许多学者研究表明对信息技术的经验与熟悉是影响采纳后阶段持续使用行为的重要因素，而不是仅仅靠成本效益分析决定是否持续使用[223，224]。

综上所述，在信息科学领域，尤其是信息技术创新采纳研究情境下，信任在不同情境下（政府、企业、个人）与不同层面（组织、个人层面）对不同信息技术（手机银行、网上购物）的不同采纳阶段（采纳前与采纳后）的采纳与使用意愿起关键作用[217, 219, 224]。在组织层面，信任帮助组织降低信息技术创新采纳风险引发的不良效果，增强成功实施的信心[225]。因此，基于对电子政务云特殊性（信息资源托管于云平台）的认识，本研究利用信任理论分析信任方（政府部门）与被信任方（电子政务云技术与提供商）之间的信任对采纳决策的作用机制。

（五）信息技术创新采纳因素理论总结

在组织层面信息技术创新采纳领域中，单一视角、单一理论模型不足以有效解释组织信息技术采纳机理。因此，越来越多的学者倡议使用整合的信息技术采纳模型探究信息技术创新的采纳[60, 166]，即在不同情境下将不同模型进行整合利用，相互弥补协调。

本研究将技术-组织-环境理论作为探究电子政务云采纳影响因素的基础分类框架，将双因素理论作为在技术维度解释创新优势与风险特性的理论基础，将制度理论作为环境维度解释外部制度环境的理论基础，同时将信任理论作为分析云信任作用机制的理论基础，并以此建立电子政务云采纳整合理论框架。这有助于探索和发现更全面的技术、组织和环境情境的影响因素，弥补了单个理论对组织层面信息技术采纳解释不充分的问题。

三、云计算采纳研究

云计算采纳问题从云计算概念首次提出就一直是国内外信息科学研究领域的热点之一[30, 49, 50, 226]。云计算采纳主要涉及不同类型的采纳主体（个人、企业、政府及其公共部门）对基于云计算的采纳客体的采纳行为。表3-3罗列了近十年对云服务采纳进行实证研究的文献。

表3-3　云服务采纳实证研究文献

文献来源	理论基础	研究方法	因变量	自变量(影响因素)
Saya等[227]		PLS	云计算采纳意向	可访问性、可扩展性、成本效益、缺乏安全性
Wu等[228]	TAM	PLS	行为意向	社会影响、态度、感知收益、有用性、易用性、安全性、信任

续表3-3

文献来源	理论基础	研究方法	因变量	自变量(影响因素)
Marston等[229]	TOE、DOI、INT①		云计算采纳意向	可用性、可靠性、安全性、隐私、信任、相对优势、兼容性、复杂性、高层管理支持、组织大小、技术就绪度、合规性、竞争压力、贸易伙伴压力、物理位置
Low等[66]	TOE	回归分析	云计算采纳	相对优势、复杂性、兼容性、高层管理支持、企业大小、技术就绪度、竞争压力、贸易伙伴压力
Behrend等[230]	TAM	路径分析	云计算实际使用、云计算未来使用意向	可访问性、个人创新性、计算担忧、指导支持、可靠性、有用性、易用性
Nkhoma等[67]	TOE	SEM	云计算采纳意向	安全性、兼容性、可靠性和可用性、将现有应用程序扩展到云、合规性、信息技术标准缺乏、业务可扩展性、成本、市场适应性、复杂性、最佳实践
Gupta等[192]		PLS	云计算使用和采纳	可靠性、易用和简便、成本降低、共享和协同、安全和隐私
Oliveira等[32]	TOE、DOI	SEM	云计算采纳	相对优势、复杂性、兼容性、安全性担忧、成本节约、技术就绪度、高层管理支持、企业大小、竞争压力、政策支持
Lian等[65]	TOE	方差分析	云计算采纳决定	首席信息官创新性、数据安全性、复杂性、兼容性、成本、相对优势、高层管理支持、充足资源、感知收益、政府政策、行业压力
Hsu等[63]	TOE	SEM	云采纳意向	感知收益、业务担忧、信息技术能力、外界压力

① INT是institutional theory的英文缩写，即制度理论。

文献来源	理论基础	研究方法	因变量	自变量(影响因素)
Alkhater 等[231]	TOE	半结构访谈	云采纳意向	可用性、可靠性、安全性、隐私性、信任、相对优势、兼容性、复杂性、高层管理支持、组织大小、技术就绪度、合规性、竞争压力、贸易伙伴压力、物理位置
Yang 等[71]	TOE	SEM	SaaS 使用意向	信息技术基础设施、高层管理支持、相对优势、易用、兼容性、经验、竞争压力、合作伙伴压力
Tashkandi 和 Al-Jabri[232]	TOE	PLS	云计算采纳	相对优势、复杂性、兼容性、管理支持、提供商锁定、数据担忧、政府政策、同伴压力
Safari 等[233]	TOE、DOI	模糊层次分析法	SaaS 采纳	相对优势、竞争压力、安全与隐私、共享协同文化、社会影响、兼容性、信息技术资源、可观察性、复杂性、可试用性
Li 等[211]	TOE	SEM	云服务转型意向	可靠性、信息安全、制度压力、结构保障、提供商稀缺性、规模、跨国经营范围、信息技术能力、企业家精神
Lee[234]		层次多元回归分析	云服务采纳意向	相对优势、兼容性、可观察性、可试用性、复杂性、主观规范、自我效能、网络外部性
Hsu 和 Lin[235]	TOE	方差分析、PLS	企业采纳云计算服务意向	相对优势、易用性、兼容性、可试用性、可观察性、安全性、企业大小、全球规模、财务成本、现有信息科学的满意程度、竞争强度、监管环境
Aharony[236]	TAM	量化研究	受访者使用云计算的意向	易用性、个人创新性、自我效能、计算机能力、社会媒体使用
Wu 等[237]		SEM	公共云计算采纳	匹配、适应、安全性、成本效益、经营风险、信息技术合规性、管理或控制能力

续表3-3

文献来源	理论基础	研究方法	因变量	自变量(影响因素)
Shih和Lin[238]	SLA、DOI、TAM、信任理论	FsQCA①、SEM	云服务采纳意向	信任、有用性、基础特征、兼容性、相对优势
Sabi等[69]	DOI、TAM	SEM	云计算采纳意向、云计算实际使用	认知、成本效益、风险、数据安全性、基础设施、相对优势、兼容性、复杂性、可观察性、可试用性、易用性、有用性、社会文化
Martins等[60]	TOE、DOI、INT	PLS	SaaS意向、采纳、常规化	相对优势、兼容性、复杂性、技术能力、高层管理支持、强制压力、规范压力、模仿压力
Akar和Mar-dikyan[239]		SEM	云计算采纳	安全性、需求、成本节约、提供商可用性、整合性、运维、虚拟化、可靠性、性能
Tomás等[240]	TOE、INT、PVT②	SEM	SaaS采纳	SaaS监管能力、技术能力、高层管理支持、强制压力、规范压力模仿压力
Sabi等[241]	DOI、TAM	SEM	云计算采纳意向、云计算实际使用	认知、成本节约、经营成本、风险、数据安全性、可用性、相对优势、兼容性、复杂性、可观察性、可试用性、易用性、有用性、社会文化
Palos-Sanchez等[242]	TAM	SEM	使用行为意向	有用性、易用性、高层管理支持、培训、技术复杂性、组织大小
Maqueira-Marín等[243]		SEM	云计算采纳	研发机构影响、技术提供商影响、公共部门影响、管理者认知、成功案例认知

① FsQCA是fuzzy-set qualitative comparative analysis的英文缩写，即模糊定性比较分析。

② PVT是process virtualization theory的英文缩写，即过程虚拟化理论。

续表3-3

文献来源	理论基础	研究方法	因变量	自变量(影响因素)
Liang等[100]	TOE、扎根理论	扎根理论编码	电子政务云采纳	相对优势、技术担忧、提供商特质、提供商能力、供应商充盈度、高层管理支持、组织惯性、信息资源规模和复杂性、政策法规、行业标准、竞争压力、公众需求、最佳实践、财政资金、初始信任
Raut等[244]	TOE	SEM、人工神经网络	云计算采纳	信息技术安全风险、风险分析、技术创新、技术使用、行业使用、信任、管理风格
Oliveira等[176]	TOE	PLS	SaaS采纳	强制压力、规范压力、模仿压力、技术能力、高层管理支持
Dincă等[245]	TOE、DOI	逻辑回归分析	云计算采纳	管理人员云计算专业知识、员工知识、商业利益、成本降低、安全和隐私、与云供应商合作、政府支持、员工的信息访问、管理者的创新能力、可试用性

从方法论方面看，现有文献主要使用回归分析、结构方程模型等方法研究了技术、组织、环境等维度的因素对医疗行业、教育行业等领域企业的云服务采纳、吸收等的独立作用，暂无文献研究各个因素之间的相互依赖关系。然而要进一步揭示采纳云服务的影响机理，必须从整体性关系出发探讨多种因素间复杂的共同作用。为填补这一研究空白，本研究采用以集合论为基础的模糊集定性分析方法，研究采纳电子政务云的主要组态，全面、系统地分析各个影响因素对政府部门采纳电子政务云的共同作用和相互作用机理。

在组织层面，基于制度理论[62, 63, 66, 67, 71, 246]、创新与扩散理论[62, 69, 70]、制度理论[60, 64]、信息处理理论[70]、双因素理论[186, 189]、技术接受理论[69, 247]、社会认知理论[68]以及整合模型[32, 60]，许多学者探究了组织采纳云计算影响因素，然而绝大多数研究都是针对企业采纳行为，尤其是中小企业[248]。而且，不同学者所得出的采纳因素并不完全相同，这可能是研究情境不同导致的，如国家情境、采纳主体、采纳客体等。因此，有必要探究中国情景下政府部门（政府组织）对于电子政务云（公共云）的采纳行为。已有组织采纳云计算的关键因素为本研究提供了理论基础，可以将影响因素分为以下5类（如表3-4所示）。

表3-4 云计算采纳关键因素

维度	影响因素	文献来源
技术情境	相对优势	Alshamaila 等[62]; Low 等[66]; Martins 等[60]; Oliveira 等[32]; Sabi 等[69]; Yang 等[71]
	兼容性	Alshamaila 等[62]; Johansson 和 Ruivo[249]; Lian 等[65]; Sabi 等[69]; Wu 等[70]; Yang 等[71]; 邵明星[246]
	可试验性	Alshamaila 等[62]; Sabi 等[69]
	节约成本	Arvanitis 等[250]; Benlian 和 Hess[251]; Gupta 等[192]; Lee 等[186]; Johansson 和 Ruivo[249]; Martins 等[60]; Oliveira 等[32]; Wu 等[252]
	易用性	Gupta 等[192]; Wu 等[252]; Yang 等[71]
	易接入性	Benlian 和 Hess[251]; Lee 等[186]
	多功能性	Tang 和 Liu[253]; Wu 等[252]; Wu 等[70]
	协同性	Arvanitis 等[250]; Park 和 Ryoo[189]
	互操作性	Repschlaeger 等[254]; Tang 和 Liu[253]
	可用性	Johansson 和 Ruivo[249]; Repschlaeger 等[254]; Wu[247]
	普遍接入	Johansson 和 Ruivo[249]; Park 和 Ryoo[189]
	灵活性	Benlian 和 Hess[251]; Johansson 和 Ruivo[249]
	复杂性	Alshamaila 等[62]; Kung 等[64]; Martins 等[60]; Oliveira 等[32]; Wu 等[70]
	安全与隐私	Benlian 和 Hess[251]; Gupta 等[192]; Johansson 和 Ruivo[249]; Lian 等[65]; 邵明星[246]
	资源控制	Lee 等[186]; Trigueros-Preciado 等[255]
	性能与技术风险	Benlian 和 Hess[251]; Dutta [256]; Heart[257]; Hsu 等[63]; Wu 等[252]
组织情境	高层管理支持	Alshamaila 等[62]; Lian 等[65]; Martins 等[60]; Oliveira 等[32]; Van de Weerd 等[258]; Yang 等[71]
	技术态度	Benlian 等[259]; Heart[257]; Hsu 等[63]; Lee 等[186]; Ratten[68]; Sabi 等[69]; Wu[247]; Wu 等[252]

续表3-4

维度	影响因素	文献来源
组织情境	组织规模	Alshamaila 等[62];Low 等[66];Oliveira 等[32];Van de Weerd 等[258]
	资源准备	Lian 等[65];Van de Weerd 等[258]
	信息技术能力	Hsu 等[63];Martins 等[60];Oliveira 等[32]
	创新文化	Alshamaila 等[62];Arvanitis 等[250];Ratten[68];Wu 等[70]
	信息技术经验	Alshamaila 等[62];Lee 等[186]
环境情境	强制规范	Kung 等[64];Lee 等[186];Martins 等[60]
	模仿压力	Kung 等[64]
	竞争压力	Hsu 等[63];Low 等[66];Yang 等[71]
	产业压力	Alshamaila 等[62];Lian 等[65];邵明星[246]
	最佳实践	Nkhoma 等[67];Johansson 和 Ruivo[249]
个人特质	首席信息官创新	Lian 等[65]
	个人态度	Ratten[68]
云提供商特质	计算支持	Alshamaila 等[62]
	提供商能力	Heart[257];Lee 等[186];Repschlaeger 等[254];Trigueros-Preciado 等[255]
	信誉名誉	Heart[257];Lee 等[186]
	经济规模	Lee 等[186]

四、电子政务采纳研究

电子政务采纳研究主要是从电子政务使用方（公众）与提供方（政府）[260]。从公众视角来看，大部分学者基于信息技术采纳模型，从不同角度探究电子政务服务采纳影响因素[261]。

从政府的视角来看，大部分学者应用创新扩散理论[262-265]、技术-组织-环境理论[78, 266]、制度理论[196]、社会技术系统理论[267]和利益相关者理论[268]，从技术、组织、社会、政治、文化维度[260]，分析了影响电子政务云采纳与实施的关键因素[269]。基于已有研究结果[76, 266, 270, 271]，这些因素可以分为以下4类（如表3-5所示），可见政府采纳信息技术创新更易受到制度环境因素的影响。

表3-5 电子政务采纳关键因素

维度	因素	文献来源
技术因素	相对优势	Damanpour 和 Schneider[262]; William 和 Ephraim[272]; Henning[273]; Kamal 等[274]; Kamal 等[268]; Wang 和 Lo[78]
	兼容性	Gil-García 和 Pardo[270]
	复杂性	Henning[273]
	信息科学质量	Gil-García 和 Pardo[270]
	成本	Damanpour 和 Schneider[262]; Kamal 等[268]
	信息科学规模	Eom 和 Kim[76]
	成熟度	Henning[273]
组织因素	组织规模	Ahn[275]; Kamal[271]; Moon 和 Norris[276]; Norris 和 Moon[277]; Puron-Cid[278]; Reddick 和 Norris[75]
	组织类型	Eom 和 Kim[76]; Nelson 和 Svara[279]; Norris 和 Moon[277]; Reddick [266]; Reddick 和 Norris[75]
	所处区域	Norris 和 Moon[277]; Reddick 和 Norris[75]
	信息技术知识、经验、能力	Dorner[263]; Gil-García 和 Pardo[270]; Kamal[271]; Kamal 等[274]; Kamal 等[268]; Henning[273]; Moon 和 Norris[276]; Norris 和 Moon[277]; Oliveira 等[267]; Puron-Cid[278]; Reddick[266]; Reddick 和 Norris[75]
	创新性	Kamal[271]; Moon 和 Norris[276]; Oliveira 等[267]
	组织资源	Dorner[263]; Henning[273]; Kamal[271]; Moon 和 Norris[276]; Wang 和 Lo[78]; Zheng 等[196]
	信息技术规划	Dorner[263]; Gil-García 和 Pardo[270]; Puron-Cid[278]
	信息技术需求	Henning[273]; Kamal 等[274]; Puron-Cid[278]

续表3-5

维度	因素	文献来源
组织因素	高层支持	Dorner[263]; Gil - García 和 Pardo[270]; Kamal[271]; Kamal 等[268]; Zheng 等[196]
	领导特质	Damanpour 和 Schneider[262]
制度因素	法律规范	Gil-García 和 Pardo[270]; Henning[273]
	预算规范	Eom 和 Kim[76]; Puron-Cid[278]
	信息技术标准	Gil-García 和 Pardo[270]; Puron-Cid[278]
	中央拨款	Kamal 等[274]; Kamal 等[268]
	政府联系	Gil-García 和 Pardo[270]; Kamal[271]
	政治环境	Ahn[275]
环境因素	外部压力	Kamal[271]; Wang 和 Lo[78]; Zheng 等[196]
	公众需求	Mergel[264]; Oliveira 等[267]; Puron-Cid[278]
	上级领导支持	Ho 和 Ni[260]; Henning[273]; Mergel[264]; Puron - Cid[278]; Van Loon 和 Toshkov[269]
	最佳实践	Gil-García 和 Pardo[270]; Mergel[264]
	经济环境	Eom 和 Kim[76]; Puron-Cid[278]
	人口统计学因素	Ahn[275]; Guillamón 等[74]; Nelson 和 Svara[279]; Reddick 和 Norris[75]

随着信息和通信技术的发展，为了追求效率与协同，政府积极采纳创新性的信息技术，例如开源软件[77, 269]、社交媒体应用[74, 75, 264]、政府数据开放[78, 278]、互操作标准[273]、移动政务应用[76]。随着每一波新兴信息技术创新的发展，研究者关注创新特质如何融入已有的业务流程以及如何影响采纳行为[264]。

第二节 信息技术吸收理论与信息技术价值理论

一、信息技术扩散、采纳与吸收

为了更好理解、界定电子政务云采纳和云吸收，有必要对信息技术扩散、信息技术采纳以及信息技术吸收的概念进行区分。基于上节中对信息技术创新采纳过程理论的介绍，在组织层面，信息技术扩散是指一项技术在组织成员中传播的全过程；信息技术吸收是指组织从形成信息技术意识到全范围实施信息技术的过程[280]；信息技术采纳是指组织实际获得或购买一项创新技术[79]。从研究视角来看，信息技术扩散是从采纳客体（技术）的角度分析创新在组织内部的传播过程，而信息技术吸收从采纳主体（组织）分析组织采纳、使用与融合信息技术创新的过程；从涉及范围来看，信息技术扩散包含的阶段最全，而信息技术采纳与信息技术吸收仅是信息技术扩散的某一些阶段。基于以上分析，本研究将关注的是电子政务云采纳前阶段的信息技术采纳问题与采纳后阶段信息技术吸收问题。

二、信息技术吸收

信息技术采纳与吸收是信息科学领域中广泛研究的课题，对于组织层面的信息技术采纳与吸收研究大多集中在采纳阶段上，不同学者从多理论视角研究了不同情境下的采纳主体对不同采纳客体的采纳行为[171]。Rogers指出信息技术采纳仅仅是管理层授权采购创新技术，而不是组织实际部署了这项技术，也不是组织实现了技术日常使用的常规化[79]。尤其是对于云计算这样的服务模式创新，它的采纳影响不仅仅体现技术上的变革，而且还体现在组织上的变革，因此组织投入资源进行信息技术建设投资，却无法取得期望的成效，并遭遇信息技术投资建设失败的风险，往往是由信息技术采纳（购买）与信息技术吸收（深度部署）之间的“断层”或“吸收缺口”造成的，即信息技术并不能有效支持组织业务活动与业务流程[280, 281]。组织在购买和使用了信息技术创新之后，只有真正地消化信息技术创新，才能成功地完成信息技术创新支撑组织业务管理工作，进而带给组织预期的成效[282]。以往学者在不同的领域对信息技术吸收进行了研究，主要包括信息技术吸收定义与阶段、信息技术吸收影响因素、信息技术吸收维度以及信息技术吸收对组织价值的影响，信息技术吸收研究框架如图3-2所示。

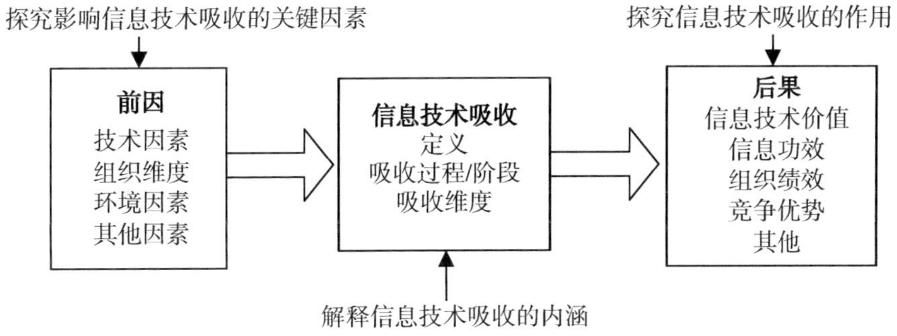

图3-2　信息技术吸收研究框架

（一）信息技术吸收定义与阶段

组织层面的信息技术吸收机制研究主要基于创新扩散理论与过程理论视角展开，已有学者在不同情境下对信息技术吸收进行定义与阶段划分。Fichman和Kemerer认为信息技术吸收是指组织从形成信息技术意识到全范围的部署信息技术的实施过程[280]；Ranganathan等发现信息技术管理知识、集权程度、组织正规化、供应商依赖性、外部信息技术成熟度影响信息技术吸收[283]；Zhu等认为信息技术（电子商务）吸收过程包括启动、采纳与常规化阶段[154]；Rai等提出信息技术（电子采购）吸收包括意识、兴趣、评估/试点、承诺、有限实施、局部实施与全局实施等阶段[155]；Wei等指出信息技术（射频识别）吸收指的是从信息技术初始意识形成、信息技术采纳到信息技术全局实施或常规化的信息技术创新实施阶段[284]。这些学者关注的信息技术吸收包括采纳前与采纳后全过程，即信息技术意识形成、信息技术采纳、信息技术实施与常规化过程。

另外，Purvis等[285]和Liang等[91]指出信息技术吸收是指信息技术在组织工作流程中的融合与内化，同时将融合活动转为常规的过程；Klein研究卫生部门对网上采购应用的吸收问题，并指出该研究属于创新扩散的后期阶段——采纳后阶段，主要涵盖技术支持业务流程的程度与这些活动的常规化[286]；贺明明等将跨组织信息系统吸收界定成信息技术融入组织的程度，即跨组织信息系统在支持组织业务活动和业务流程，并使其成为常规，进而提高企业战略和业务绩效的程度[282]。这些学者更关注信息技术采纳与实施以后的融合程度，属于采纳后阶段。

基于以上信息技术吸收的定义，本研究界定信息技术吸收是组织的后采纳行为，是指某项信息技术被组织采纳后，在组织内部使用并最终与组织业务流程相融合吸收的持续动态发展过程。从某种意义上来讲，吸收也可以理解为组织对于信息技术的二次采纳，即实施与使用信息技术的范围与程度。

（二）信息技术吸收影响因素

信息技术吸收的重要性使得国内外越来越多的学者关注信息技术吸收的前因，即关键影响因素。大部分学者基于技术-组织-环境理论和创新扩散理论，探究不同类型信息技术吸收的关键因素。例如，Armstrong和Sambamurthy发现首席信息官的信息技术知识、首席信息官的业务知识、基础设施成熟度正向影响组织信息技术吸收[287]；Zhu等发现技术就绪度、技术集成性、组织规模、地域范围、管理障碍、竞争压力与政策支持对于信息技术吸收的不同阶段的影响作用不同[154]；Liang等基于制度理论发现强制压力、规范压力、模仿压力会通过高层支持影响信息技术（如企业资源计划）吸收，同时组织吸收能力也是影响信息技术吸收的因素[91]；Klein研究发现影响信息技术吸收的因素包括兼容性、促进条件（用户支持）、信息技术基础设施与信息技术购买优惠[286]；Neirotti等发现信息技术能力、客户压力、市场自主性影响中小企业信息技术吸收[288]；Wei等发现相对优势、复杂性、信息技术基础设施、管理能力、吸收能力、竞争压力、政策支持与环境不确定性影响信息技术吸收[284]；巩见刚和丁堃指出技术优势、兼容性、组织信息密度、组织就绪度显著影响组织信息技术吸收，同时环境竞争性在技术优势、组织信息密度与信息技术吸收之间的起到调节作用[289]；贺明明等在社会资本以及企业知识理论的基础上，发现结构资本与认知资本通过信息技术知识应用过程对跨组织信息系统吸收产生显著影响作用[282]。

通过以上研究不难发现，影响信息技术吸收关键因素是多维度的，而且因不同情境而有一定的差异。总体而言，基于创新扩散理论的扩散过程理论已经形成，从技术、组织、环境维度出发探究关键因素的相对成熟范式也已经形成。

（三）信息技术吸收维度

信息技术吸收维度主要指进行信息技术实施或使用的方式。已有研究从信息技术使用的范围、数量以及支撑业务的程度来界定信息技术吸收维度。Massetti和Zmud指出电子数据交换使用的4个维度是数量、多样性、广度与深度。数量是指组织使用信息技术处理业务流程的比率或程度；多样性是指组织使用信息技术的功能数量；广度是指组织部门使用信息技术的范围；深度是指组织使用信息技术支持运营、管理、战略决策活动的程度[290]。在这之后的大部分学者都基于这4个维度，对不同情境下的信息技术吸收维度进行了划分，如企业资源计划[91]、供应链管理[283]、电子采购应用[286]、电子数据交换技术[291]、电子商务[292]和跨组织系统[282, 293]。

信息技术吸收维度的研究也为本研究界定电子政务云吸收维度（广度与深度）提供了理论基础。

三、信息技术业务价值与信息技术公共价值

信息科学领域广泛地研究了信息技术价值的概念和内涵，特别是企业组织的信息技术业务价值。关于信息技术价值的定义和测量，已有研究从多个维度和视角进行了探讨[294, 295]。信息技术价值指的是基于信息技术的组织绩效，体现在组织在生产经营和战略中使用信息技术的过程中，包括提高生产率、提高盈利能力、降低成本、降低库存以及其他绩效指标[295-297]。然而，人们对于什么是信息技术公共价值以及如何在公共部门实现信息技术公共价值却知之甚少[298, 299]。因此，公共部门经常被指责在利用信息技术创新方面是落后于企业组织的，其中的主要原因是缺乏在公共部门探索信息技术公共价值的理论基础[298, 300]。此外，已有的信息技术价值理论模型可能并不适用于非营利背景下的组织（政府或公共部门），这是因为公共部门的组织特征有别于营利性企业，包括其非营利导向、政治或官僚性质，以及利益相关者的多样性等特征[301]。因此，许多学者主张更多关注信息技术是否促进公共部门创造信息技术公共价值、创造信息技术公共价值的形式有哪些，以及信息技术如何促进公共部门创造信息技术公共价值[299, 302-304]。

关于信息技术公共价值的定义，Bannister 和 Connolly 提出一种评估信息和通信技术影响的公共价值类型，即以职责为导向、以服务为导向和以社会为导向[305]。Twizeyimana 和 Andersson 发现电子政务的六个公共价值维度，即改善公共服务、提高行政效率、公开政府能力、改善道德行为和职业素养、提高对政府的信任和信心、提高社会价值和福祉[303]。

随着信息技术在全球范围内应用的蓬勃发展，组织越来越重视信息技术的投资与应用，以实现组织战略性目标，如卓越运营、产品与商业模式创新、决策支持、竞争优势与组织生存[306]。信息技术能否影响组织信息技术价值以及其如何影响信息技术价值是信息技术领域的热点问题。已有研究探究了信息技术应用投资与竞争优势[307]、组织绩效之间关系[308]。但是，不同行业的企业的信息技术投资效益存在较大的差异[292, 309]。Chatterjee 等[194]、赵泉午等[309]、祝效国等[281]指出存在上述问题的主要原因在于信息技术实施成功率较低（大多数组织在最初采纳信息

技术后没有有效地应用与吸收信息技术，造成信息技术的效能未能充分发挥），而实施成功率在很大程度上与组织自身的特征有关，组织需要长期的吸收信息技术才能实现信息技术战略价值，并不是信息技术本身存在的生产率悖论问题[290]。

已有研究表明有效地使用信息技术支持组织业务管理流程，可以有效发挥信息技术的预期作用，并明显改善战略绩效和竞争绩效。例如，Ranganathan等指出，有效的全球广域网供应链管理系统的内部吸收与外部扩散都显著影响供应链管理的效益[283]；Klein对卫生部门的网上采购应该吸收研究结果表明充分的信息技术吸收能够提高索赔管理绩效与业务绩效[286]。

关于如何实现信息技术的公共价值，Klievink等指出政府可以引导和塑造公私合作平台的发展，使私营企业能够追求自己的利益，同时改变企业和政府之间的互动，从而更广泛地服务公共价值[310]。Pang等基于公共价值管理理论，提出政府信息技术资源与组织绩效之间的关系是以组织能力为中介的，组织能力包括公共服务提供、公共参与、合作生产、资源建设和公共部门创新能力[299]。Li等揭示了信息技术数据集成和流程集成是业务价值（管理效率和有效性的提高）和公共价值创造的两个主要机制[298]。因此，越来越多的学者强调，政府应该发展系统的能力来配置、整合和重新配置内部和外部资源，以显著提高组织绩效和公共价值，例如动态能力[311-313]、业务流程管理能力[314]、聚集能力[315]。

第三节　结构方程模型方法论

在社会科学研究领域，研究者一直在使用统计分析工具来扩展提出、探索和验证研究发现的能力。一个多世纪以来，统计分析一直是社会科学研究人员必不可少的工具。随着计算机硬件和软件的出现，统计方法的应用得到了极大的扩展，特别是在最近几年，由于计算机技术提供用户友好界面，人们可以广泛使用更多的方法。研究人员最初只能依靠单变量和双变量分析来理解数据和关系，为了理解与社会科学学科研究方向相关的更复杂的关系，越来越有必要应用更复杂的多元数据分析方法。

多变量分析是需要同时分析多个变量的统计方法。这些变量通常表示与个人、组织、事件、活动、情况等相关的度量。变量的测量通常是从用于收集一手数据的调查或观察中获得的，但也可以从数据库的二手数据中获得。表3-6显示了多元数据分析统计方法。

表3-6　多元数据分析统计方法

	主要用于验证研究	要用于探索研究
第一代统计方法	方差分析 逻辑回归 多元回归 验证性因子分析	聚类分析 探索性因子分析 多维尺度分析
第二代统计方法	基于协方差的结构方程模型	偏最小二乘结构方程模型

在实证研究中，进行数据分析变量之间关系时，通常有两类方法：第一代统计方法和第二代统计方法[316]。第一代统计方法如表3-6的上半部分所示，包括基于回归的方法，如多元回归、逻辑回归、方差分析、验证性因子分析、探索性因子分析、聚类分析和多维尺度分析等技术。当这些方法应用于一个具体的研究问题时，它们既可以用来验证已有理论，也可以用来识别数据模式和关系。具体而言，当检验现有理论和概念的假设时，则需要使用验证性的统计工具；当在对变量的关联缺乏足够的知识和证据时，探索数据模式则需要使用探索性的统计工具。值得注意的是，验证性和探索性之间的区别并不十分明确。例如，在进行回归分析时，研究者通常根据已有的理论和概念来确定因变量和自变量。回归分析的目标是检验这些理论和概念。然而，回归分析还可以用来探索是否有自变量对被检验的概念有额外的扩展价值。因此，回归分析的研究结果往往先关注哪些自变量是单一因变量的显著预测因子（更具有验证性），然后才关注哪些自变量是因变量更好的预测因子（更具有探索性）。另外，当利用探索性因子分析一个数据集时，该方法将遍历变量之间的关系，并最大程度地将数量众多的变量减少到一个较小的合成因子，即变量组合。最后一组合成因子则是探索数据的关系及关系的结果。然而，尽管探索性因子分析本质上是探索性的，但研究人员通常会有一定的先验知识，这在一定程度上会指导他们从数据中确定提取合成因子的数量。相反，验证性因子分析允许检验和实证一个先验因素及其指标。

第一代统计方法已被社会科学研究者广泛应用于社会科学和心理学领域，如因子分析和回归分析，几乎主导了整个20世纪80年代研究领域。但在社会科学研究中的心理、教育、管理、社会等概念，均难以直接准确地测量，这些变量被称为潜变量，如意图、离职倾向、满意度等。

而这些潜变量则仅能用多个外显指标间接地进行测量。第一代统计技术不能有效处理潜变量，而结构方程模型则可以同时对潜变量及其指标进行处理。因此，自20世纪90年代初以来，第二代统计方法得到迅速发展，许多研究人员越来越多地选择第二代统计方法技术，以克服第一代方法的缺点。在某些学科中，结构方程模型几乎占到实证研究应用统计工具的50%。这些方法能够使研究人员在进行研究时纳入指标变量，间接测量的不可观测变量，还有助于计算观测变量的测量误差[317]。

一、结构方程模型的基本概念

第二代多元数据统计分析方法，即结构方程模型，也被称作潜变量分析、线性结构方程模型、协方差结构分析。结构方程模型涉及统计方法的应用，可以同时分析多个变量，代表与个人、公司、事件、活动、情况等相关因素的测量。结构方程模型是建立、估计、检验显变量与潜变量间关系（结构关系）的一类多元变量、多个联立方程统计分析工具，包括回归分析、因子分析、路径分析以及多元方差分析。因此，结构方程模型是一种强大的统计方法，是在已有的理论基础上，用与之相应的线性方程系统表示该因果理论的一种多元统计分析方法，可以识别社会科学研究中可能无法发现的关系。结构方程模型包括两个基本组成：测量模型和结构模型。测量模型指的是指标和潜变量之间的关系；结构模型则是指潜变量之间的关系。凭借能同时分析多个因变量、能估计因子结构与关系、容许变量含测量误差、容许更复杂的测量模型等优势，结构方程模型已成为科学研究领域进行多元数据分析的重要工具。

二、结构方程模型的优点

（一）较高的测量效度

社会科学理论中的一些构念，如态度、行为等，经常是不能直接观察（构念），而只能通过外显指标间接测量，这些变量往往包含误差，为了更好地测量这些构念，结构方程模型允许变量（构念）可用多个指标测量，从而在构念层面得出更有效的结论。

（二）处理复杂模型

社会科学理论经常涉及多种变量或条件之间关系的复杂模式。结构方程建模允许建模和测试构念间关系的复杂模式，包括作为一个整体同时考虑多个假设（组间比较）。然而，使用其他的传统分析方法处理复杂模型，往往需要几个独立的分析。

（三）容许变量包含测量误差

社会科学中的数据经常包含不可忽视的测量误差。结构方程模型分析容许外生变量和内生变量均含测量误差，并可以通过明确地包含与观测变量的测量误差部分相对应的测量误差变量来考虑测量误差。因此，构念之间关系不受测量误差的影响，等价于完全信度变量之间的关系。然而，使用其他分析方法计算的潜变量（构念）间相关系数，通常会受到测量误差的影响，导致不太明确的结论。

三、结构方程模型类型

结构方程模型多被用来探索或验证理论。探索性建模涉及理论的发展，验证性建模则是测试理论。因此，常用的结构方程模型分析方法有两大类，一类是基于最大似然估计的协方差分析，常用的软件工具涉及线性结构方程、结构方程模型、结构方程模型和路径分析等，协方差分析用于确认或拒绝理论（验证理论）；另一类是以变量的主成份结构进行分析使用作偏最小二乘的方差分析方法，称之为偏最小二乘方程模型，常用的软件工具有 PLS-Graph①、Visual PLS②和 Smart PLS 3.0 等[318]，偏最小二乘结构方程模型主要用于探索性研究和理论发展。

研究方法的选择是实证研究的重要组成部分。这两种类型的结构方程模型统计技术都具有针对给定问题的适用性的某些特征。理解这两类技术及其特点对于选择最合适的数据处理方法至关重要。虽然这两类方法的侧重点不一样，但是他们是互补的、而不是竞争的关系。最大似然估计的协方差分析协方差分析与偏最小二乘结构方程的选择条件如表3-7所示。

表3-7 协方差分析与偏最小二乘结构方程的选择条件

协方差分析	偏最小二乘结构方程
研究目标是理论检验、理论确认或对不同理论的比较	研究目标是探索性的或现有理论的延伸
误差需要额外的说明，例如共变系数	研究目标是预测关键构念或识别关键的“驱动”构念
结构模型具有循环关系	结构模型中包含形成型测量构念

① PLS-Graph：通过产生结构方程模型的方式，构建形成型的构念的软件。

② Visual PLS：偏最小二乘回归软件。

续表3-7

协方差分析	偏最小二乘结构方程
研究需要一个整体的拟合优度标准	结构模型较为复杂(较多的构念和较多的测量指标)
	样本量较小或数据是非正态分布

四、偏最小二乘结构方程模型

偏最小二乘结构方程模型具有很多优势，例如对于共线性问题具有“耐受性”、不要求数据服从正态分布（多峰或偏态分布）、对样本量的大小没有很高的要求、能够处理反映型和形成型变量、能够评估多个潜变量以及观测变量的复杂模型、同时检验模型内相关变量之间的关系、所获取的R^2的系数能够最大程度解释因变量方差，从而更接近样本数据、更适用于探索性研究[319，320]。可见，偏最小二乘结构方程模型可以克服最大似然估计的协方差分析的缺点。因此，偏最小二乘结构方程模型当前已成为社会学科较为认可的统计技术。已有研究表明信息系统领域约有30%的实证研究是基于偏最小二乘结构方程模型完成数据分析的[321，322]。

第四节　本章小结

信息技术创新采纳理论是本研究的研究背景和根基，根据信息技术创新采纳过程理论，发现了电子政务云采纳研究中的不足，并在此基础上进一步明确了本研究的理论基础和研究切入点。本章确定了研究路线，即围绕“电子政务云采纳→电子政务云吸收与组织价值提升”的路线，并以技术-组织-技术理论、信任理论、信息技术吸收理论与信息技术价值理论等为基础，通过文献研究、探索性案例研究与实证研究的方法开展研究。

第四章　探索性案例研究

在相关文献梳理分析的基础上，本研究发现云计算采纳与电子政务采纳研究领域缺乏对电子政务云采纳问题的相关探讨，大部分研究停留在概念与技术特质的描述、优势与劣势的分析，尚未重点关注电子政务云的采纳及其价值影响研究。针对上述问题，本研究根据典型性原则选择具有典型意义的案例，并利用探索性案例研究方法，进一步深入探讨电子政务云采纳过程。一方面是梳理与总结影响电子政务云采纳的关键因素及其影响机制，另一方面是探析与归纳电子政务云吸收的价值创造路径。在此基础上，挖掘概念间的关系，并进一步构建电子政务云采纳过程模型，为后续的大样本实证研究奠定基础。

第一节　案例研究背景

一、案例研究方法

由于现有研究很少关注电子政务云在政府领域的采纳过程（采纳前的构念识别与采纳后的价值影响机制），因此，案例研究方法更适用于本研究。案例研究方法属于经验性研究方法的范畴，用于研究现实实践情境中的当前现象，尤其在现象本身与情境两者间边界不明显的情况下，适用于解释“怎么样”和“为什么”的问题[323]。同时，案例研究方法能帮助研究者探究信息技术领域中出现的事件或现象，理解它的状态、性质与过程的复杂性，获得更深入的见解，并从实践中生产理论[164，324]。

案例研究方法适用于定量研究不适用的新兴现象与事物[323]。依照研究任务的差异，案例研究方法能够分为侧重于提出假设的探索型、侧重于描述事例的描述型、侧重于理论检验的描述型[325，326]。在世界各国，云计算解决方案被视为提高政府信息技术能力与效率的有效方式。然而，我国基于云计算的电子政务建设起步较晚，于2011年正式提出“电子政务云”。近几年来，虽然已在多省级、市级政府进行试点，但对于地方政府组成部门而言，电子政务云还是一个新兴的技术服务模式与概念，尚未被广泛采纳与使用。大部分政府部门还是沿用传统信息化建设与运维模式，采用定性研究方法，可以在综合、系统的视角下发现新的理论构念，探索电子政务云采纳、吸收及价值创造机制。同时，基于文献回顾的发现，关于电子政务云的理论体系尚不完善，缺乏对采纳与吸收过程的探索，选择定量方法来检验现有理论可能会丢失电子政务云应用的隐藏因素和关系机制，并可能阻碍新的理论的发现。因此，探索型案例研究适合本研究探索电子政务云这一新兴技术使用现象，通过案例资料的搜集、分析和抽象建立理论架构。

另外，依照研究使用案例数量的差异，案例研究能够划分为单案例与多案例研究。单案例研究一般对于具有代表性、典型性案例进行纵向分析，捕捉管理实践中涌现出新现象，可以有效地揭示案例所表现问题现象的发展过程和背后隐含规律，以保证案例研究的信度[327]。而多案例研究基于案例内分析与跨案例分析，能较为全面地表现案例背景的各个维度，特别是在多个案例都得到一致结果的情况下，这将有效改善案例研究效度与普适性[325, 328]。因此，本研究结合两者的优势，一方面选择4个典型案例作为分析对象以探索不同案例所表现的共性结论；另一方面对其中的1个案例进行纵向研究，以分析电子政务云采纳过程。综上所述，探索性的多案例研究方法适用于本项研究。

二、案例背景与样本选择

为了着力推进电子政务发展，根据《国家电子政务“十二五”规划》等政策文件的部署，工业和信息化部确定了18个省级政府与59个市政府作为第一批“基于云计算的电子政务”建设试点。每个试点地方政府在当前信息化基础上统筹构建统一的政务云平台，以支持政府组成部门与直属部门的电子政务云服务的使用。在此过程中，每个试点政府制定电子政务云发展规划，如颁布顶层设计标准、确定建设模式、甄选合理的云服务商以及监督各使用部门的云服务部署与迁移。一般而言，试点政府将成立一个由高级政府官员和政府部门组成的信息化领导小组负责电子政务云的顺利实施。

根据案例典型性与数据可得性原则[327]，本研究选择了正在实施电子政务云的试点作为案例研究对象，其中包括1个省级试点政府（山东省）与3个市级试点政府（济南市、潍坊市、威海市）。由于3个市级试点政府受山东省级政府的管辖，因此能够减少无关因素的影响[323]，如经济状况、区域信息化技术水平、区域电子政务发展水平等。

第二节 案例数据收集

本研究利用访谈法、参与观察法、文件法（二手资料）等多种数据收集方法收集多来源资料，并进行多学科、多理论视角分析，以实现数据三角验证，提高研究效度[323，325]。

一、访谈法

本研究使用的主要数据收集方法为个人面对面的深度访谈，以便深入地了解被访对象对于电子政务云的态度与看法。由于电子政务云的建设和实施是一个浩大的、复杂的系统工程，从战略制定到具体使用涉及多类部门：负责电子政务云组织领导的信息化工作领导小组（经信委等）、最终使用部门（政府组成部门、直属特设机构、直属机构、部门管理机构）、负责云平台建设与运维的云服务提供商（事业或企业性质）。因此，为了获得更为全面的数据，本研究选取的访谈对象均是来自上述不同类型部门的信息化分管领导与相关项目负责人。不论这些访谈对象是否为技术人员，但都拥有电子政务或云计算领域相关背景与知识，并参与了电子政务云的试点管理与建设。

根据研究目的，本研究分别于2013年10—12月对济南市市级试点，2014年5—9月对山东省省级试点及济南市、威海市、潍坊市市级试点，2015年7月—2016年8月（济南市）进行了三阶段的面对面访谈。同时，为了防止偏离研究主题，本研究在相关文献的指导下，制定了半结构化访谈提纲以限定研究范围。在第一与第二阶段的访谈中，访谈主题围绕电子政务云采纳与实施的驱动因素与阻碍因素，包括传统电子政务建设与运维模式情境下的挑战与问题；对于电子政务云模式与云计算技术的认识；采纳或有意采纳电子政务云的原因，即哪些因素与电子政务云采纳有关；上述因素如何影响电子政务云采纳（促进作用，抑制作用或其他）。具体访谈提纲如附录Ⅰ所示。在第三阶段的访谈中，访谈主题围绕电子政务云使用及其信息技术价值，包括部门已使用与实施的电子政务云项目有哪些类型；部门使用电子政务云服务带来的变化与价值；部门在未来使用电子政务云的计划；对于电子政务云服务的建议。

每次深度访谈时间大约持续60分钟至90分钟，同时在征得受访对象同意的前提下，对访谈过程进行了全程录音与记录，最后整理成电子访谈记录。

二、参与观察

参与观察法指的是研究者融入研究对象所在的情境里，对研究对象进行参与式的观察，它是一种嵌入的、纵向的社会研究方法之一[329]。从2014年5月至2015年12月，研究者作为实习生在山东省计算中心（国家超级计算济南中心）参与了山东省电子政务公共服务云平台建设与技术支持工作，以及山东省、济南市与东营市电子政务绩效评估工作等。在此过程中，研究者持续进行现场记录并撰写定期的主题报告，并在研究团队进行讨论[329]。

三、二手资料

本研究系统地收集了不同来源的二手数据，包括访谈对象部门内部资料（建设工作报告、电子政务绩效考核自评表与自评报告、政策文件、工作通知等）与外部资料（期刊、报纸、网站新闻资料），作为补充性数据。本研究数据收集方式如表4-1所示。

表4-1　数据收集方式

收集方法	数据类别	数据来源	人次
深度访谈	访谈资料	组织领导部门	10(SD=4、JN=4、WF=1、WH=1)
		使用与潜在使用部门	7(SD=3、JN=4)
		云提供商(项目经理、技术服务支持)	4(SD=2、JN=2)
二手资料	内部资料	技术报告与政策文件	
	外部资料	新闻、期刊与网络新闻	
参与观察		现场记录、主题报告	

注：SD=山东省、JN=济南市、WF=潍坊市、WH=威海市。

第三节　案例数据分析

数据分析是在Corbin和Strauss的扎根理论系统严谨的分析程序指导下执行逐级编码，即资料提炼为概念或范畴，包括开放式编码、主轴编码与选择性编码[330]。扎根理论是在真实背景下检验一种现象的整体方法，通过系统的数据收集和不断的比较数据分析来发展一种理论，直到达到理论饱和[330]。

在编码中，本研究把所收集的数据加以分解，随后分析现象、概念化现象，最后范畴化现象（即将概念抽象为范畴）[331]。本研究利用定性分析软件进行编码，以便获得更高的编码精确性与更高阶抽象的范畴。

一、开放式编码

开放式编码是数据分析的第一步[332]，要求研究者尽量不带先入为主的观念和已有理论的影响进行描述现象呈现的整体特征，是一个概念化与范畴化的过程。但在实践中，研究者的脑海中已经存在的先入之见是很难剔除的，因此一些新出现的概念可能与以往文献中的表达相似。在编码过程中，研究者对分散的原始材料进行逐字逐句地浏览以发现资料中呈现出的初始概念，对其加以命名（称为“贴标签”或“概念化”），并确定概念的属性与维度。同时在概念化过程中，研究者应该尽量利用原始材料中的词语（访谈对象的原话）进行命名，以降低研究中个人认知偏见和已有研究定论的影响[164]。如果没有合适词语，研究者也利用已有研究公认的构念来命名相关概念。通过不断比较方法，将最新创建的编码不断与之前的编码进行比较。当一些概念表现出相同或相似的特征时，研究者将这些概念进行整合进而提炼为一个更高阶抽象化的范畴（称为“范畴化”）。因此，事件与事件、概念与更多事件、概念和概念之间、外部比较（与文献、个人经验比较）的互相比较，以形成一个更加抽象的范畴。在范畴化阶段，需要完成范畴性质和维度的判定，以保证概念到范畴的提炼过程达到最大程度的合理性[331，333]。

二、关联式编码

关联式编码又称主轴编码，它的目的是深入分析概念范畴间的不同联系，从而发现与构建联系，并遵循属性与维度发展主范畴、范畴[330，332]。典型联系范式主要涉及因果关系、行动或互动关系、结果关系等。这些典型联系范式能够建立主范畴与范畴之间的联系。

三、选择式编码

选择式编码又称核心编码，主要任务是在全部已确定的范畴里，经过系统合理地分析之后提炼出核心范畴，它能够将许多相关的概念与范畴集中在比较宽泛的理论范围之内，并以“故事线”的方式建立核心范畴与其他范畴之间系统的联系（扼要说明全部现象）[330，332]。

四、信度与效度

Yin指出构建效度、内在效度、外在效度和信度是评价案例研究水平与质量的指标[323]，本研究采取不同的手段提高以上指标，以保证案例研究的有效性。

为了提高构建效度，本案例研究采用了多元的证据来源构成三角验证[334]，如来自不同类别部门不同职位的访谈记录、观察记录、部门内部文件与外部相关资料。同时，将本研究案例研究初期结论交给资料提供部门进行核实。

为了提高信度，即案例研究步骤的可重复性，本研究建立了详细的、合理的案例研究草案（案例选择、数据收集和数据分析），同时建立了案例研究数据库，一般包括四个组成部分：访谈记录、文档、表格材料与备忘录等[164]，通过备忘录能有效认识范畴之间的联系并提高编码效率。

Glaser和Strauss指出当随后的数据无法产生新的概念或者关系时，那么便达到了理论饱和点。当达到理论饱和点后，继续分析后续的访谈资料以确保已经达到理论饱和点[332]。为了提高信度和效度水平，本案例以达到理论饱和作为停止分析的标准。

第四节　案例分析结果

一、开放式编码结果

在开放式编码阶段，两位研究者独立的阅读原始材料，并对原始材料进行双盲式编码以提高编码信度[335]，同时允许研究者发现一个句子的多重含义[336]。在概念化阶段，研究者持续地比较多种来源数据所呈现的概念，以提高研究效度。例如，A访谈记录发现的概念要经过B访谈资料或者其他文件的验证。通过这种数据来源三角验证能够提升构建效度。另外，有学者指出仅仅依靠被调查者的词汇来表达概念并不严谨或令人信服。因此，本研究回顾了许多关于电子政务采纳和云计算采纳影响因素的研究，这些前期文献也用于研究发现的验证与概念命名（补充验证）。在范畴化阶段，研究者通过比较分析将相似特征的概念提炼为范畴。经过不断的讨论，识别的范畴达成了一致的结果，包括144种概念与16种范畴，部分概念与范畴如表4-2所示。

表4-2 开放式编码结果

原始语句	概念	范畴
在“济南政务云”计算中心建立之前,我们局(国土资源局)内网和外网所需的基础软硬件环境都是单独采购,自行搭建的(d1)。“济南政务云”计算中心建立之后,我们将这些应用逐步迁移(d2)到“济南政务云”中心统一部署(d3)。从去年(2014年)开始,在市经信委的大力支持下,我们先后从“济南政务云”中心申请使用了22台云服务器(d4)。目前,我们局运行在互联网上的应用(市县两级国土资源门户网站、征地信息公开查询服务平台等10余个系统)已全部迁入“济南政务云”中心(d5互联网应用全部迁入),有效提升了公共服务能力(d6);基于内网的应用系统(全市统一的国土资源政务办公平台)和数据库计划在今年年底前迁入(d7),以提升了审批效率 我们单位(济南规划局)已开通并使用了专享服务、云托管、运维服务、云服务器及云容灾服务等政务云计算中心服务类型(i2),已使用政务云服务的应用系统有局门户网站系统、测绘地理信息系统公众版(i3),已利用基础数据交换平台、地理信息公共服务平台等全市统一建设的电子政务公共设施与公共应用系统(i4),而且在政务云中心运行的多数系统签订了《济南政务云计算中心服务项目信息安全保障协议》等(i5)	d1自购自建 d2逐步迁移 d3统一部署 d4使用IaaS服务 d5互联网应用全部迁入 d7计划迁入 i2服务项目类别 i3迁入系统数量 i4使用基础云服务数量 i5签订安全保障协议数量	云吸收维度
我们单位(济南规划局)的信息化项目管理严格符合市委、市政府《关于开展济南政务云计算中心建设管理的工作通知》要求,按照《关于加快推进济南政务云计算中心建设应用工作的通知》的要求制定和报送系统迁移工作方案和实施计划(i1)	i1制定方案	云制度化
采用云平台进行应用系统的安装部署与以往的方式相比,具有成本低(d8)、速度快(d9)、扩展性好(d10)、运维简便(d11)、安全稳定等优势(d12)	d8成本低 d9速度快 d10扩展好 d11运维简便 d12安全稳定	技术优势

续表4-2

原始语句	概念	范畴
我觉得(济南市民政局)云计算和新建系统连接也是个麻烦事(f6)。云计算是趋势,将来会用到什么程度很难估计 云平台的安全性问题,要根据自己放什么数据来说:非涉密、敏感、涉密数据。敏感和涉密数据还是会担心安全性问题(f7)	f6复杂性 f7担心安全性安全	技术风险
通过"济南政务云"资源的应用,我们对此深有体会:我们之前要搭建基础软硬件环境(d13),需要经过预算、计划、申请、采购、供货到集成部署等多个环节,这个周期需要用4~6个月的时间(d14),而且需要单独申请经费,不利于经费的节约集约使用。而现在采用云模式,由"济南政务云"中心统一提供云计算资源,不需要我们投入经费,只需填个申请表报给经信委,几天内即可获得云服务器(d15),非常方便(d16),既节约了资金(d17),又提高了效率(d18) 采用原来的方式搭建基础软硬件环境,建好之后我们还要安排专人进行运维(d19专人运维),成本也高(d20运维成本高)。现在,由政务云中心统一安排进行全天候的运行维护(d20),不仅把我们的人员从繁杂的运维工作中解脱出来(d21运维工作解脱),而且大大保障了政务系统运转的安全性和稳定性(d22安全稳定) 原来,我们的基础软硬件环境如果不能满足要求,需要不断地进行扩容升级(d23难扩容)。现在的云模式可随业务应用的增加而动态扩充,需要多少就分配多少,实现了随需而变(d24随需而变)、动态扩展(d25动态扩展)。同时,如果有的服务器发生故障,将动态漂移到其他的云服务器运行,确保永不宕机(d26动态漂移) 自我局(济南市国土资源局)应用"济南政务云"中心的信息资源以来,所有的应用均运行稳定、性能良好,并且节约了大量的建设和运维经费(d17)	d13自建信息技术环境 d14以往建设周期长 d15响应迅速 d16方便部署 d17节约经费 d18提高效率 d19专人运维 d20运维成本高 d21运维工作解脱 d22安全稳定 d23难扩容 d24随需而变 d25动态扩展 d26动态漂移	信息技术业务价值
今年以来,局(济南市国土资源局)党组实现了以"流程最短、效率最高、服务最优、监管最严"为目标(d29),研究运用云平台推进行政审批服务方面的改革(d30),打造了"网上审批服务监管平台",有效支持了一站式的审批流程(d31)	d6提高公共服务能力 d29提高服务质量 d30服务改革 d31业务流程优化	信息技术战略价值

续表 4-2

原始语句	概念	范畴
我们(济南市国土资源局)计划把这个全业务、全流程的大平台纳入"济南政务云"计算中心运行(d32) 我们(济南市计生委)计划于2015年12月,完成软硬件信息系统的云计算建设运维模式改造(e11),信息应用全面由云计算提供支持	d32采纳计划 e11建设计划	电子政务云采纳
我们(济南电子政务中心)一般对电子政务云应用都挺信任的,但是涉及大量数据的应用的时候,就担心性能会有影响,因为它毕竟是虚化出来的,不是采用实际的物理的计算资源,或者重组资源(a33技术性能)	a33技术性能	技术信任
云服务提供商的能力会影响政府云项目整体实施效果,因此,选择浪潮公司表现出政府对它能力的信任(k2)	k2合作伙伴信任	服务商信任
我们(济南市国土资源局)希望市经信委(d33)和"济南政务云"中心一如既往地给予大力支持(d34) 根据国家云服务安全审查的要求,在云服务商提供云服务时,需要建立一套的配套的标准条例,比如,数据备份机制,退出机制(使用方不需要或者国家要求不允许用第三方云服务),数据保密要求与保密协议(a26)。关于云安全,我们(山东省经信委)严格按照国家云安全审查标准执行,安全审查标准基本分基本要求与增强性要求。我们(山东省经信委)一开始建是按照一般性标准要求云提供商,但是第二年到第三年我们会要求云提供商达到增强要求,从而来保证这个平台的安全性(a27)	d34提供商技术支持 a26云提供商保障机制 a27提供商安全性能力	云提供商服务水平
以政务云项目为例,浪潮公司对于对电子政务行业的认识比较强(k5),浪潮于2011年就推出一系列行业云解决方案,济南政务云于2013年启用,成功实践经验日益丰富(k6),受到权威组织的认可(k7)并获得多项认证(k8),这体现了浪潮的综合能力(k9),它已发展成国内领先的云计算提供商(k10)	k5行业认识 k6成功经营 k7权威认可 k8资质认证 k9综合实力 k10市场领先地位	提供商特征

续表 4-2

原始语句	概念	范畴
济南市(计生委)人口健康信息化建设与应用虽然取得了一定成效,但在信息化建设中还存在发展不平衡……下一步,我市(济南市)将按照国家要求和山东省总体规划(e9),确定下一步依托济南政务云计算中心进行应用部署基层医疗卫生系统的计算需求和资源规模 因为国家正在提倡政府购买服务(a1 政府提倡),济南电子政务就是以购买服务的方式整体外包	e9 总体规划 d33 上级支持 a1 政府提倡	上级强制压力
为了实现人口基础信息资源共享工程,大部门已经迁移至云平台(如安、民政、人社、计生和工商等),因数据共享问题,我们(济南市经信委)也进一步部署云服务(a65)	a65 其他部门采纳	同级部门压力
通过使用山东省电子政务云平台,公安、民政等部门实现了人口基础信息资源的共享,通过"一站式"的政务云平台,满足了公众办理业务的需求(j1)	j1 公众业务办理需求	公众需求压力
我(山东省经信委)认为推进"云"这个新概念,制约云的几大要点,第一,与各部门领导对信息化工作的态度和认识有很大关系(a36)。信息化工作长期以来都是一把手工程,与其他业务性工作不太相同。信息化工作投入大,经济效益回报不明显,见效慢。各个部门在推进信息化工作过程中,若一把手不重视,或者有其他制约因素,单位的信息化建设不一定能搞好……就目前看,政府业务也是人治大于法制。主要还是领导、一把手的重视(a63 领导重视) 我们单位(济南市旅游局)信息化建设灵活性不够、信息数据敏感,因此,是否使用电子政务云平台还是领导说了算(g4),我们自己做不了决定	a36 领导态度与认识 a63 领导重视 g4 领导权利	高层管理支持
市(济南市)里每年几千万的资金,包括信息安全的、技改的、面向企业等各方面的,分到电子政务的资金比较少(h3),我们单位(济南市住房公积金管理中心)大概 100 多万	h3 财政资源	组织资源

二、电子政务云采纳过程框架

（一）关联式编码结果

在关联式编码阶段，本研究按照范畴的维度与属性将有关联的范畴整合，形成主范畴，并通过典型逻辑关系将主范畴进行归类，共归纳出8个主范畴。

1.云信任

云信任反映的是政府部门内部对于云计算技术与云计算提供商的主观认知，指的是在全面评估电子政务云技术的基础上，政府对电子政务云建立的信任[110，337]。云信任是电子政务云采纳的直接驱动因素，它直接决定政府部门是否实施电子政务云战略。访谈中发现，很多受访者都反复强调云信任的重要性，组织进行云迁移、云采纳可能需要承担一些潜在的风险，而组织愿意尝试使用电子政务云服务需要建立在对“云”的信任基础之上。因此，如果一个部门对云的信任程度越高，其对云计算这种技术创新与服务模型创新的接受能力越强，进而越倾向通过电子政务云改变分散建设现状。

云信任包括电子政务云技术信任与云提供商信任2个副范畴。电子政务云技术信任是指政府部门对于电子政务云计算技术特质（稳定性、可靠性、灵活性）的信任，即相信电子政务云能够成功、稳定支持信息技术建设与运转；电子政务云提供商信任是指政府部门对于云提供商特质（规模、信息化资质水平、领先地位、声誉、技术服务能力）的信任[218]，即相信云提供商有能力提供有力的制度保障（数据安全保障、服务级别协议）。因此，云信任受到电子政务云技术特质与电子政务云提供商特质的影响（前因作用）。

2.技术特质

技术特质是指给政府部门带来优势和劣势的电子政务云技术自身特性[63]，是决定电子政务云采纳的关键因素，同时也是影响电子政务云信任的关键前因。技术特质包含技术优势与技术风险2个副范畴。

技术优势是指信息技术创新的质量与性能指标[265，272]，对电子政务云采纳起到正向影响作用，同时对电子政务云信任起到正向影响作用。技术优势一般是指相对于传统电子政务建设模式的技术与运维优势，包括可靠性、可利用性、灾备恢复、统一技术标准、计算性能、易用性等[8，11，121]。在个人层面，一些受访者认为采纳电子政务云后，政府信息技术部门的工作者能够从繁重的信息技术运维中解放出来，从而可以减少工作量，并提升自己的能力。云计算的优点还体现在便利性，即提供随处存取应用程序和数据的服务。在组织层面，一些政府信息技术人员指出电子政务云能够提供虚拟化服务、缩短采购周期和部署周期、提高资源利用率、降低运营成本等优势。

我们市电子政务云就是以购买服务的方式整体外包，乙方就是浪潮集团，他们整体去投资建设市电子政务云中心，政府则按照资源的使用量、按照需求去购买资源。电子政务云不仅能够减少存储成本，还能够大幅减少电力能源的耗费。

技术风险是电子政务云的技术、操作、运维与性能风险与顾虑[37]，它对电子政务云采纳具有负向影响作用，同时对电子政务云信任起到负向影响作用。访谈中发现，一部分受访者认为电子政务云还不成熟，其优势并不明显，反而过早的尝试采纳电子政务云可能会出现各种风险，例如复杂性、潜在成本、安全性与数据主权担忧、性能担忧[3, 10, 24, 128, 131]。

第一，复杂性是创新使用、认知以及实现的困难程度[79]。有些受访者认为云计算的解决方案可能比目前的信息技术架构更加复杂难懂，如果云提供商和运营商不能提供培训服务，他们认为在很短的时间内很难掌握云环境和信息技术知识。几乎大部分受访者认为最重要的一点是电子政务云不仅仅是一项技术变革，而是一个系统的、复杂的技术-社会相互作用的组织变革。电子政务云不仅为组织业务处理提供云服务，同时对组织与业务流程进行变革，然而组织变革是最为复杂的[88, 119]。

很多部门不了解云模式，认为应用云平台之后，（相）比以前的工作（会）带来更大的工作量；如果采纳云后，将会增加跨部门的业务协调难度，所以会感觉工作变得更加复杂。

第二，尽管云提供商宣称电子政务云可以减少成本，但在采纳云过程中，可能存在隐藏成本凸显的问题[7, 41]。这些隐性成本可能涉及重设信息技术架构成本、人力资源（如招聘新员工、培训现有信息技术员工）、为了适应云平台而进行相关软硬件设备升级、维护成本（如购买专业服务）、制度安排等管理费用。

第三，最大的风险来源于信息安全问题与数据主权问题[24, 36, 37, 41]。政府部门的特殊性要求高标准的信心安全水平，相比传统电子政务建设模式，采纳电子政务云意味着信息资源迁移至公共云平台，这会导致政府部门更担心将失去对信息技术资源的控制（数据主权），并有可能导致信息安全的隐患（数据泄漏、数据丢失等）。

> 云计算需要面对并发访问与安全问题。整合不同部门政务系统可能会导致并发访问数量呈指数级增长，一定程度上会出现网络拥堵；同时由部门控制的关键业务系统与数据“上”云后，数据的传输与存储安全是个关键技术难题。

第四，一些被访者认为云计算技术性能（稳定性和可靠性）有可能无法达到政府的要求，如业务稳定性、网络传输速度、存储空间与资源可接入性担忧[8, 37, 128]。一旦出现问题，将会带给政府部门及其服务对象造成无法估计的损失，如个人信息丢失等。

3.云提供商特质

云提供商特质是反映电子政务云提供商技术服务能力的属性。在云环境下，云提供商与传统信息技术供应商最大的区别在于云提供商参与云平台建设、运维与服务全过程。云提供商的云服务支持能力越强，越有利于组织信任云计算，进而采纳云计算服务[29, 110]。因此，云提供商特质对电子政务云采纳起到正向影响作用，同时对电子政务云信任起到正向影响作用。云提供商特质包括反映云提供商组织属性的特征以及反映其技术实力的服务水平2个副范畴。

云提供商特征是指云提供商所涉及的组织属性与市场属性，例如组织性质（国企、私企、外企）、组织规模、组织成立时间、资质情况（信息集成资质、ISO27001和SSAE16①）、财务状况、声誉、位置、品牌影响和成功案例和实施经验[254]。由于大部分系统与数据需要云提供商进行基础运维与管理，导致使用部门对云提供商的依赖度高，在采纳电子政务云平台的时候，就必须考虑云提供商的属性[253]。一般而言，组织规模大的云提供商具有技术能力与资源保障服务方面的稳定性。因此，大部分被访者提到云提供商的市场领先地位、品牌影响与成功案例等声誉因素是他们信任电子政务云的基础，他们认为只有采纳可靠的云提供商才有可能获得稳定的服务。

云提供商服务水平是指云服务商能够提供的可靠技术与管理服务能力水平，如计算支持能力、安全措施的科学性、容灾措施合理性与服务等级协议等[254, 338]。为了保障电子政务的业务稳定性，大部分被访者表示云提供商的综合能力是使用电子政务云平台的前提。

---

① SSAE16是指美国注册会计师协会制定的《鉴证业务准则公告第16号》，用于安全控制的合规性和有效性方面进行独立验证。

4.组织就绪度

组织就绪度是组织支持创新采纳可利用的资源，是实施云迁移战略的内部情境条件，反映组织内是否有充足的条件支持电子政务云采纳。在采纳信息技术创新之前，组织需要对电子政务云采纳的组织内部就绪度进行评估，以判断是否有条件支持采纳决策[41]。因此，组织就绪度对政府部门采纳电子政务云起到关键作用[82]。组织就绪度包括高层管理支持与组织资源2个副范畴。

高层支持是政府部门的领导或领导班子的支持态度[339]，是采纳电子政务云的重要因素[66]。事实上，电子政务云解决方案是由最高管理者负责和启动的，因为组织的信息技术采纳决策往往映射出组织高层对创新提高组织效率期望与政绩的追求[262]。大部分被访者强调政府部门高层具有很多的职权，如最终决策权、指导分配资源、协调部门间关系、影响下属行为[196]。高层对于电子政务云优势与创新性的认识能够为云采纳与实施分配必要的资源，并影响该组织的成员实施的“云化”进程。而当高层对于与电子政务云的风险更加敏感时，则会反对其采纳电子政务云。电子政务云采纳与实施是一个技术与组织变革的过程，在此过程中，往往会打破原有既定规则、制度安排与既得利益。因此，高层管理者的统筹安排与大力支持才有可能实现电子政务云的采纳。

组织资源是指政府部门进行电子政务云采纳与实施的财力、人力资源，它是电子政务云顺利实施的基础保障。一些被访者认为阻碍信息技术创新采纳的一个重要因素是缺乏资金，在传统电子政务系统正常运转下，采纳电子政务云意味着需要打破原有信息技术建设模式，并需要一定的迁移系统启动资金。如果有充分的预算支持，他们愿意把系统迁移到电子政务云平台。

> 有些部门业务应用系统比较大、比较多，承担民生职能比较多，如卫生、工商、公安，如果对这些部门推（进）“云”建设，则需要大量的财政资金。

5.外部压力

外部压力是影响政府部门采纳电子政务云的外部情境因素，反映了在采纳电子政务云过程中面临的可行条件。同样，在采纳信息技术创新之前，组织需要对电子政务云采纳的外部环境进行评估，以判断采纳决策的外部可行性。外部压力从侧面反映了电子政务云环境的成熟度，对政府部门采纳电子政务云起到关键影响作用。外部压力包括上级制度压力、同级部门压力与公众需求压力3个副范畴。

上级制度压力指的是上级或中央政府的重视对政府部门产生的制度压力，这是电子政务云采纳的关键影响因素。在电子政务云还未表现出令人信服的显著成效之前，地方政府的采纳决策在很大程度上与上级或中央政府的态度与正式行政指示正相关[196, 264, 278]。因此，上级政府的相关政策（如《国家电子政务“十二五”规划》）、标准（顶层设计标准）能给地方政务信息化的发展指明方向，并降低地方政府部门对电子政务云建设不合规的风险。由于政府层级结构，政府的创新采纳也呈现“从上至下”建设过程[269]，可见，上级与中央政府的重视对于地方政府起到强制作用。

同级政府压力是指已经重视或采纳电子政务云的同级或业务密切相关政府部门对地方政府产生的同级部门制度压力。首先，同级政府采纳电子政务云之后，涉及的业务与数据需要采用电子政务云平台进行，若相关地方政府部门不采纳电子政务云，则无法进行数据交换与共享。其次，被访者还普遍指出，为了竞争更多的预算资源以及获取更好政绩，部门必须采纳电子政务云保证与其他部门同步。最后，更好的政府部门采纳电子政务云，在客观上验证了电子政务云的可行性以及优势，能够为其他组织提供可以参考的成功案例，进而降低采纳与实施电子政务云的风险[249]。

公众需求压力来自公众对于提高电子政务服务效率与质量的要求。随着通过公众网上查阅政府信息和网上业务办理的普遍化，他们对提高电子政务效率、信息服务质量、网络连通性和资源可用性[260, 261]的要求更迫切。大部分被访者提出为了建立服务型政府，政府部门将利用信息技术创新进行电子政务改革以提高公众的服务满意度。

6.电子政务云采纳

电子政务云采纳是指政府部门对电子政务云计算服务、基于云计算的政务应用和政务服务的采纳意向或选择决策。围绕电子政务云采纳的概念包括采纳意向、收集电子政务云知识以进行合理决策、评估电子政务云实施的可行性等。电子政务云采纳是云信任、技术特质、云提供商特质、组织就绪度、外部压力的前置因素，是在这些因素的综合作用下的采纳行为。同时，电子政务云采纳意愿是电子政务云采纳行为产生过程中的第一步，也是后续电子政务云实施的基础。

7.电子政务云吸收

电子政务云吸收指的是在政府部门制定采纳电子政务云决策以后，

分配资源实施决策事项或云迁移，并最终与组织业务规则与流程相匹配的过程，属于采纳后的信息技术部署和实施阶段。

电子政务云吸收包括电子政务云吸收维度和制度化2个副范畴。电子政务云吸收维度是指政府部门实施电子政务云的建设或使用方式，主要包括使用的电子政务云服务的类型、迁移至电子政务云平台的系统数量以及支撑政府业务管理决策的程度。电子政务云制度化是指政府制定相关的云规划与规范，以保证电子政务云实施。

8.电子政务云价值

电子政务云价值是指通过实施电子政务云，给政府部门带来的信息技术价值与效果。它是采纳电子政务云的结果，也是采纳电子政务云的追求目标。电子政务云价值包括信息技术业务价值与信息技术战略价值2个副范畴。

信息技术业务价值是指通过采用电子政务云平台进行应用系统的安装部署从而给政府部门带来信息技术业务上的价值体现。通过实施电子政务云，能够有效降低信息技术部署成本、提高信息技术部署速度、实现系统扩展、实现运维简便等信息技术价值。信息技术战略价值是指通过实施电子政务云平台给政府带来的战略价值。通过引入云平台建设模式，组织能够充分利用云技术优势进行电子政务业务优化，以提高资源利用效率、提高公共服务质量等信息技术战略价值。

（二）选择式编码结果

在选择式编码阶段，通过不断比较，本研究确定了“电子政务云采纳过程”核心范畴。图4-1表示电子政务云采纳过程模型，其中包含了主范畴、副范畴以及相关概念的关系。

图4-1显示了电子政务云采纳过程核心现象的“故事线”：政府部门对电子政务云采纳决策受到电子政务云信任、技术特质、云提供商特质、组织就绪度以及外部压力的直接影响。经过评估电子政务云技术优势与技术风险、云提供商特质与能力，政府部门会选择信任电子政务云，进而采纳电子政务云；而电子政务云采纳的速度受到组织就绪与外部压力的影响，即政府部门需要确定采纳电子政务云的内部外情境条件状况；随着电子政务云的采纳、吸收与制度化，电子政务云的信息技术业务价值与信息技术战略价值开始显现。

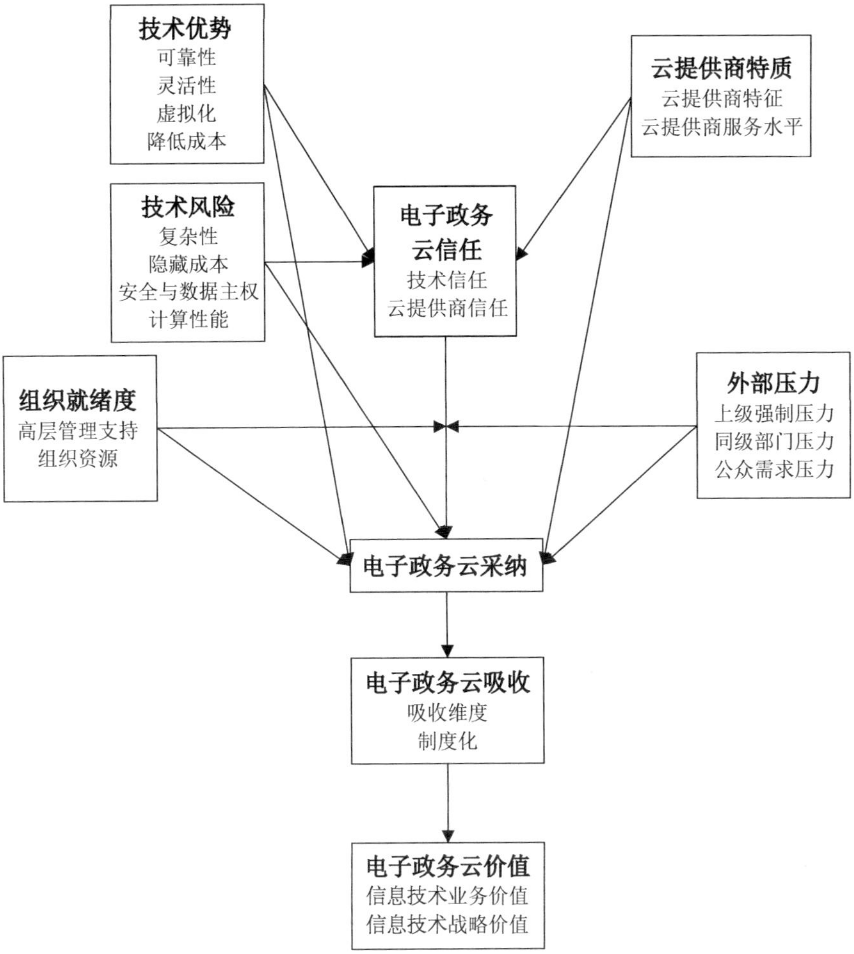

图4-1　电子政务云采纳过程模型

第五节　结果讨论

本研究通过扎根理论探索了电子政务云采纳的关键因素及其构成因子，分析了各因素对电子政务云采纳行为的作用机制，以及电子政务云吸收与价值创造过程，在此基础上探索性地建立了电子政务云采纳过程模型，并得到以下结论：

第一，云信任、技术优势、技术风险、云提供能力、组织就绪度和外界压力5个主范畴对电子政务云采纳行为存在影响。其中，云信任是前置变量，技术驱动和云提供商选择是云采纳行的间接驱动因素，组织准备是内部情境变量，环境刺激是外部情境变量。

第二，5个因素对于采纳的作用机制不同。云计算技术本身并不是政府采纳政务云的直接影响因素，而是通过云信任的加强影响采纳行为，且政府组织的云信任与云采纳行为间的关系同时受到外部情境因素（环境刺激）和内部情境因素（组织就绪度）的调节。对于政府来说，作为近年新兴的信息技术解决方案的云服务仍然是一个创新性的技术服务理念，组织对于云服务的知识和经验还稍显不足。这种情况下，云计算技术本身不能决定政府的采纳行为。而云信任，即组织对于云服务的信任，是政府决定是否采纳电子政务云的关键驱动因素。但这一关系会受到组织准备就绪度的影响。同样，组织面临的来自外部环境刺激的大小也会影响组织是否实施电子政务云的战略决策。

第三，研究还发现，影响采纳的核心因素——云信任不仅是一种技术信任（体系架构、信息安全技术），更是一种管理信任（云服务与云提供商）。当前电子政务发展已不再是购买软硬件的建设模式，而是一种创新形态——购买服务模式。在该模式下，各部门按云资源使用情况支付相应的服务费用，政务云提供商建立完善的服务队伍和体系，负责政务云的运行维护等专业化的技术服务，从而为政府购买服务研究奠定了基础。

第四，电子政务云采纳后，需要进行深度与广度两个维度的吸收，以支持政府部门相关业务，从而实现电子政务云价值。

第六节　本章小结

本章根据典型性原则选择具有典型意义的案例，利用案例研究方法探究电子政务云采纳影响因素和作用机制，就对电子政务云的态度访谈了政府组织中不同的角色（领导、科员、技术人员），然后通过定性方法分析收集的数据。从数据中发现了电子政务云采纳的相关概念，同时提出了系统全面地反映技术、组织和环境因素的整合模型。这项研究在信息技术和信息科学采纳研究领域具有重要的学术贡献。一方面梳理与总结影响电子政务云采纳的关键因素及其影响机制；另一方面探析与归纳电子政务云吸收的价值创造路径。在此基础上，挖掘概念间的关系，并进一步构建电子政务云采纳过程模型，为后续的大样本实证研究奠定基础。

第五章　电子政务云采纳实证研究

信息技术创新在组织中的转变过程可以被视为由信息技术创新采纳到应用，再到信息技术创新吸收融合，最后实现信息技术价值创造的一个过程[281]。在这个过程中，组织进行信息技术投资和采纳是信息技术价值创造的必要前提，因为只有进行了采纳决策才能有后续的吸收行为。为了成功地制定信息技术创新采纳决策，组织需要考虑信息技术创新特质与内外部环境情境等多方面因素的影响。为了真正地实现信息技术创新价值，组织需要有效地使用与吸收信息技术创新，将信息技术创新应用到业务活动与业务流程中。因此，信息技术创新的采纳、吸收与价值实现是一个相互联系的多阶段的统一过程。然而，现有大部分电子政务云研究关注信息技术采纳问题，没有从全过程视角对信息技术采纳、吸收以及价值创造进行深入研究[119]。因此，本研究的第五章至第七章基于探索性案例研究结果，从信息技术采纳过程理论视角出发，分别构建电子政务云采纳模型、电子政务云采纳影响因素组合模型和电子政务云吸收模型，并提出了相应假设，为理论界和实践界理解电子政务云的采纳过程提供了理论依据。在本章中，基于探索性案例研究与理论分析提出研究模型与假设后，利用问卷调查收集的样本数据对电子政务云采纳进行实证研究，对实证研究中变量测量、问卷设计与数据收集、数据分析工具、数据分析与假设检验以及结果与讨论等部分进行详细的阐述。

第一节　电子政务云采纳研究模型

信息技术创新采纳是信息科学研究领域最为流行的研究热点。电子政务云的优势已被许多学者分析与论证，国家政策也不断积极鼓励建设电子政务云平台。然而，由于电子政务云是一种全新技术与服务模式创新，其独特性带来了许多政府管理方面的理论和实践问题。我国电子政务云采纳的比率与程度还远低于电子政务云发展比较成熟的欧美发达国家。在已采纳电子政务云的政府部门中，电子政务云服务与应用的使用率与覆盖核心业务比率都较低。阻碍电子政务云的采纳的原因是多方面的，如认识不清、缺乏财政资金等[88, 100, 118, 119]。因此，为了推进电子政务云在政府部门间的采纳进程、提高部门的采纳率，识别电子政务云采纳的关键因素与作用机制便显得尤为重要。现有信息技术采纳研究表明影响组织采纳信息技术创新的因素是多方面的，一般受技术自身特征、组织条件与外部环境特征的共同作用。

因此，基于技术-组织-环境理论和信任理性，结合双因素理论和制度理论，本节构建了电子政务云采纳影响因素概念模型。建立在多种理论性框架之上的电子政务云采纳整合模型弥补了单个模型对组织采纳行为解释不充分的不足，揭示了在电子政务云背景下政府部门采纳行为的关键影响因素及其内在作用机制，丰富了组织层面，特别是政府领域的信息技术创新采纳行为研究。

首先，组织层面的信息技术采纳理论，即技术-组织-环境理论已广泛应用于信息技术创新采纳影响因素研究中。因此，本研究利用技术-组织-环境理论，从技术特质、组织情境与环境维度识别与探析影响电子政务云采纳的关键因素。其次，在技术特质维度，考虑到电子政务云是属于类型Ⅲ①创新的一种新兴服务模式[80]，它在给政府部门带来相应利益的同时，也带来了一定的不确定性与风险。因此，本研究利用双因素理论视角将电子政务云技术特质分为感知技术优势与感知技术风险。再次，考虑到电子政务云不仅具有一种技术属性，同时还具有服务属性，因此，本研究将引入云提供商服务能力作为技术特质维度中的影响因素之一。最后，在组织与环境情境维度，本研究基于资源基础理论与制度理论确定了组织就绪度与外部压力两个因素。

基于信任理论，本研究认为组织对电子政务云的信任是电子政务云采纳的重要基础，电子政务云信任有利于提高成功应用信息技术创新的期望、减轻信息技术创新采纳过程中的不确定性和风险带来的影响[211, 225]。更为重要的是，为了进一步探究这些直接影响因素对于电子政务云采纳的影响过程与影响机制，本研究将云信任作为技术维度因素与云采纳之间关系的中介变量探究云信任的中介作用，同时探究组织就绪度与外部压力分别对云信任与云采纳关系的调节作用。

综上所述，本研究以技术-组织-环境理论和信任理论为基础，结合双因素理论、资源基础理论与制度理论等构建了电子政务云采纳影响因素概念模型，概念模型如图5-1所示。

---

① 类型Ⅲ创新是Swanson指出的三种创新类型中的一种，即融入业务核心流程的创新。另外两种是仅限于信息科学功能或任务的类型Ⅰ、支持业务管理流程的类型Ⅱ。

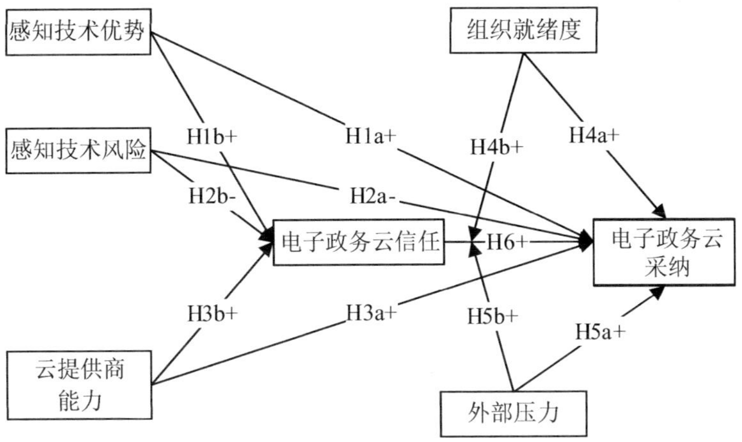

图5-1 电子政务云采纳研究模型

第二节 电子政务云采纳研究假设

一、技术特质

技术特质是组织采纳创新技术的关键因素[160]。以往信息技术创新往往只关注技术本身的特征，例如相对优势、兼容性、复杂性、可试验性与可观察性[79]，而电子政务云不仅具有技术属性，同时还具有服务属性。因此，本研究在技术维度分别考虑电子政务云技术（云计算）特质与电子政务云提供商（云服务提供方）特质对于电子政务云采纳的影响。

在信息技术创新采纳情境中，当组织考虑是否采纳创新技术时，将面临权衡创新技术采纳带来的相对优势和风险问题[78]，如风险-收益权衡[340]、成本效益分析[341]。不同的信息技术创新类型具有不同的属性并对组织起到不同的作用，Swanson指出三种创新类型：仅限于信息科学功能或任务的类型Ⅰ、支持业务管理流程的类型Ⅱ、融入业务核心流程的类型Ⅲ[80]。电子政务云是一种技术创新，同时也是一项服务模式创新，它是将云计算模式融入电子政务领域中，属于Swanson定义的类型Ⅲ创新。它在给政府部门带来相应利益的同时，也带来了更多的不确定性和风险[211]。因此，电子政务云的采纳需要同时考虑促进因素（可扩展性、泛在性、协同支持）以及抑制因素（数据安全、服务质量、标准不一致）的影响作用[186, 189]。本研究基于双因素理论视角，将政府部门对电子政务云技术的感知因素分为两个方面，即感知技术优势与感知技术风险。

（一）感知技术优势（perceived technology benefit, PB）

感知技术优势指组织所能感知的创新采纳带来的收益与价值程度的大小，它是创新采纳的促进因素[63, 78, 185]。相比传统的信息技术，云计算的兼容性、节约成本、易用性、多功能性、协同性、可用性与灵活性[32, 60, 62, 65, 69-71, 192, 251]等技术优势，是促进企业（尤其是中小企业）采纳云计算的关键因素。

对于政府部门而言，电子政务云同样给政府、社会与环境带来预期优势，如易扩展性、易用性、易部署、灾备与易恢复、海量存储、专业化技术支持、效率与协同、降低信息技术运维负担与专注政务工作、可靠服务、低耗与绿色信息技术等优势[11, 34, 42, 106, 109]。政府电子政务云采纳不但可以减少政府信息技术相关支出、提高政府信息资源利用率，还对解决传统电子政务建设瓶颈（重复浪费、各自为政与信息孤岛）以及对电子政务健康集约式发展发挥关键的作用。政府部门对电子政务云技术与服务的预期功能特性的感知（兼容性、低成本、可用性、易接入性、安全和可靠等）将有助于增加政府与公共部门采纳的可能性[86, 88, 100, 342]，因此，感知技术优势越多，政府部门则越倾向采纳电子政务云。

（二）感知技术风险（perceived technology risk, PR）

感知技术风险指组织所能感知的创新采纳带来的预期问题与风险，是创新采纳的抑制因素[63, 185]。从辩证的角度来看，任何事物的存在都具有两面性。云计算作为一种新兴的基于互联网的技术创新还包括一些抑制因素阻碍企业采纳云计算，如复杂性、安全与隐私性能与技术风险[32, 60, 62, 64, 65, 70, 251, 256]。

对于电子政务云，Paquette等从不同的维度（技术、项目、金融、法律政策、管理风险）识别电子政务云的风险来源[37]，如安全与隐私风险、业务稳定性与服务可靠性风险、网络连通风险、失去数据控制与监管主权、系统与数据迁移成本、标准与法律冲突问题、定制化服务成本、提供商依赖问题等[343]。从技术维度的角度来看，由于电子政务信息包括涉密与敏感数据，其安全性是国家与社会稳定的基础，采纳电子政务云意味政务应用系统、数据等迁移至云平台（即电子政务云服务的服务器由云提供商进行运维，并且数据交互都是基于网络的操作）。鉴于政府职能特殊性，政府部门不得不考虑电子政务云的服务可靠性、计算能力与存储性能、数据访问与传输安全性[211]。因此，感知技术风险越多，政府部门越倾向抵制电子政务云采纳。

基于电子政务云双因素（感知技术优势与感知技术风险）的论述与分析，本研究提出以下假设：

H1a：感知技术优势正向影响电子政务云采纳。

H2a：感知技术风险负向影响电子政务云采纳。

（三）云提供商能力（cloud provider competence, PC）

云计算与传统信息技术模式相比，本质的区别在于云提供商能够基于网络平台利用虚拟化技术手段向用户提供按需可定制、自由配置的云服务（存储、计算、基础设施）。随着云计算市场不断扩大，组织关注的不仅是云计算技术的可用性，还关注云提供商能否为用户持续提供可靠的、稳定的服务[191]。因此，当组织进行云计算采纳决策时，还需要考虑云提供商相关因素的影响。Chang等指出提供商在采纳过程中（采纳前、采纳中与采纳后阶段）的技术支持与培训质量是信息技术成功采纳的有力保障[163]。Repschlaeger等提出12个云提供商属性（市场渗透率与服务方式、定价透明性、服务可审计性、提供商简况与公告、云市场准入时间、合同条款、可迁移性、安全与质量、可靠、互操作、可扩展与可用性）能够影响创业企业采纳云计算[254]。其他研究也表明提供商计算支持、云提供商声誉、云提供商能力是影响企业采纳云计算的重要因素[110, 186, 255, 257]。以上研究表明云提供商的特质与能力是企业（尤其是中小企业）采纳云计算的关键因素。

对于电子政务云而言，由于政府公共部门职能的特殊性，其对系统与信息的安全、稳定有较高的标准，政府部门需要根据自身业务特点与系统应用实际需求，对云服务提供商进行服务等级协议性能指标评估和专业度评估[338]。因此，云提供商能否按照政府部门预期提供可靠云服务的技术（稳定性、安全性）与管理（安全措施的科学性、容灾措施可行性、服务规范性、市场准入与退出机制）的能力是采纳决策的重要因素[344]。一般而言，云提供商的技术与管理能力与云提供商的特质有关，如组织性质、财务状况、声誉、品牌影响力以及成功案例。那些资质高、规模大、技术能力强、声誉好的云提供商能够为政府部门提供优质、可靠的电子政务云服务。因此，感知的云提供商能力越高，政府部门则越倾向采纳电子政务云。基于以上分析，本研究提出以下假设：

H3a：云提供商能力正向影响电子政务云采纳。

二、组织就绪度

由于政府部门是电子政务云采纳主体，因此对于电子政务云采纳研究，需要着重关注政府部门的组织情境因素。组织就绪度（organizational readiness, OR）包括组织特性与组织内部可利用资源的支持，它是促进或制约创新采纳和实施的内部情境条件[160]。如组织本身的特性、资源规模与能力大小在一定程度上会影响其采纳创新技术[65，345]。对于政府与公共部门而言，高层管理支持、组织资源、组织规模、信息技术能力、创新文化、信息技术战略规划、任务目标是信息技术创新采纳的影响因素[75，196，263，268，271，275，276，278]。

电子政务云作为一种新兴的电子政务建设发展方式，将给政府部门信息化带来变革与不确定性，是否采纳电子政务云的决策无法通过简单模仿其他部门或以往传统信息技术项目建设经验来完成，而在一定程度上取决于部门高层领导对电子政务云的支持态度与行动。同时，作为一项复杂的技术-组织变革工程，政府部门内部是否储备了必要的资源来支持采纳电子政务云与应对潜在的失败风险，将影响政府部门对于电子政务云的采纳态度。在电子政务云的环境下，政府部门的高层管理支持与组织资源是影响电子政务云采纳的两个关键组织情境因素，同时也是组织就绪度的两个组成因素[71，78]。基于资源基础理论（resource-based view, RBV）[346]，一些学者认为信息技术采纳的关键在于资源就绪度[347]。因此，本研究利用组织就绪度反映政府部门对电子政务云采纳的管理支持与资源准备情况[71]，即高层管理支持与组织资源。

（一）高层管理支持

高层管理支持是指组织内部具有决策权的领导对创新的认可与支持态度[339]。一般而言，组织战略制定过程都会受到组织内外部因素的影响，组织高层会权衡利弊做出决策。因此，组织的战略制定更像是组织高层决策者态度与行为的体现[348]。可见，高层支持对信息技术创新采纳起到了决定作用，他们（组织的“一把手”）能够指导资源配置（人力、物力、财力）、部门优化与组织整合、业务流程再设计与内部部门间沟通协调[32]。

云计算属于一种新兴的技术与服务模式创新，其采纳过程很可能带来组织管理、职能、结构与业务流程的变革，同时引发不确定性与变革失败的风险。因此，拥有职权和资源控制能力的高层领导就对云计算的采纳起到关键作用[100，196，263，268，342，349]。尤其在“领导为中心模式”与

"行政长官负责制"的行政体系内，电子政务云的解决方案一般是由最高管理者负责与监督推动的，高层对于电子政务云的认识和积极态度能够为实施云平台提供重组的资源支持、进行必要的部门协调[88, 119]。

（二）组织资源

组织资源是组织拥有的、能够直接控制与运用的各种资源要素，主要包括人力、物力和财力资源，这些要素是组织采纳与实施技术创新所必需的[65, 258]。组织资源反映了组织采纳一项技术创新的各类可用资源的状况，用来判定组织是否已经准备好了足够的资源来承担对技术创新的采纳[350]。充足的组织资源对于组织创新采纳行为具有正向影响作用[163]，尤其是财务资源[351]。

对于政府而言，政府部门资源对于信息技术创新采纳同样重要，尤其是财政资源与人力资源[196, 263, 268, 271]。一般而言，财政预算专项资金是政府部门信息化建设与维护的主要资金来源，资金往往用于业务系统建设、信息技术运维与信息技术人员费用支出。作为一项新兴的技术创新模式，电子政务云的采纳（系统、数据迁移等）是一项复杂、巨大、长期的系统工程，势必需要耗费大量的人力、物力和财力资源。如果政府部门拥有富足的预算资金、充足的技术人员支持、富余的时间以及经验丰富的高层管理者参与，那么将会提升电子政务云采纳的可能性[65, 163, 276]。组织掌握的资源越多充足，抵御失败的风险承受能力则越强，进而更有实力尝试信息技术创新。而资源不充裕的组织，由于抵御风险能力低，一般不会尝试采纳新兴技术创新[32]。

综上所述，政府部门对电子政务云采纳的管理支持与组织资源的就绪度越高，政府部门更容易采纳电子政务云。

H4a：组织就绪度正向影响电子政务云采纳。

三、外部压力

外部压力（external pressure, EP）关注影响组织技术创新采纳的外在约束与可行条件[160]。任何类型组织的管理决策行为，都会受到组织外部环境状况的作用。因此，管理决策行为应该放入一个社会环境背景下进行综合考虑。制度理论有效地解释了外部环境中制度压力对于技术创新采纳的重要作用[195]。已有研究表明，企业采纳信息技术创新的决策受到外部不同制度压力的显著影响，如政府或供应商的强制压力、专业机构的规范压力、竞争对手的模仿压力等[60, 64, 186, 200]。与企业等私人部门简单追求经济利益不同，政府与公共部门与外部环境利益相关方的关系更为密切，其战略目标与价值体系也更为复杂[352]，由于关注标准化和规范化而产生的科层组织模式（官僚主义）使得政府部门的行为比私人部门更需要符合制度合法性。因此，政府与公共部门的管理决策行为在很大程度上与其所处的制度环境有关[196，270]。

本研究利用制度理论中的强制压力来分析与解释影响政府部门采纳电子政务云的外部压力。基于强制压力的概念[175]，外部压力指的是"政府部门依赖的组织施加给部门的正式外部压力，以及公众的期望"[78]。因此，对于电子政务云而言，政府部门受到上级（中央）政府、同级或有密切联系的其他政府部门以及社会公众期望的影响[100，342]。

（一）上级（中央）政府压力

众所周知，政府部门遵循科层等级的治理方式要求下级部门的组织结构与行为必须严格遵守上级部门政策[196，353]。因此，对于政府部门而言，中央（上级）政府的电子政务发展政策[278]、中央财政拨款[268，274]、最高领导人政治支持[260，264，269，273]，都是地方政府部门采纳信息技术创新的重要影响因素。拥有权力的上级（中央）政府对于云计算与政务应用结合的高度重视，将云计算定位成推进电子政务集约式发展的创新技术并鼓励地方政府进行电子政务云迁移。这种通过行政命令的调控被称为上级的强制压力[196]，这种压力使得政府部门倾向与采纳电子政务云，其建设过程会呈现一种自上而下的建设过程[349]。

（二）其他政府部门压力

政府部门一般处于一个相互联通的网络中[354]，以实现跨政府部门的业务处理与信息共享。当与其他政府部门（垂直或同级）业务协同与数据共享联系紧密时，则会出现对于其他部门的依赖，例如省级财政厅需要人民银行（垂直部门）的财税库银信息、省级财政厅需求省公安厅（同级部门）的户籍比对信息。这便带来了地方政府部门要与已经被广泛接受的管理标准保持一致的压力[353]。同级或有密切政务联系的其他政府部门对于电子政务云的重视与采纳行为，将迫使相关政府部门趋向这种"云化"潮流，采纳电子政务云平台以保证与其他部门的业务协同与数据互联。

（三）社会公众期望

电子政务发展的目的之一是为社会公众提供优质的公共服务能力，而政府部门往往会受到公众要求采纳某种技术或政策的压力[353]。因此，公众的期望是政府技术创新采纳的重要因素[264，267，278]。随着越来越多的公众利用网上公共服务办理相关业务，公众对于进一步简化网上业务办理程序、推进“一站式”服务进程、提高办事效率的期望不断提高，迫于公众期望政府部门需要采纳电子政务云以整合分散的政务信息资源（系统应用与数据）。

综上所述，政府部门面临的外部压力越大，就越倾向于采纳电子政务云。

H5a：外部压力正向影响电子政务云采纳。

四、电子政务云信任

在信息科学创新采纳研究情境下，信任对于信任方与被信任方的关键作用得到了广泛验证[207, 211]。因此，基于电子政务云特殊性（政府信息资源存储托管于公共云平台）的认识，本研究认为在信任方（政府部门）与被信任方（电子政务云）之间存在信任问题，并认为信任对采纳决策起到关键作用。

一般，信任是指信任方对被信任方的主观认识与信赖[207, 216, 355]。在信息技术采纳研究中，信任指的是采纳主体就采纳客体满足服务或兑现承诺的预期[211]。当在组织相信创新技术的特定属性能保证相应业务顺利完成的前提下，组织才倾向于采纳该创新[205, 225]。对于企业而言，如果信任缺失，即使倾向采纳云计算的组织也可能采取观望态度直到云计算市场成熟[63]。

电子政务云属于公共云平台，在基于网络的云服务背景下，采纳电子政务云服务意味着政府涉及敏感与关键数据时需要迁移至第三方云平台，那么政府部门由于失去数据控制权而产生数据安全风险[24, 36, 128]。这里就涉及政府部门对于电子政务的信任问题。已有研究表明信息技术信任能够帮助组织提高成功应用信息技术创新的期望、减轻信息技术创新采纳过程中的风险和不确定性带来的影响，进而促进信息技术创新采纳意愿[205, 211]。因此，政府部门对于电子政务云模式的信任程度越高，则越能提高政府部门采纳电子政务云的可能性。

H6：电子政务云信任正向影响电子政务云采纳。

五、云信任的中介作用

尽管很多前期信息技术创新采纳研究讨论了技术特质与信息技术采纳的关系[78, 162, 171]，但缺少对技术特质与信息技术采纳影响过程（即影响机制）的关注，现有的云计算采纳[70, 192]与电子政务云采纳也不例外[82, 85, 88]。本研究通过分析电子政务云信任的来源进行探讨电子政务云技术特质与云提供商对于电子政务云采纳的作用机制。

（一）电子政务云技术信任

以往研究表明技术属性影响信任的建立，如McKnight等认为信息技术的帮助性、可靠性与功能性能够提高信息技术信任[205]，Li等认为可靠性与安全性能提高云计算信任[211]，Koufaris和Hampton-Sosa研究发现网站的有用性、易用性与安全性是信任的重要前因[215]。

基于已有研究结果，本研究认为电子政务云的技术特质在一定程度上能够影响电子政务云信任的建立，并进一步影响电子政务云采纳[337]。一方面，基于云计算的电子政务服务模式，它的技术优势特质（可扩展性、虚拟化、海量存数、易部署、按需收费）是提供可靠的、安全的云服务保障[7, 15, 126]，并实现节省信息技术成本、提升电子政务效率目标。因此，政府部门所感知到的电子政务云技术优势越多，则越倾向于信任电子政务云，进而越倾向于采纳电子政务云。另一方面，电子政务云公共平台的服务器维护主要由云提供商负责，且数据存储、处理和传输都是基于网络的操作，这使得政府数据存在信息泄露、丢失和滥用风险。政府部门会因风险而降低对电子政务云的信任。因此，政府部门所感知到的电子政务云技术风险与不确定性越多，其对电子政务云就越不信任，进而不倾向采纳电子政务云。

综上所述，本研究提出以下假设：

H1b：感知技术优势正向影响电子政务云信任。

H1c：云信任在感知技术优势与云采纳的关系中起中介作用。

H2b：感知技术风险负向影响电子政务云信任。

H2c：云信任在感知技术风险与云采纳的关系中起中介作用。

（二）电子政务云提供商信任

信任对于基于互联网的商业模式（电子商务、网上银行）成功具有决定性作用。已有学者研究表明经济社会环境中的实体在对新事物不太熟悉的情况下，初始信任在实体对新事物的态度上存在较大的影响[213, 215, 356]。电子政务云为政府部门提供了基于网络云平台的信息化建设方案，然而相当一部分政府部门与部门领导对于电子政务云的服务模型与信息交互机制并不熟悉[119]。因此，初始信任在一定范围内显著影响政府部门的采纳行为。

初始信任的来源包括制度相关和环境相关的因素[207]。制度相关的信任主要包括组织（被信任方）的特质，例如规模、能力、诚信度、慈善公益、市场领先地位、声誉或品牌影响[207, 210, 215, 357]。环境因素则是指与结构保障相关的，能够增强信任的因素，如服务承诺等[218, 357]。

政府在采纳电子政务云的过程中，需要将系统与数据存储于公共平台。因此，云提供商的制度因素与结构保障能力便成为增强政府部门对电子政务云信任的关键[253, 337]。一方面，若云提供商有良好的业界口碑、众多的成功案例，并处于云计算服务市场领先地位，则反映出云提供商具有成熟领先的技术与服务能力，使得组织相信其能够胜任提供可靠安全云服务的任务，并能满足组织用户的可定制化需求[186, 257]，进而使组织更倾向于向电子政务云平台进行迁移。另一方面，云提供商还是结构保障的主体，云计算作为一种服务模式创新，云提供商能否按照服务等级协议承诺，采用多种技术和解决方案去监控和管理云服务性能（数据保护、连续性和可靠性）来满足客户服务等级协议中相关需求的能力是组织信任云服务的前提[254, 255, 257]。这种云提供商提供的结构保障（承诺、协议、合同、规定与保证）能力有助于减轻组织采纳云服务的焦虑，增强组织对电子政务的信心，这使得组织更相信自身的权益在使用云服务过程中得到充分的保障，也在一定程度上影响组织倾向采纳云服务[32, 207, 225]。

综上所述，电子政务云提供商能力越强，政府部门越信任电子政务云，并越倾向采纳电子政务云。

H3b：云提供商能力正向影响电子政务云信任。

H3c：电子政务云信任在云提供商能力和电子政务云采纳的关系中起中介作用。

六、组织就绪度与外部压力的调节作用

组织所处的环境可以分为内部环境与外部环境，两者对于组织行为形成与变化具有重要影响作用[160]。在信息技术创新采纳研究中，Sun和Zhang指出[358]：采纳行为受到组织、技术及个体因素的调节作用影响，组织在通过对信息技术创新优势、风险的评估并建立信息技术创新信任之后，往往还会判断自己是否已经具备采纳信息技术创新的内部环境条件（资源是否充足、高层是否支持）与外部环境条件（政策是否允许、利益相关方是否满意），并作为付诸行动的基础[164]。因此，在电子政务云采纳情境下，本研究认为基于云技术与云提供商特质的电子政务云信任能够为电子政务云采纳决策提供驱动力来源。但是，这仅仅在主观上构成了电子政务云采纳动力的认知与信任基础，政府部门能否最终采纳电子政务云，取决于政府部门是否有足够资源支持与较

大的外部压力。

（一）组织就绪度的调节作用

已有研究表明，组织结构[359]、组织资源、高层支持[360]、组织文化[361]等组织特征对组织战略执行与行为变动具有促进作用，即在组织行为变动中起到调节作用。例如，冗余资源与资源承诺对组织双元战略[362]、战略执行速度[363]、组织遗忘[364]、环保创新实践[365，366]、组织忘却学习的变革维度[367]与组织绩效或创新绩效之间的关系起调节作用。

在信息技术采纳领域，组织的信息技术采纳与前因因素（信息技术特质或信息技术意识）的关系会受到组织文化、竞争战略[351，368]、组织经验[369]等组织相关因素的调节作用。例如，Damanpour和Schneider指出高层管理特征在信息技术特质与信息技术采纳之间起调节作用[262]。Lee和Shim指出组织资源准备在射频识别技术启动或推动因素（技术推动、需求推动、竞争）与射频识别采纳之间起调节作用[370]。基于已有研究学者的思路，本研究进一步探析组织就绪度（高层管理支持与组织资源）在电子政务云信任与政务云采纳的关系中所扮演的角色。

电子政务云的采纳、实施与部署是一个长期、复杂的系统工程[119]。以应用和数据进行云迁移为例，一般需要制定迁移计划、原有系统环境与数据结构分析、向云实现迁移、运行监管等步骤。为确保云迁移成功，需要进行方案评估、架构设计、改造咨询、诊断优化、测试支持等服务，这就需要组织得到高层的支持并具备充足的组织资源。可见，在组织就绪度较高时，即部门拥有较多的可用资源、更多的高层重视与支持，其进行电子政务云战略变革的内部基础条件越丰富[371]，就越能保障电子政务云采纳后续步骤的顺利进行并减少政府部门的顾虑。因此，这有助于提升对电子政务云的信任付诸云采纳的速度。当组织就绪度较低时，即部门的“云化”策略得不到相应的资源或资源承诺、高层支持与重视，这意味着即使部门信任电子政务云，但受困于组织就绪度限制也会使部门减缓甚至搁置电子政务云采纳进程。这是因为如果此时采纳电子政务云，在实施过程中一旦出现资源紧缺，云采纳活动就会失去持续性，有可能增加云项目延期甚至失败的风险。因此，本研究提出如下假设：

H4b：组织就绪度在电子政务云信任与电子政务云采纳的关系中起到正向调节作用。

（二）外部压力的调节作用

在经济社会环境中，组织会以合法合理的行为方式来维持组织目标，当组织为了资源、政治权利、利益而竞争时[175]，组织就会面临着符合这些观念和行为的压力。

已有研究表明，外部环境因素（制度环境、竞争环境、不确定性）是调节组织行为的外部关键因素。例如，制度环境对组织冗余[372]、环境规制[373]、开放式创新[374]、绿色供应链管理[375]与组织创新绩效之间的关系具有调节效果；环境竞争性、环境动态性或环境不确定性对流程资本[376]、信息技术能力[377]、探索式创新[378]、技术战略[379]、战略执行速度[363]与组织绩效之间的关系具有调节效果。

在创新采纳研究领域，Wu等研究发现制度压力（规范压力与竞争压力）对绿色供应链管理驱动因素与绿色供应链管理采纳之间的关系起调节作用[380]。

基于已有研究学者的思路，本研究进一步探析外部压力对电子政务云信任与政务云采纳的关系中所扮演的角色。随着云计算服务环境的不断成熟，越来越多的政策压力、更多的其他政府部门采纳案例以及更高的公众需求会促使政府部门对电子政务云的应用不断进行探索，以及使用新的云计算技术手段解决更复杂的政务问题并提供更优质的政务服务。Kim等[197]、Teo等[195]、Tsai等[202]、梁强等[198]研究表明从制度理论的视角看外部压力会促使组织行为改变。可见，在外部压力较高的环境下，即政府部门相关利益方施加较高的压力，比如中央政府的电子政务云建设政策压力与“政治任务”，政府部门便有较大的可能在信任电子政务云的基础上，加速制定基于云计算的电子政务发展规划与实施方案、配备相应的必备资源、提高组织全员对于云计算技术的重视以推进采纳电子政务云建设进程，确保与中央政府战略一致、与其他部门云战略一致并满足公众需求。当外部压力变低，即缺少强烈的外部刺激（中央政府压力、其他部门压力与公众需求压力）时，政府部门及部门领导由于技术风险与不确定性、外部条件不成熟而保持以往的信息技术建设模式，通过采纳电子政务云来增加信息技术资源利用程度与效率的积极性也会降低。

因此，本研究提出如下假设：

H5b：外部压力在电子政务云信任与电子政务云采纳的关系中起到正向调节作用。

第三节 研究方法

基于探索性案例研究与理论分析提出研究模型与假设后，本研究将利用问卷调查收集的样本数据对电子政务云采纳影响机制进行实证研究。本节将对实证研究中变量测量、问卷设计与数据收集、数据分析工具、数据分析与假设检验以及结果与讨论等部分进行详细的阐述。

一、变量测量

一般而言，为了提高研究中变量测量的准确性与稳定性，已有研究表明最有效的方式是应用大部分学者使用过的、被证实具有良好信度与效度的测量工具。因此，本研究中所要测量的变量为潜变量，为了确保测量题项的一致性，提高测度的信度，本研究将利用多个题项对潜变量进行测量，而测量题项大部分来源于信息系统实证文献中的成熟量表。

对于电子政务采纳模型中涉及变量的测量方法见表5-1。其中，感知技术优势、感知技术风险改编自Hsu等人[63]的研究，云提供商能力改编自Heart[257]的研究，云信任改编自Oliveira等[32]、Pavlou和Gefen[381]等人的研究，组织就绪度改编自Yang等人[71]的研究，外部压力改编自Wang和Lo[78]的研究，云采纳改编自Martins等[60]、Chan和Chong[181]等人的研究。

表5-1 电子政务云采纳模型的变量测量项

变量	题号	题项描述	参考文献
感知技术优势	PB1	电子政务云能按照部门需求提供可定制的云服务	Hsu等[63]
	PB2	电子政务云能减少信息技术部署周期	
	PB3	电子政务云能容易实现云端数据共享与分析	
感知技术风险	PR1	电子政务云存在机密信息泄露与数据安全问题	Hsu等[63]
	PR2	电子政务云难于与以前的信息技术系统集成	
	PR3	电子政务云难以提供可靠的服务质量保证	
	PR4	电子政务云存在网络传输速度差问题	
组织就绪度	OR1	部门筹备资源采纳电子政务云，如专项资金	Yang等[71]
	OR2	上级部门协助采纳电子政务云，如技术、规划支持	

续表5-1

变量	题号	题项描述	参考文献
	OR3	部门高层管理鼓励电子政务云的使用与建设	
外部压力	EP1	上级(中央)政府重视电子政务云的应用	Wang和Lo[78]
	EP2	很多其他部门都非常重视电子政务云的应用	
	EP3	公众期望电子政务云的应用,如提高网上办事效率	
云提供商能力	PC1	云提供商处于电子政务云市场领先地位	Heart[257]
	PC2	云提供商具有业界口碑、成功案例等荣誉	
	PC3	云提供商具有较高的技术服务能力	
	PC4	云提供商具有较高的管理服务能力	
电子政务云信任	TR1	电子政务云服务是值得依赖的	Oliveira 等[32]; Pavlou 和 Gefen[381]
	TR2	电子政务云服务是安全可靠的	
	TR3	电子政务云服务是值得信任的	
电子政务云采纳	AD1	部门打算尽可能使用电子政务云服务	Martins 等[60]; Chan 和 Chong[181]
	AD2	部门收集电子政务云的相关信息,并有可能使用它	
	AD3	部门已进行了初步尝试来评估电子政务云服务	

二、问卷设计与数据收集

(一) 问卷设计

实证数据的收集是本研究的重要步骤，不同来源与质量的数据能显著影响研究方法的选择与研究发现的有效性。本研究是关于政府组织研究，云计算技术（电子政务云）处于推广应用时期，政府部门的信息技术架构与应用系统还没有完全符合或迁移至电子政务云平台，并且电子政务云的应用涉及政府涉密数据与安全，政府部门一般不会向社会公开电子政务云的相关的使用情况与部门效率等信息云（本研究涉及的数据仅是能够获取的大部分统计数据，如山东省省级电子政务公共服务云平台部署了39个部门的44个业务应用系统）。因此，本研究选择问卷调查的方法进行数据的收集，用以验证理论概念模型。

科学地设计调查问卷获得有效的数据是提高统计分析可靠性的关键。

本研究参照Dunn等[382]、马庆国等[383]研究的建议，按照以下步骤来进行问卷设计：

1.文献回顾和田野调查

基于云计算与电子政务云采纳、信息技术吸收与信息技术价值等有关文献的充分阅读和梳理，本研究重点参考信息科学研究领域的权威理论以及在国际著名期刊中已被广泛使用的测量量表来设计本研究变量的测量题项。由于大部分变量的操作性题项来自英文文献，本研究按照Brislin建议的方法[384]，对参考的英文问题描述进行翻译与回译程序，以保证语义一致性并确保题项的准确性与可靠性。具体而言，首先本研究将参考英文文献中涉及变量的操作性题项翻译成通顺的中文表述形式，并根据电子政务云情境进行适当精炼和修正。然后，由具备旅美留学经历的课题组导师翻译成中文表述形式的操作性题项再重新翻译成英文表述形式。最后，本研究团队对存在分歧的操作性题项进行了讨论和修正，直到达到“可靠、易理解”的标准为止，形成本研究的初步调查问卷。

根据初步调查问卷形成2份政府部门访谈提纲，通过和山东省的云计算服务商——山东省计算中心战略发展与标准研究团队的合作，跟随山东省、济南市、东营市电子政务绩效考核工作深入到多家拟采纳和正在应用电子政务云的政府部门进行田野调查，对所要研究的理论构思进行修正。基于现场调查资料、电子政务云研究情境，本研究对测量量表的描述进行了改编，使其更加符合本研究的情境，最终形成本研究问卷的初稿。

2.领域专家的讨论和指导修正

在问卷的初稿形成之后，在包括1位教授、3位副教授、1位讲师、3位博士后、7位博士生及10余位硕士生构成的学术讨论小组进行汇报，在广泛征求各位老师和研究生的意见后，进一步对问卷题项的表述进行完善，形成了本研究问卷的第二稿。

3.政府信息部门管理者的讨论指导修正

通过与使用电子政务公共云平台的多家政府部门的分管领导和科员进行深入的交流和探讨，就本调查问卷的变量题项的可理解性等问题征求意见和看法。基于此，对问卷进行进一步的完善以形成问卷第三稿。

4.问卷预测试，形成最终问卷

研究团队将基于以上步骤设计的问卷在一部分政府信息技术工作人员、云服务信息技术人员中进行了小规模的前测。根据信度与效度等指标对部分题项进行了修改，把表述不清楚的问题进行了进一步完善以确保题项含义易于理解，在此基础上形成最终的调查问卷。

本研究的调查问卷主要涵盖三部分：第一部分是基本信息，包括政府部门信息与填写问卷人员的个人信息，要求应答者直接填写或选择相应的答案选项；第二部分是对电子政务云的认识或者应用情况；第三部分是本研究涉及变量的五级评分式李克特量表。数字的含义由1到5分别表示为1=完全不同意，2=不同意，3=不清楚/中立，4=同意，5=完全同意。电子政务云采纳调查问卷如附录Ⅱ所示。

（二）数据收集

对于电子政务云采纳影响因素问卷发放与收集：问卷调查主要通过纸质和电子问卷（邮件）的形式进行。问卷收集工作从2014年10月开始至12月结束。期间，研究团队跟随2014年度电子政务绩效评估工作，对考核的省级（山东省）预算部门以及市级（济南市、东营市、潍坊市）预算部门（政府组成部门、直属机构、部门管理机构）进行问卷发放，这样有效地保证了问卷的准确性与真实性。基于“关键知情人”方法，本研究确定调研对象为熟悉电子政务云的角色，如政府预算部门信息技术分管领导、信息技术科室（信息中心）领导或科员，因为以上角色对部门的信息化情况的了解相当全面。在本问卷收集过程中，并不要求被调查者所属的部门采纳过或者使用电子政务云服务。在合作机构（山东省计算中心）的帮助下研究团队完成了发放和收集问卷，提高了数据的真实性以及问卷的回收率与有效率。在此期间，共发放问卷192份，实际回收170份，剔除由于关键信息填写缺失等造成的无效问卷后，剩余166份有效问卷（省厅级部门47份、市局级部门119份），有效回收率约为61.92%。无效问卷的筛选标准为：问卷关键题项的回答缺失3个以上，问卷数据出现前后矛盾选项，连续大面积出现相同值的题项。

三、数据分析方法

数据分析使用偏最小二乘结构方程模型方法和Smart PLS 3.0软件评估测量模型和结构模型[385]，并在“组态”视角下利用fsQCA 3.0软件探索前因条件和结果的集合关系[386]。

这两种方法重点不同，依据的原则也不同[387]。偏最小二乘结构方程模型是一种变量为导向的技术，专注于自变量对因变量的净效应。它将自变量视为解释因变量变化的竞争变量，并依赖于叠加效应、线性和单向的原则[388]。相反，模糊集定性比较分析是一种以案例为导向的技术，专注于组合效应。它假设了复杂的因果关系，并关注条件和结果之间的不对称关系，并假设了多种途径和解决方案导致相同结果的等同性[387]。它还考虑了多重结局，在多重结局中，相同的条件可能导致不同的结果。它还关注因果关系，即条件的因果组合可能是实现结果的必要或充分条件，而它们的构成条件可能既不充分也不必要[389]。当检测由未观测到的异质性引起的影响时，模糊集定性比较分析被认为是偏最小二乘结构方程模型的适当补充分析，因为它解释了变量如何组合影响结果的发生[388，390-393]。因此，许多研究使用对称的偏最小二乘结构方程模型方法和非对称的模糊集定性比较分析方法对所提出的模型进行了实证检验，以分析复杂情况下的因果关系，如技术采纳[394，395]、组织学习[396]。

（一）偏最小二乘结构方程模型

基于方差的偏最小二乘结构方程模型方法是一种对称建模方法，广泛用于各种研究[304，397]。偏最小二乘结构方程模型能够估计包含许多构念、指标变量和结构路径的复杂模型，而无需假设数据服从正态分布，当研究重点是预测而非模型验证，同时研究样本量较小时，通常推荐使用这种方法[385，397]。Hair等归纳总结了选择偏最小二乘结构方程模型进行研究的情况：

（1）分析是从预测的角度检验理论框架；

（2）结构模型是复杂的，包括许多构念、测量指标和关系路径；

（3）研究目的是通过对已有理论的理论扩展的探索，更好地理解日益增长的复杂性（理论发展的探索性研究）；

（4）路径模型包括一个或多个形成型测量的构念；

（5）该研究包括财务比率或类似的数据；

（6）本研究基于二手资料或档案资料，可能缺乏以测量理论为基础的具体实证证据；

（7）数量较少限制了样本量，但偏最小二乘结构方程模型也适用于大样品数量；

（8）数据分布不服从正态分布；

（9）研究需要潜变量得分进行后续分析。

由于本研究的研究目标是探索电子政务云采纳的关键因素，同时样本数据较小（已满足分析的标准），且数据不服从正态分布，所以选择偏最小二乘结构方程模型作为数据分析方法。另外本研究确定Smart PLS 3.0作为数据分析的工具。Smart PLS 3.0不仅对非正态分布数据、小样本数据、形成性测量模型、单一测量指标的处理具有优势，还能直接展现信度、效度结果指标。Smart PLS 3.0还弥补了整体模型拟合的评价指标较少的不足（仅可利用R^2评估模型拟合度），添加了标准化根均方残差（standardized root mean square residual, SRMR）、规范拟合指数（normed fit index, NFI）、卡方、欧氏距离平方（squared Euclidean distance, d_ULS）、地理距离（Geodesic distance, d_G）等指标。

（二）模糊集定性比较分析

模糊集最初由Ragin提出[398]，是一种基于集合的理论，深入分析不同条件对某一特定结果的因果贡献的方法[389, 399]。模糊集可以区分各种复杂形式的因果关系，例如，因果条件的组态（不只是单个原因）；殊途同归性，即有多个因果路径导致结果的发生[387]；多重结局，即相同的条件可能导致不同的结果的多重结局；因果关系同时发生，即条件的因果结构可以是导致结果的必要或充分条件，而它们的组成条件可能是充分的、必要的[389]；因果不对称，即结果缺失的原因可能不仅仅是没有出现的原因[386, 387, 400, 401]。

在日常生活中的因果复杂性的背景下，结果往往来自不同的因果条件组合，而不是任何一个单独的条件[389]。模糊集定性比较分析是一种结合模糊集和模糊逻辑的非对称方法[402]，是唯一适合于分析因果过程，对于原因如何组合产生结果的问题提供一种组态视角，并处理显著水平的因果复杂性[400]。因此，模糊集定性比较分析在社会科学领域被广泛应用于因果关系评估，如战略和组织管理[400, 403]、信息管理[392, 404]。

第四节　数据分析与结果讨论

本节对通过正式调查问卷获取的数据进行统计分析，对云采纳影响因素与作用机制进行实证研究，包括对收集数据的描述性统计，测量模型、结构模型检验，定性比较分析及结果讨论等。

一、描述性统计

参与调查政府部门的统计性描述见表5-2。总体说来，本次调查收集的样本涉及不同性质和级别的部门，还涉及不同的信息技术投入预算，具有一定的代表性。

参与问卷调查的被调查者统计性描述见表5-3。

表5-2　部门信息的描述性统计表(n=166)

描述项	选项	频数	百分比
部门性质	政府机关(组成、直属、部门管理机构)	152	91.57%
	事业单位	14	8.43%
部门级别	省厅级	47	28.31%
	市局级	119	71.69%
信息化领导小组	已成立	137	82.53%
	未成立	22	13.25%
	未填写	7	4.22%
信息中心或支撑单位	已成立	102	61.45%
	未成立	58	34.94%
	未填写	6	3.61%
部门信息技术投入预算	0～50万	60	36.14%
	50万～100万	19	11.45%
	100万～200万	15	9.04%
	200万～500万	26	15.66%
	500万～1000万	16	9.64%
	1000万～2000万	12	7.23%
	2000万以上	8	4.82%
	未填写	10	6.02%
电子政务人数	0～10人	66	39.76%
	10～20人	47	28.31%
	20～50人	32	19.28%
	50人以上	12	7.23%
	未填写	9	5.42%

表5-3 被调查者信息的描述性统计表（n=166）

描述项	选项	频数	百分比
性别	男	141	84.94%
	女	25	15.06%
文化程度	高中/中专/职高及以下	5	3.01%
	本科/大专	120	72.29%
	研究生及以上	41	24.70%
年龄	20～30岁	66	39.76%
	30～40岁	98	59.04%
	40岁以上	2	1.20%
行政级别	科员及以下	51	30.72%
	科级	113	68.07%
	处级及以上	2	1.20%

本研究还对政府部门的电子政务云的认识与采纳意向进行了统计工作，主要是从政府部门对云服务的认知、服务意向等几个方面进行统计（见表5-4）。在调研的部门中，有41.57%的部门不愿意将现有信息系统迁移至云计算公共服务平台，造成这种现象的主要原因是大家对云计算的了解不够深入或理解有偏差。

近半数（44.58%）的部门仍然坚持自建机房、自主管理的传统模式，并倾向于部署私有云。各部门对于公共平台的顾虑主要集中在：迁移后对自己独有数据的控制权会弱化；数据对保密性的要求高，不宜放在公共平台；已建系统向云平台的迁移太复杂；对现有机构和基础设施的改变带来不便；对公共平台的安全保障有担忧。随着公众对电子政务服务的要求不断提高，为解决当前电子政务建设中出现的各种问题，开展电子政务云是必然的趋势。因此，提高各单位对云计算的认识是开展电子政务云的首要工作。

表5-4　电子政务云认识基本情况统计表

描述项	选项	频数	百分比	选项	频数	百分比	选项	频数	百分比
对云计算技术的了解程度	很熟悉	4	2.41%	了解一点	85	51.20%	未填写	8	4.82%
	熟悉	52	31.33%	不了解	17	10.24%			
是否知道云服务的概念	很熟悉	5	3.17%	了解一点	86	51.81%	未填写	6	3.61%
	熟悉	55	33.13%	不了解	14	8.43%			
认为云计算模式能给单位信息化带来哪些好处(可多选)	建设成本更低	83	50.00%	运维费用更低	76	45.78%	无	1	0.79%
	效率更高	120	72.29%	资源共享	93	56.02%	未填写	20	12.05%
	安全性更高	54	32.54%	资源集成	85	51.20%			
目前单位在云计算的使用方面处于哪个阶段	暂时观望,还需了解	93	56.02%	已开始使用公共云服务平台	9	5.42%	同时使用公共云与私有云	1	0.79%
	已开始规划	44	26.51%	已部署了私有云	12	7.14%	未填写	7	4.22%
云计算平台期望模式	自建机房,自建机房	74	44.58%	租赁服务器、机房与网络,应用软件自主购买	23	13.86%	同时自建机房与托管至数据中心	3	1.59%
	自购设备,托管至数据中心	24	14.46%	软硬件完全租赁,委托管理	27	16.27%	未填写	15	9.04%
希望自云计算平台获取的服务(多选)	云主机	72	43.37%	大数据分析	68	40.96%	云应用	57	34.34%
	云存储	99	59.64%	云桌面	36	21.43%	未填写	8	4.82%

续表5-4

描述项	选项	频数	百分比	选项	频数	百分比	选项	频数	百分比
希望自云计算平台获取的服务(多选)	虚拟数据中心	63	37.95%	云灾备	73	43.98%			
	设备托管	52	31.33%	云盘	38	23.02%			
是否愿意将现有信息系统迁移至云计算公共服务平台				愿意	72	43.37%	无所谓	19	11.45%
				不愿意	69	41.57%	未填写	6	3.61%
是否愿意或有意向使用云计算公共服务平台				愿意	95	57.23%	无所谓	24	14.46%
				不愿意	42	25.30%	未填写	5	3.01%

二、共同方法偏差

共同方法偏差（Common method bias, CMB）是由于数据来源于同一方法所造成的预测变量与目标变量之间的人为的共变性，如同样的样本来源或受访者、同样的测量环境、测量语境以及测量本身特征[405]。共同方法偏差是可归因于测量方法而不是研究构念的一种偏差，在偏最小二乘结构方程模型的背景下，共同方法偏差是一种由结构方程模型研究中使用的测量方法引起的普遍现象，而不是由所研究模型中的因果网络引起的。如果测量受到共同方法偏差的影响，则测度之间的相关性会因多种因素而被放大或缩小，即共同方法偏差可能会影响研究结论的有效性，甚至导致对研究结论的误解[304]。因此，有必要对共同方法偏差进行评估。

本研究在设计研究问卷的过程中，遵循了一系列的建议，以避免共同方法偏差问题的出现，如利用过程控制方法和统计控制方法相结合的方式处理共同方法偏差问题[406]。在过程控制方面，本研究使用受访者匿名（即保护隐私，以便受访者能够诚实回答）、设置反向问题、随机设置题项顺序、题项重测以及用受访者熟悉的术语提出清晰简洁的问题等，以有效减小或消除测量情境对被调查者的影响[242, 407]；在统计控制方面，本研究选择了Harman's单因子检验法[405]、完全共线性评估方法[408]两种方法对共同方法偏差进行检验。

首先，Harman's检验法的衡量标准在于因子分析结果产生一个以上的公因子，同时不存在因子解释方差比率较大的问题[405]。本研究将所有题项放在一起进行探索性因子分析，共析出了6个特征值大于1的公因子，且第一个主成分仅可解释13.388%的方差变异，其比率在较低的范围内，因此共同方法偏差并不显著。其次，完全共线性评估方法要求方差膨胀因子值（Variance inflation factor, VIF）应低于3.3的阈值[408]。由表5-5可知，方差膨胀因子值最大为2.375，说明测量模型不受共同方法偏差影响。

表5-5　共线性检验

构念	电子政务云信任	电子政务云采纳
感知技术优势	1.638	2.375
感知技术风险	1.280	1.428
云服务商能力	1.576	1.870
组织就绪度		1.350
外部压力		1.707
电子政务云信任		2.161

三、偏最二乘结构方程结果

偏最小二乘结构方程模型评估通常遵循两步过程，包括测量模型和结构模型[409, 410]，测量模型用于评估测量工具（即问卷）的可靠性和有效性，结构模型用于评估假设和模型适合度。

（一）测量模型

测量模型的质量是实证研究中重要的部分之一，测量模型的可接受性一般是由信度和效度来评估的。信度检验用来检测测量工具是否可靠或稳定，表示通过同一方法对同一对象反复测量所得结果的一致性程度，即测量工具测量到它将要测量的事项的稳定程度[320]。对于反映性测量模型，应评估指标信度、内部一致性信度、收敛效度和区分效度[385, 411]。

首先需要估计反映性潜变量（构念）与其指标（即外部载荷）之间的关系，即指标信度。以往研究建议外部载荷需大于0.708，这是由于外部载荷大于0.708表明该构念解释了一半以上的指标方差[385]。如表5-6所示，除了一个构念的指标（即PC2=0.704）外，所有构念的外部载荷均在0.708以上。根据先前的研究建议[412, 413]，若删除低于0.708的指标则导致组合信度和提取的平均方差降低的话，那么删除该指标是不必要的。删掉PA2后，指标的可靠性达到可以接受水平。

表5-6 因子载荷与交叉载荷

	PB	PR	PC	OR	EP	TR	AD
PB1	**0.818**	−0.402	0.529	0.458	0.454	0.508	0.589
PB2	**0.854**	−0.387	0.492	0.258	0.495	0.528	0.562
PB3	**0.772**	−0.265	0.400	0.264	0.460	0.513	0.489
PR1	−0.385	**0.812**	−0.327	−0.235	−0.173	−0.309	−0.316
PR2	−0.417	**0.864**	−0.361	−0.225	−0.158	−0.453	−0.253
PR3	−0.390	**0.863**	−0.362	−0.275	−0.049	−0.365	−0.303
PR4	−0.252	**0.817**	−0.268	−0.240	0.023	−0.358	−0.235
PC1	0.567	−0.284	**0.761**	0.282	0.272	0.553	0.513
PC2	0.419	−0.271	**0.704**	0.322	0.295	0.407	0.496
PC3	0.363	−0.295	**0.735**	0.229	0.183	0.383	0.427
PC4	0.355	−0.320	**0.758**	0.373	0.276	0.461	0.501
OR1	0.337	−0.246	0.381	**0.775**	0.294	0.427	0.419
OR2	0.365	−0.251	0.400	**0.843**	0.368	0.323	0.497
OR3	0.236	−0.183	0.152	**0.755**	0.213	0.200	0.342
EP1	0.548	−0.248	0.374	0.364	**0.821**	0.369	0.558
EP2	0.424	0.056	0.163	0.228	**0.825**	0.367	0.416
EP3	0.435	−0.032	0.300	0.326	**0.831**	0.429	0.466
TR1	0.603	−0.355	0.537	0.353	0.507	**0.830**	0.662
TR2	0.484	−0.359	0.461	0.314	0.308	**0.810**	0.501
TR3	0.424	−0.367	0.487	0.313	0.292	**0.776**	0.540
AD1	0.619	−0.275	0.595	0.553	0.540	0.622	**0.853**
AD2	0.461	−0.196	0.439	0.402	0.421	0.591	**0.820**
AD3	0.583	−0.343	0.594	0.374	0.502	0.563	**0.822**

注：对角线黑体数字为因子载荷；PB为感知技术优势；PR为感知技术风险；PC为云服务商能力；OR为组织就绪度；EP为外部压力；TR为云信任；AD为云采纳。

内部一致性检验题项一致性的程度，常用方法是组合信度、克隆巴赫系数和ρ_A。

组合信度是指由多于一个变量的总和组成的新变量的信度，类似于克隆巴赫系数的概念，较高的组合信度值通常表示较高的可靠性水平。例如，0.60到0.70之间的组合信度值被认为是“在探索性研究中是可接受的”，从0.70到0.90之间的组合信度值代表从“满意的”到“好的”。而0.95和更高的组合信度值是有问题的，因为这表明构念的题项可能是冗余的，从而降低了结构效度。另外大于0.95的组合信度值也表明存在不良反应模型（例如直线）的可能性，从而引发指标误差项之间的相关性过高的问题[385]。

克隆巴赫系数是另一种内部一致性、可靠性的度量方法，是实证研究中最常用的信度评估工具。它依据一定公式估量测验内部的一致性，作为信度的指标。克隆巴赫系数值在0到1范围内，克隆巴赫系数值越大说明信度越高。克隆巴赫系数高于0.7说明量表的信度较好，在0.7与0.35间表明量表信度尚可，低于0.35则应拒绝使用[316]。

克隆巴赫系数假设相似的阈值，产生的值低于组合信度。具体来说，克隆巴赫系数是一种不太精确的可靠性度量方法，因为这些题项是未加权的。组合信度的题项根据构念的指标载荷加权，因此，组合信度高于克隆巴赫系数。虽然克隆巴赫系数可能过于保守，但组合信度可能过于宽松，并且构念的真实信度通常被视为在这两个极端值之内。因此，作为替代方案，Dijkstra和Henseler[414]及Henseler等[415]提出将ρ_A作为构念信度的近似精确度量方法，它的值通常介于克隆巴赫系数和组合信度之间。因此，如果假设因子模型是正确的，则ρ_A可能代表一个很好的折中方案。

由表5-7可知，所有构念的克隆巴赫系数、ρ_A和组合信度都大于0.707[411]，这说明测量模型具有较好的信度水平。

效度检验是评价测量工具是否能真正地测量到所需测量的潜变量的检验方法。效度越好，说明测量工具越可以有效测量到期望测量的潜变量。效度检验主要分为：内容效度和结构效度。内容效度是测量目标和测量内容间的相符程度，即测量变量被各题项测量的有效程度。本研究题项的设计是在借鉴、改变国外成熟量表的基础上完成，形成的测量量表内容效度较好。

表5-7　构念的组合信度、克隆巴赫系数、ρ_A与平均提取方差值

构念	组合信度	克隆巴赫系数	ρ_A	平均提取方差值
感知技术优势	0.856	0.747	0.750	0.665
感知技术风险	0.905	0.860	0.865	0.704
云服务商能力	0.829	0.725	0.730	0.548
组织就绪度	0.834	0.705	0.725	0.627
外界压力	0.865	0.769	0.779	0.682
云信任	0.847	0.731	0.741	0.649
云采纳	0.871	0.778	0.786	0.692

结构效度是测量工具能测量构念的程度。结构效度一般是从收敛效度与区分效度进行衡量。收敛效度指不同观测变量可否用来测量同一潜变量，是测量同一构念的多个指标彼此有关联的程度，即构念收敛以解释其指标方差的程度。收敛效度检验一般用平均提取方差值（Average Variance Extracted, AVE）来反映来判断，平均提取方差值越高则说明构念的收敛效度越好。计算平均提取方差值须对构念的每个指标的载荷进行平方并计算平均值。可接受的平均提取方差值应大于0.50，这表明该构念至少解释了其指标方差的50%。由表5-7可知，构念的平均提取方差值都大于0.5，这说明测量模型的收敛效度水平较高。

区分效度指不同的潜变量是否存在显著差异，即测量不同构念的多个指标彼此相关性高低的水平，即在结构模型中一个构念区别于其他构念的程度[416]。区分效度评估一般利用三种方法：Fornelle-Larcker标准、交叉载荷标准和异质-单质比率标准。Fornell-Larcker标准要求每一个构念的平均提取方差值都大于该构念与其他构念之间的相关系数的绝对值[316]；交叉载荷标准要求指标在相关构念的载荷应高于其在其他构念上的所有的载荷[317]。如表5-6所示，构念的因子载荷大于交叉载荷，说明测量模型具有较好的区分效度。如表5-8所示，构念的平均提取方差值大于该构念与其他构念间的相关系数，进一步说明测量模型具有较好的区分效度。

表5-8　构念间的相关系数与平均提取方差值

构念	PB	PR	PC	OR	EP	TR	AD
PB	**0.815**						
PR	−0.434	**0.839**					
PC	0.584	−0.395	**0.740**				
OR	0.403	−0.290	0.410	**0.792**			
EP	0.576	−0.109	0.350	0.379	**0.826**		
TR	0.633	−0.446	0.617	0.407	0.470	**0.806**	
AD	0.672	−0.329	0.658	0.539	0.591	0.712	**0.832**

注：对角线黑体数字是潜变量的平均提取方差值，非对角线是潜变量间的相关系数；PB为感知技术优势；PR为感知技术风险；PC为云服务商能力；OR为组织就绪度；EP为外部压力；TR为电子政务云信任；AD为电子政务云采纳。

异质-单质比率，也就是特质间相关与特质内相关的比率。它是不同构念指标相关的均值相对于同构念指标相关的均值乘积的开方的比值。异质-单质比率数值越小，说明区分效度越高。已有研究表明两个构念的异质-单质比率不能大于0.85（有时候可放宽到0.9）[385]。因此，根据表5-9的数据可知该测量模型具有良好的区分效度。

表5-9　异质-单质比率

构念	PB	PR	PC	OR	EP	TR	AD
PB							
PR	0.533						
PC	0.779	0.498					
OR	0.540	0.368	0.544				
EP	0.749	0.224	0.447	0.488			
TR	0.846	0.559	0.832	0.553	0.610		
AD	0.872	0.400	0.863	0.705	0.745	0.832	

注：PB为感知技术优势；PR为感知技术风险；PC为云服务商能力；OR为组织就绪度；EP为外部压力；TR为电子政务云信任；AD为电子政务云采纳。

（二）结构模型

当测量模型评估达到标准后，下一步则是评估结构模型。与基于拟合度评估结构模型方法相比，在偏最小二乘结构方程中，结构模型评估包括确定系数R^2与f^2效应大小、预测相关性系数Q^2[417]、路径系数的统计显著性和相关性。结构模型评估阶段还对假设进行检验，以确定它们是否符合本研究提出的概念模型中的关系[242]，结构模型评估步骤如图5-2所示。

结构模型中构念之间的关系系数（路径系数）来自估计一系列回归方程。因此，在评估结构关系之前，必须检查多重共线性以确保它不会对回归结果产生影响[385]。本研究通过方差膨胀因子来评估是否存在多重共线性问题[411]。如表5-5所示，所有方差膨胀因子值都在1.280到2.375的范围内，远小于3的临界值（严格标准）[413]，这表明不存在多重共线性问题。另外，由表5-8可知构念间的相关系数最大值为0.712，小于0.9的阈值，也证明不存在多重共线性问题。

本研究使用Smart PLS 3.0对问卷调查所获得的166份样本数据对研究模型进行了检验：Algorithm获得结构方程模型的路径系数，然后利用自助法①引导程序从原始数据集中通过抽出放回的方式随机抽取其中的观察结果来创建子样本。为了确保结果的稳定性，本研究利用自助法执行重复采样迭代产生的5000个新样本对模型路径系数进行显著性评估[410]。结构模型估计结果如图5-3所示，其中给出了内生变量的解释方差R^2和标准化路径系数β。

如图5-3所示，云提供商能力（β=0.244，P<0.01）、组织就绪度（β=0.185，P<0.05）、外部压力（β=0.198，P<0.05）和电子政务云信任（β=0.311，P<0.001）电子政务云采纳有显著的正向影响。因此，假设H3a、H4、H5和H6得到了支持。有趣的是，感知技术优势与感知技术风险对电子政务云采纳的直接影响作用不显著。因此，不支持假设H1a和H2a。对于云信任的前因变量，感知技术优势（β=0.367，P<0.001）、感知技术风险（β=−0.151，P<0.05）、云提供商能力（β=0.344，P<0.001）对电子政务云信任的影响作用显著，因此，支持H1b、H2b和H3b。表5-10给出了在结构模型中构念之间提出的9个假设结果的总结。

① 自助法是一种非参数的统计程序，被允许用以检测各种偏最小二乘结构方程结果（例如路径系数，克隆巴赫系数，异质-单质比率和R^2值）的统计显著性。

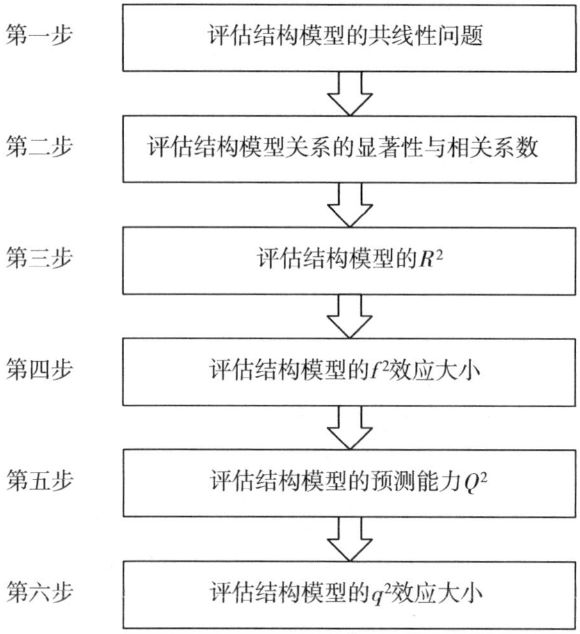

图5-2 结构模型评估步骤

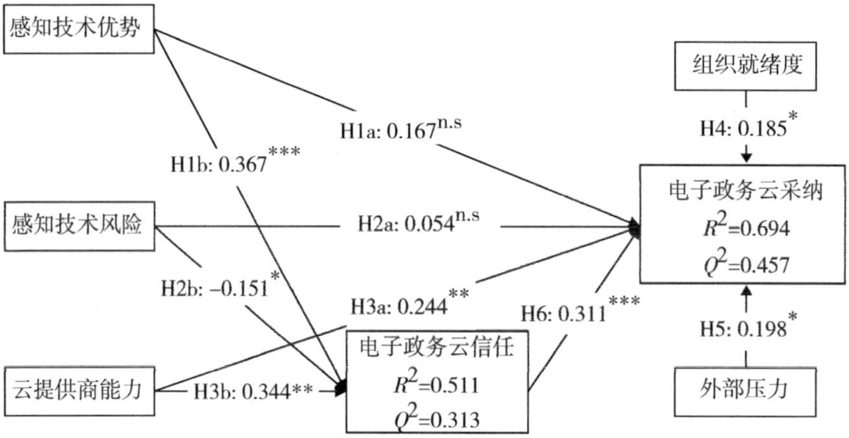

注：*$P<0.05$；**$P<0.01$；***$P<0.001$。

图5-3 研究模型结果

表5-10　假设检验结果

假设	路径	路径系数	标准差	T值	P值	偏差修正的置信区间		是否支持
						0.025	0.975	
H1b	感知技术优势→电子政务云信任	0.367***	0.089	4.121	0.000	0.184	0.536	是
H2b	感知技术风险→电子政务云信任	−0.151*	0.074	2.036	0.042	−0.284	0.015	是
H3b	云服务商能力→云信任	0.344**	0.100	3.452	0.001	0.147	0.537	是
H1a	感知技术优势→电子政务云采纳	0.167	0.111	1.514	0.130	0.075	0.498	否
H2a	感知技术风险→电子政务云采纳	0.054	0.079	0.684	0.494	−0.151	0.167	否
H3a	云服务商能力→电子政务云采纳	0.244**	0.082	2.970	0.003	0.183	0.546	是
H4	组织就绪度→电子政务云采纳	0.185*	0.081	2.294	0.022	0.022	0.338	是
H5	外部压力→电子政务云采纳	0.198*	0.086	2.294	0.022	0.020	0.359	是
H6	电子政务云信任→电子政务云采纳	0.311***	0.082	3.790	0.000	0.147	0.468	是

注：*$P < 0.05$；**$P < 0.01$；***$P < 0.001$。

评估结构模型最常用的标准是R^2值[418]，它在回归分析中常用来评价模型拟合优度[411]。R^2用于表示结构模型解释的内生构念（因变量）变异性的百分比，是模型解释能力的度量标准，也被称为样本内预测能力[385]。R^2范围从0到1，值越大说明解释能力越强。基于已有建议，当R^2值分别大于0.75、0.50和0.25的时候，可以被认为是较强的、中等和较弱的的解释效果[320, 385, 419]。可接受的R^2值范围是根据研究情境而定的，在某些研究情境中，R^2值低至0.10也被认为是可接受的，例如，预测股票回报。更重要的是，R^2是预测构念数量的函数，即内生构念的预测构念数量越多，则R^2越高。如图5-3所示，研究模型分别解释了电子政务云信任51.1%的方差和电子政务云采纳69.4%的方差，表明了模型具有一般的解释能力。

除了检验所有内生构念的R^2外，本研究还利用f^2效应大小评估去除某个预测构念如何影响内生构念（因变量）的R^2值的变化进行了评估，即外生构念与内生构念R^2的贡献大小[416]。在结构方程模型中，对于路径系数大小和f^2效应大小，预测构念在解释结构模型中的结果构念（因变量）的相关性的等级顺序通常是相同的。以往研究表明，数值高于0.02、0.15和0.35分别表示f^2效应大小为较小、中等、较大[385]。当结构模型存在部分中介变量或完全中介变量时，对于路径系数大小和f^2效应大小，解释内生构念的外生构念的相关性等级顺序将略有不同。外生构念的f^2效应大小如表5-11所示。电子政务云信任（f^2=0.146）、云服务商能力（f^2=0.1040）、组织就绪度（f^2=0.083）、外部压力（f^2=0.075）和感知技术优势（f^2=0.039）对云采纳的解释能力具有较小的贡献，然而感知技术风险（f^2=0.007）对云采纳的解释能力几乎没有贡献。

表5-11　外生构念的解释能力R^2与f^2

构念	电子政务云信任	解释能力	电子政务云采纳	解释能力
感知技术优势	0.168	中等	0.039	较小
感知技术风险	0.037	较小	0.007	无
云服务商能力	0.153	中等	0.104	较小
组织就绪度			0.083	较小
外部压力			0.075	较小
电子政务云信任			0.146	较小
R^2	0.511		0.694	
调整R^2	0.495		0.672	

除了通过评估R^2值的大小作为预测准确性的标准外，本研究还通过Stone-Geisser检验的Q^2值[417, 420]，作为评价偏最小二乘路径模型交叉验证的预测相关性的标准。偏最小二乘路径模型中潜变量的Q^2值就是通过自助法过程计算得到。自助法是一种样本重抽样的技术方法，利用自助法算法偏最小二乘结构方程删除数据矩阵中的单个点，用平均值估算删除的点并估计模型参数[385]。因此，Q^2不是样本外预测的度量标准，而是结合了样本外预测能力和样本内解释能力两方面的度量标准。一般而言，对于一个特定内生构念的Q^2应大于0，以表明结构模型对该构念的预测

准确性。已有研究表明，Q^2值高于0、0.25和0.50分别表示描述了PLS路径模型的较小、中等和较大预测相关性[385]。如表5-12所示，云采纳的Q^2值为0.457，大于0.25，表明所有外生构念对内生构念具有中等预测能力。与f^2效应大小一样，本研究还通过计算q^2效应大小来评估外生构念对内生构念Q^2值的贡献[385]。作为q^2预测相关性的相对度量，q^2值高于0.02、0.15和0.35分别表明外生构念对内生构念具有较小、中等和较大的预测相关性[385]。如表5-12所示，在提供者能力、组织就绪度、外部压力和信任方面观察到一个小的q^2效应大小，而感知收益和感知技术风险对内生结构（即采用）的预测相关性没有影响大小。

表5-12　外生构念的预测能力Q^2与q^2

构念	电子政务云信任	预测能力	电子政务云采纳	预测能力
感知技术优势	0.067	较小	0.011	较小
感知技术风险	0.018	无	0.002	无
服务商能力	0.064	较小	0.033	较小
组织就绪度			0.022	较小
外部压力			0.031	较小
电子政务云信任			0.101	较小
Q^2	0.313		0.457	

（三）中介作用的检验

在过去的几十年里，如何检验中介效应在方法论研究中引起了大量关注。分析中介变量与其他构念之间关系的强度，可以证实外生构念与内生构念之间因果关系影响机制[385，421]。Baron和Kenny（1986）提出了一种中介分析方法，许多研究人员仍然经常采用这种方法[422]。然而，最近的研究指出了Baron和Kenny方法在概念和方法论存在问题[423]。虽然Baron和Kenny的中介效应检验方法[422]、Sobel的中介效应的四步检验方法[424]，已在各种研究中被广泛使用[425-427]。但Sobel检验不适合分析偏最小二乘结构方程模型中的间接效应[428]，尤其是逐步检验方法对于偏最小二乘结构方程模型是没有必要的。这是因为偏最小二乘结构方程模型可以在单个模型中一次性检验中介效应[429]。中介变量检验决策树如图5-4所示。

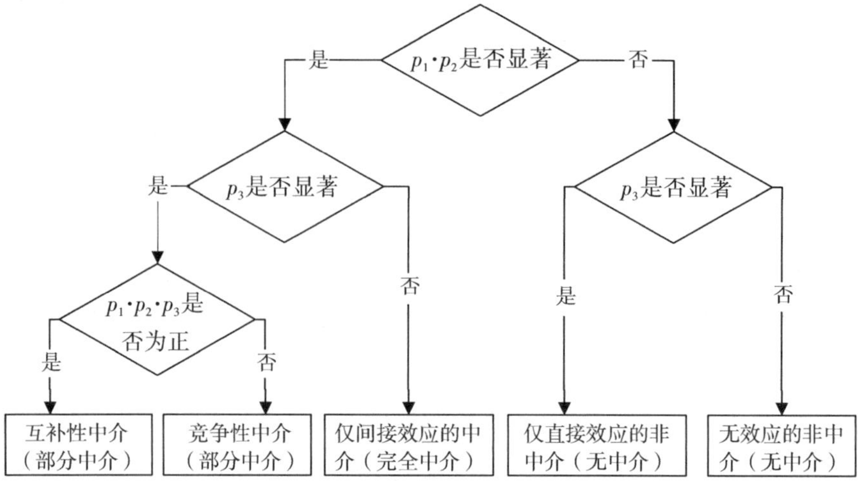

图5-4　中介变量检验决策树

基于Zhao等中介变量的分类描述[430]，Hair等指出中介变量存在5种类型[413]：仅直接效应的非中介（直接效应显著，但间接效应不显著）、无效应的非中介（直接效应和间接效应都不显著）、互补性中介（间接效应和直接效应都显著，指向同一方向）、竞争性中介（间接效应和直接效应都显著，指向相反方向）、仅间接效应的中介（间接影响显著，但直接影响不显著）。其中，互补性中介、竞争性中介与部分中介的概念相似，仅间接效应的中介与完全中介的概念相似。检验模型中的中介类型需要运行一系列分析，如图5-4所示。第一步评估通过中介变量的间接效应（$p_1 \cdot p_2$）的显著性（见图5-4右侧）。如果间接效应（$p_1 \cdot p_2$）不显著，那么被测变量在路径模型中没有起到中介作用。对直接影响p_3进一步分析，如果直接效应显著，则可能存在省略的中介，属于仅直接非中介类型。若间接效应（$p_1 \cdot p_2$）显著（见图5-4左侧），说明存在中介效应。随后分析直接影响p_3的显著性，若直接效应p_3不显著，则属于仅间接中介的情况。这种情况表明中介完全符合假设的理论框架。如果直接效应p_3显著，显然支持中介关系的假设。然而，这一结果可能存在另一个中介。因此，当直接效应和间接效应都显著时，可以区分互补性中介和竞争性中介。互补性中介描述了直接效应和间接效应$p_1 \cdot p_2$指向同一方向的情况，即直接效应和间接效应（$p_1 \cdot p_2 \cdot p_3$）是正的。相反，在竞争性中介描述了直接效应p_3和间接效应$p_1 \cdot p_2$具有相反的符号，即直接效应的乘积效应和间接效应（$p_1 \cdot p_2 \cdot p_3$）是负的。在竞争性中介中，中介变量充当抑制变量，这大大降低了自变量对因变量的总影响效应。

根据Hair等[413]、Hayes[423]的建议，在Smart PLS 3.0中利用自助法来估计外生构念对内生构念的直接效应（路径系数）、间接效应、总效应及其显著性和置信区间[428]。与Sobel检验方法相比，偏最小二乘结构方程适用于样本量较小的情况，同时仍能获得较高的统计水平[412, 413]。表5-13给出了假设H1c、H2c、H3c的中介作用分析结果。

表5-13　中介作用检验

中介路径	效应	路径系数（β）	标准差	T值	P值	偏差修正的置信区间		是否中介
						2.5%	97.5%	
感知技术优势→电子政务云信任→电子政务云采纳	直接效应	0.167	0.111	1.514	0.130	−0.040	0.390	仅间接效应(中介路径)支持H1c
	间接效应	0.114**	0.039	2.944	0.003	0.053	0.211	
	总效应	0.281**	0.108	2.608	0.009	0.075	0.498	
感知技术风险→电子政务云信任→电子政务云采纳	直接效应	0.054	0.079	0.684	0.494	−0.112	0.199	无中介拒绝H2c
	间接效应	−0.047	0.027	1.730	0.084	−0.113	−0.004	
	总效应	0.007	0.082	0.087	0.930	−0.151	0.167	
云提供商能力→电子政务云信任→电子政务云采纳	直接效应	0.244**	0.082	2.970	0.003	0.095	0.417	互补(部分中介)支持H3c
	间接效应	0.107*	0.042	2.518	0.012	0.038	0.206	
	总效应	0.351***	0.092	3.807	0.000	0.183	0.546	

注：$^*P<0.05$；$^{**}P<0.01$；$^{***}P<0.001$。

遵循Hair等提出的中介分效应析程序[413]，电子政务云信任在感知技术优势与电子政务云采纳之间起到完全中介作用，因为感知技术优势与电子政务云采纳之间的直接效应在统计上不显著（β=0.167，P=0.13>0.05），而其间接效应（中介路径）具有统计学意义（β=0.114，P=0.003<0.01），因此H1c得到了验证。由于感知技术风险对电子政务云

采纳的间接效应（$\beta=-0.047$，$P=0.084>0.05$）和直接效应（$\beta=0.054$，$P=0.494>0.05$）均不显著，说明电子政务云信任在感知技术风险与电子政务云采纳之间没有中介作用，因此拒绝H2c。由于云提供商能力对电子政务云采纳的间接效应（$\beta=0.107$，$P=0.012<0.05$）和直接效应（$\beta=0.244$，$P=0.003<0.01$）都是显著的，说明云信任在感知技术优势与电子政务云采纳之间起到部分中介作用，因此支持H3c。此外，由于云提供商能力对电子政务云采纳的间接效应和直接效应都是正的，所以它们乘积符号也是正的，说明电子政务云信任在感知技术优势与电子政务云采纳之间属于互补中介类型。

（四）调节作用的检验

调节变量可以以不同的形式出现在结构模型中。调节变量可以代表可观察到的特征，如性别、年龄、收入等。但也可以代表一些不可观察的特征，如风险态度、对品牌的态度或喜好等。调节变量可以用一个或多个指标测量，并使用反映型或构成型测量指标衡量。因此，调节效应如果是显变量，一般用SPSS软件的分层次或分步回归分析，加入交互性即可。但如果涉及潜变量，则不可以直接用变量数据构建交互项。通常，潜变量的调节效应检验分析需要选择结构方程模型，比较常用的软件包括LISREL、Mplus①、Smart PLS 3.0等。因此，本研究利用Smart PLS 3.0进行调节效用的检验。

在偏最小二乘路径模型中加入调节变量，如需要引入交互项的概念，那么存在一个基本问题是：交互项应该如何操作化？已有研究提出了3种构造交互项的方法，即乘积指标方法、正交方法、两阶段方法[319, 413, 431]。

乘积指标方法是基于回归分析中构造交互项的标准方法，在偏最小二乘结构方程中也有突出的特点，是将外生预测变量的每个测量指标和调节变量的每个测量指标进行相乘[319]。这些相互的乘积指标成为交互项的指标。当用X（x_1和x_2）和M（m_1和m_2）两个指标测量时，交互项有四个乘积指标（即$x_1 \times m_1$、$x_1 \times m_2$、$x_2 \times m_1$、$x_2 \times m_2$）。乘法指标方法建立在外生构念和调节变量的指标均来自某一构念域并在原则上是可互换的假设之上。因此，当外生构念或调节变量是采用构成型测量模型测量时，乘法指标方法是不适用的。

正交方法是乘积指标方法的扩展和延伸，由于乘积指标方法在实施的变量标准化存在两个问题。第一，虽然指标标准化降低了偏最小二乘

① Mplus是一款统计建模软件，主要用于探索性因子分析、验证性因子、结构方程模型等。

路径模型的共线性水平，但并没有完全消除共线性。所以尽管指标进行了标准化处理，但在偏最小二乘路径模型中共线性问题可能仍然存在，产生膨胀的标准差或偏差的路径系数估计。第二，当变量被标准化时，很难比较不包含交互项时Y_1和Y_2之间的直接效应（即主效应）和包含交互项时Y_1和Y_2之间的效应（即简单效应）。因此，正交方法使用残差，残差是通过潜变量和调节变量的指标的所有可能的乘积项（即乘积指标）对潜变量和调节变量的指标进行回归计算而来，这些残差则作为结构模型中交互项的指标。残差将与自变量和调节变量的所有指标正交，以确保交互项的指标与自变量或调节变量的任何指标不共享任何方差。

两阶段方法是Chin等人提出的[319]，是作为在外生构念和调节变量使用构成型测量模型时进行调节分析的手段。两阶段方法的普遍适用性在于它明确利用了偏最小二乘结构方程在估计潜在变量得分方面的优势[431，432]。该方法使用主效应模型中的潜在预测变量和潜在调节变量的潜在变量得分（不含交互项）。这些潜在变量得分被保存并用于计算第二阶段分析的乘积指标，第二阶段分析除了预测变量和调节变量外，还涉及交互项。

本研究使用两阶段方法进行调节效应检验，具体步骤为：构建新的交互项潜变量。即将测量指标进行交叉相乘，再用交互之后的测量指标构造潜变量。这种方法的优点是其交互潜变量能够作为因变量存在，从而能够执行有调节的中介等分析。

本研究以基础模型为对照组（模型4），分别在基础模型中加入组织就绪度×电子政务云信任的交互项（模型5）、外部压力×电子政务云信任（模型6）与同时加入这两个交互项（模型7）形成调节效应检验模型。调节作用的检验如表5-14所示。

表5-14 调节作用检验

构念	模型4	模型5	模型6	模型7
组织就绪度	0.185*	0.203*	0.210**	0.173*
外部压力	0.198*	0.208*	0.226**	0.221*
感知技术优势	0.167	0.16	0.165	0.203
感知技术风险	0.054	0.048	0.037	0.032
云提供商能力	0.244**	0.248***	0.336***	0.258***
电子政务云信任	0.311***	0.317***	0.317***	0.338***

续表5-14

构念	模型4	模型5	模型6	模型7
组织就绪度×电子政务云信任		0.046		−0.116
外部压力×电子政务云信任			0.126**	0.155*
R^2	0.694	0.697	0.717	0.727
调整 R^2	0.672	0.672	0.694	0.697

注：$*P < 0.05$；$**P < 0.01$；$***P < 0.001$。

由图5-3可知，电子政务云信任（β=0.311，P<0.001）、组织就绪度（β=0.185，P<0.05）、外部压力（β=0.198，P<0.05）对电子政务云采纳的影响作用显著。结合表5-9可知，模型5加入“组织就绪度×电子政务云信任”交互项后，交互项系数不显著（β=0.046，P>0.05）。因此，组织就绪度在电子政务云信任与电子政务云采纳的关系的调节效应不显著，假设H4b不成立。模型6加入“外部压力×电子政务云信任”交互项后，交互项系数显著（β=0.126，P<0.01）。因此，外部压力在电子政务云信任与电子政务云采纳的关系的调节作用显著，假设H5b得到验证。模型7同时加入“组织就绪度×电子政务云信任”与“外部压力×电子政务云信任”交互项后，只有外部压力×电子政务云信任交互项系数显著（β=0.155，P<0.05）。因此，外部压力在电子政务云信任与电子政务云采纳的关系的调节效应显著，进一步支持假设H5b。

四、定性比较分析结果

上一章通过偏最小二乘结构方程方法明晰了各影响因素（前因变量）对电子政务云采纳的影响方向、强度与显著性，但组织要素间经常相互依赖与共同作用导致结果产生，前因是多重并发的。然而，传统基于自变量相互独立、单向线性关系与因果对称性的统计方法，很难解释自变量的相互依赖。因此，有必要探寻导致电子政务云采纳的不同前因变量组合，以促进电子政务云采纳提供更多样化和针对性的选择。本章基于复杂理论，利用“组态”的整体分析视角，采用模糊集定性比较方法，分析电子政务云技术特质（感知技术优势、感知技术风险、云提供商能力）、组织就绪度、外部压力、电子政务云信任等因素的共同作用，从而发现导致电子政务云采纳的不同组态，以揭示这种复杂的因果关系。

定性比较分析采取整体的视角，开展案例层面比较分析，每个案例被视为条件变量的“组态”[389]。定性比较分析旨在通过案例间的比较，找出条件组态与结果间的因果关系，回答“条件的哪些组态可以导致期望的结果出现？哪些组态导致结果的不出现？”这类问题。当我们对于条件组态进行整体分析时，已经采取了条件之间是相互依赖的这一更符合社会现象的假定。这不同于传统回归分析方法中，假定变量（条件）相互独立起作用。简单地说，定性比较分析采用整体视角聚焦于“组态效应”分析，而传统回归分析采用原子视角，聚焦于分析单个变量的独特“净效应”[389]。问题是当自变量间相互相关时，单个变量的独特效应可能被相关变量掩盖。采用定性比较分析方法，能够很好地分析第五章归纳的复杂的多因素并发因果关系，研究模型如图5-5所示。

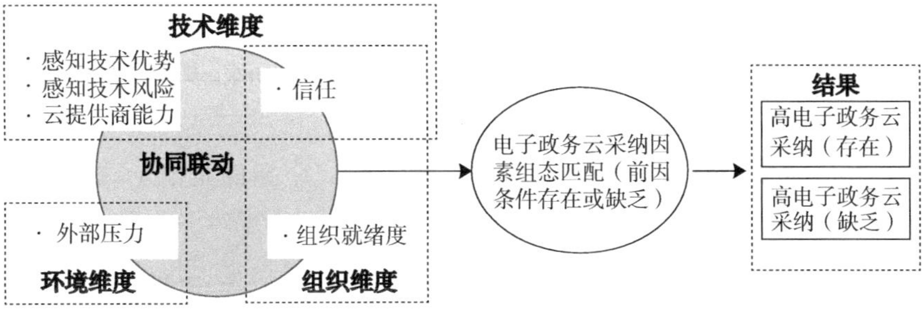

图5-5　模糊集概念模型

（一）变量校准

模糊定性比较方法实证研究的主要步骤包括模型建立、抽样、校准、数据分析、报告结果和结果解释[403]。本研究首先对于测量的变量进行校准，转换为模糊集合概念，即把研究条件和结果变量校准为案例的集合隶属。变量校准需依据理论和实际的外部知识或标准设定3个临界值：完全隶属、完全不隶属和交叉点。即模糊集的值在从0到1连续的范围内，其中0表示完全不隶属度，1表示完全隶属度。由于本研究使用的问卷调查进行数据收集，李克特量表刻度本身提供了校准这些变量的信息，同时考虑样本分布与设计的量表刻度分布不一致的现象，比如可能出现选择的交叉点为3，但样本描述性统计显示样本均值偏离3。由于问卷数据不服从正态分布[390]，因此本研究利用构念的测量均值作为数据校准的交叉点[400]，而非量表的中值[394]。数据校准可以利用fsQCA 3.0中的自动计算，数据校准结果如表5-15所示。

表5-15 数据校准

构念	完全不隶属	交叉点	完全隶属
PB	2	4.1	5
PR	1.5	2.8	5
PC	1.75	4.1	4.75
OR	2	3.7	4.67
EP	2	4.1	5
TR	2	4.1	4.67
AD	2	4.1	5

（二）条件必要性分析

必要条件分析和充分条件分析应分别在不同的分析步骤中进行，本研究首先进行必要条件分析[387，433]。必要条件分析决定了因果条件是否可以被视为结果发生的必要条件[434]，在本研究中指的是电子政务云采纳。根据之前的研究建议[394，401，403，434，435]，一致性分数大于0.9的阈值时则表明条件是充分的。利用fsQCA 3.0的必要条件程序可以为各个条件和（或）指定的可替代条件生成一致性和覆盖率分数。在必要条件分析过程中，一致性表明前因条件是结果超集的程度，覆盖率表明一致超集的经验相关性。表5-16展示了对于结果变量电子政务云采纳（AD）和非采纳（～AD）的必要条件分析结果。结果说明，对于AD和～AD，没有一个条件单独是结果的必要条件。这意味着没有一个单独的条件会导致电子政务云采纳或非采纳的产生。

表5-16 必要条件分析结果

构念	AD		～AD	
	一致性	覆盖率	一致性	覆盖率
PB	0.859	0.859	0.753	0.651
～PB	0.651	0.753	0.837	0.837
PR	0.621	0.761	0.695	0.738
～PR	0.786	0.749	0.775	0.639

续表5-16

构念	AD		～AD	
	一致性	覆盖率	一致性	覆盖率
PC	0.873	0.819	0.763	0.619
～PC	0.594	0.744	0.777	0.841
OR	0.815	0.811	0.719	0.619
～OR	0.617	0.717	0.781	0.785
EP	0.826	0.829	0.701	0.608
～EP	0.610	0.702	0.803	0.800
TR	0.878	0.816	0.757	0.609
～TR	0.579	0.734	0.771	0.845

注："～"表示逻辑非，例如"非AD"集合用～AD表示，符号"～"表示否定。

（三）条件充分性分析

充分条件分析决定了一个前因或者前因组合是否为结果的充分条件。对充分性的评估可以看作是对显示前因条件的案例是否构成了显示结果的案例的子集的检验。在数据校准后，利于fsQCA 3.0对真值表进行分析，真值表算法采用两阶段分析程序。这两阶段必须结合起来执行，并且在每一个单独分析中必须执行这两步[386]。第一阶段包括从模糊数据中创建真值表，反映导致特定结果的前因条件的所有可能组合，其中包括分析每一个组态的结果并确定要包含在分析中的组态[394]。第二阶段涉及最小化前因条件和结果。研究人员应基于前因条件形成的每一向量空间中的案例数，来指定一个规则用以区分哪些是相关组态（向量空间角），哪些不是，即排除对导致结果发现影响不大的组态。最小化前因条件和结果的规则如下：

第一，解所需的最少案例数。一般情况下，当样本总量n相对较小时，频率阈值应该为1或2。当总量n很大时，应该使用更实际的阈值。通常，选择的组态需要占据总样本至少80%的比例[403]。

第二，解的最低原始一致性水平一般需大于0.8[386]。

第三，不一致性的比例缩减（proportional reduction in inconsistency，

PRI）一致性。这是基于误差计算中的准比例减少的模糊集合的另一种一致性计算方式。在模糊集分析中，考虑PRI分数以避免在结果和其缺失的情况下同时存在组态子集关系。因此，PRI一致性分数应该很高，理想情况下与原始一致性分数相差不大（例如0.7），如果PRI得分低于0.5的组态表明显著不一致。

在本研究中，由于样本案例相对较大，设定频率阈值为2，原始一致性阈值为0.8、PRI一致性设定为0.5。在最小化前因条件和结果的基础上，使用标准化分析识别出数据使用的前因组态。定性比较分析结果中报告3种解，即复杂解（将所有逻辑余项设置为“假”，没有反事实案例）、中间解（只包含简单反事实案例的逻辑余项）和简约解（包含所有会产生逻辑更简洁解的逻辑余项，不管它是简单还是复杂反事实案例）。其中，简约解结合中间解可以判断条件在产生结果变量的过程中是核心还是边缘条件。在中间解中，fsQCA 3.0输出包括每一个方案以及整个方案的覆盖率和一致性。一致性（充分性）衡量了每个解决方案以及整个方案是结果集合的子集的程度。覆盖率衡量了每个解决方案和整个方案在多大程度上覆盖（或解释）了结果。

为了形象地展示分析结果，根据Fiss的建议[400]，本研究采用“●”代表核心条件存在，“⊙”代表边缘条件存在，“○”代表核心条件缺乏，“⊗”代表边缘条件缺乏，空白表示条件可有可无。表5-17显示了导致电子政务云采纳的前因条件组态。

表5-17　必要条件分析结果(结果为云采纳)

构念	解1	解2	解3a	解3b	解4	解5a	解5b	解5c	解5d
PB	⊙		⊙	○	⊙	⊙			⊙
PR	⊙	⊙	○	⊙		○	○	⊙	
PC		⊗	●	●		●	●	●	●
OR	⊙	⊙	⊙	⊙	⊙		○	⊙	○
EP	⊙	⊙	○	○	⊙		○	⊙	○
TR		⊗		⊗	●	●	●	●	●
原始覆盖率	0.507	0.343	0.496	0.338	0.646	0.659	0.438	0.481	0.437
唯一覆盖率	0.006	0.005	0.011	0.006	0.025	0.027	0.016	0.009	0.004

续表5-17

构念	解1	解2	解3a	解3b	解4	解5a	解5b	解5c	解5d
一致性	0.972	0.949	0.951	0.971	0.968	0.935	0.932	0.988	0.941
解的覆盖率	0.832								
解的一致性	0.905								

表5-17显示的结果表明，没有一个单独的前因条件是电子政务云采纳存在的充分条件，并揭示了9种等价的、与结果相关的组合，并按核心条件分成组5组[400]。所有的组态对于结果都是充分的，这是因为在充分性分析中所有解的一致性得分（类似于统计模型中的显著性概念）[390, 433]都超过了0.8的阈值[386, 403]。此外，每个组态的覆盖率都大于0，类似于回归分析中的R^2的一个的度量[390, 436]。因此，所有的组态都是经验相关的[386, 401]。解的覆盖率为0.832，说明所有的组态覆盖了电子政务云采纳案例的83.2%。

与大多数传统技术不同，例如结构方程[437, 438]和回归模型[392, 404]，模糊定性比较分析能够实现因果不对称性，也就是说，导致结果发生的组态可能与导致该结果的不发生的组态是完全不同的[386, 387, 400, 401]。模糊定性比较分析可用于单独分析结果存在和缺乏的前因条件组合[403]。因此，为了检验这种不对称性，本研究利用模糊定性比较分析进行了另一组分析，即结果是电子政务云采纳的否定。为了探究哪些前因条件导致这一结果，本研究设置了相同的频率（2）和一致性（0.8）阈值。电子政务云采纳否定的解决方案如表5-18所示。

表5-18　必要条件分析结果(结果为云采纳的否定)

构念	解1	解2	解3	解4	解5	解6	解7
PB	○		⊙	○		⊙	○
PR	⊙	⊙	○	⊙	○		○
PC	○	○			⊙	⊙	○
OR			⊙	⊙	○	○	⊙
EP		⊙	○	○	○	○	○
TR	○	○	○	○	⊙	⊙	⊙

续表5-18

构念	解1	解2	解3	解4	解5	解6	解7
原始覆盖率	0.518	0.435	0.458	0.398	0.485	0.492	0.45
唯一覆盖率	0.079	0.021	0.023	0.008	0.011	0.005	0.021
一致性	0.959	0.942	0.933	0.967	0.894	0.917	0.97
解的覆盖率	0.802						
解的一致性	0.884						

表5-18显示的结果表明，没有一个单独的前因条件是非电子政务云采纳缺乏的充分条件，并揭示了7种等价的、与结果相关的组合。所有的组态对于结果都是充分的，因为在充分性分析中所有解的一致性得分都超过了0.8的阈值[386, 403]。此外，每个组态的覆盖率都大于0，说明所有的组态都是经验相关的[386, 401]。解的覆盖率为0.802，说明所有的组态覆盖了非电子政务云采纳案例的80.2%。

五、结果与讨论

（一）主要发现

第一，正如结果显示，电子政务云信任对电子政务云采纳有显著的正向影响，该结论与先前创新采纳研究一致[211, 257]。而且云信任对云采纳的直接影响程度最大（β=0.311，P<0.001），这说明政府部门认为电子政务云技术可靠并对电子政务云服务存在较高信任时，部门才更倾向于向电子政务云进行迁移。在云信任的来源方面，云计算的感知技术优势、感知技术风险与云提供商能力对电子政务云信任的直接影响显著，感知技术优势强调了电子政务云的技术优势对云信任建立的重要性；感知技术风险则表明当政府部门感知到的技术风险较少时，才能增加云信任；云提供商能力则表明云提供商有能力按照合同满足政府部门的信息技术服务需求，进而提高组织对云服务的信任。

第二，技术特质方面，感知技术优势对电子政务云采纳的直接影响不显著，该结论与先前创新采纳研究结果相悖[63, 78, 185]，而感知技术优势对电子政务云采纳存在显著的间接影响。这说明政府不会因创新技术优势而轻易做出采纳决策。政府不仅追求成熟、可靠的信息技术，而且会通过多方面衡量比较做出采纳决策。

感知技术风险对电子政务云采纳的直接影响不显著，该结论与先前创新采纳研究一致[32, 60, 70]，且对电子政务云采纳的间接影响也不显著。对此结果可能的解释为：一是云计算的优势在于第三方专业的技术支持，利用外部技术支持可以轻松解决政府部门所遇到的电子政务云技术问题。二是随着电子政务云政策的落实与技术的发展，其风险能够通过技术与制度手段解决，所以，感知技术风险对云采纳的影响就不显著了。

云提供商能力对电子政务云采纳的影响显著，与前期研究结果一致[110, 186, 255, 257]，这说明云提供商能否按照客户预期提供可靠云服务的技术与管理的能力能够提高组织采纳电子政务云的可能性。

第三，在环境情境方面，外部压力对电子政务云采纳有显著的正向影响，该结论与先前信息技术创新采纳研究一致[78, 196, 271]。这与国家一系列政府关注云计算模式密切相关，行政组织上级通过引导、监督的方式影响下级组织实施电子政务云，以提高信息共享与协同能力，向社会公众提供高质量的一站式服务。因此，来自中央政府、垂直管理机构与公众期望的压力与期望会促使政府采纳电子政务云。

第四，组织情境中，组织就绪度对电子政务云采纳有显著的正向影响，该结论与先前信息技术创新采纳研究一致[78, 196, 263, 271, 273, 276]。组织就绪度对云采纳的影响程度最小（β=0.185，P<0.05）。这可能是由于：一是在政府体制下，即使高层领导对云计算了解甚少，但因上级行政压力表现出支持态度。因此，来自部门高层领导或领导班子迫于压力推进电子政务云采纳过程（分配必要资源、督导等）。二是电子政务云的特性就是按需付费、初期投入少、对信息技术基础设施要求低，这使得很大数量的政府部门已经具备了采纳电子政务云所需的信息技术基础资源。

第五，在调节作用方面，外部压力在电子政务云信任与电子政务云采纳的关系中具有调节作用。这表明政府部门在外部压力环境下，尤其是上级的政策指导、其他部门的关注与公众的要求，能够为电子政务云采纳提供一个高压的外部环境，促使对电子政务云的信任将加速转化为云采纳意愿。

第六，组织就绪度在云信任与电子政务云采纳的关系的调节作用不显著。对此结果可能的解释为：资源充足的政府部门往往是核心业务部门，其拥有复杂的数据和业务处理流程，采纳电子政务云可能会带来巨大的组织变革。

（二）理论贡献

第一，本研究提出了基于多个信息技术采纳理论（技术-组织-环境理论、信任理论、制度理论、双因素理论视角）的整合模型，并在此整合的理性模型下探究了政府部门的电子政务云采纳意愿，模型有效地识别了电子政务云采纳关键影响因素，并解释了其作用机制，丰富了组织层面（尤其是政府领域）的信息技术创新采纳研究，并且此整合模型能应用于其他类型信息技术创新采纳研究。

第二，本研究以综合的理论视角探究了政府部门采纳电子政务云的关键因素及其作用机制，弥补了中国情景下的电子政务云采纳研究的不足，并加深了对电子政务云采纳的理解。已有电子政务云的相关研究主要关注技术特征、优势和劣势以及影响因素分析等，对电子政务云的采纳研究缺乏系统性与深度解释。本研究通过探索性案例与相关理论分析提出了基于技术-组织-环境理论、信任理论、制度理论与双因素理论的整合模型，并通过中国政府部门实证数据验证了模型，发现电子政务云感知技术优势、云提供商能力、电子政务云信任、组织就绪度与外部压力是对影响电子政务云采纳的关键因素。

第三，本研究验证了电子政务云信任的三个前因（感知技术优势、感知技术风险和云提供商能力）以及对前因与电子政务云采纳的中介作用，研究丰富了组织信任理论。对于电子政务云而言，不仅需要考虑云计算特征，还要考虑提供云服务的云提供商特征。因此，本研究在实证的基础上揭示了电子政务云感知技术优势、感知技术风险和云提供商能力对于政府部门云信任的显著影响，并进一步地发现电子政务云感知技术风险对云信任的影响程度小于感知技术优势和云提供商能力对云信任的影响程度。这说明随着云计算服务市场的成熟，技术风险可以得到有效控制，已经不足以阻碍组织对于云计算的信任。另外，本研究还发现，云信任在感知技术优势与云采纳、云提供商与云采纳之间具有完全中介作用、部分中介作用。这进一步说明电子政务技术优势不能直接影响电子政务云采纳，而是通过组织建立的云信任间接影响云采纳；云提供商能力不仅直接影响云采纳，还通过云信任间接影响云采纳，这弥补了以往研究对云提供商特征关注缺乏的不足。

第四，在技术-组织-环境理论的基础上，本研究利用双因素理论视角将电子政务云的技术维度聚焦在感知技术优势与感知技术风险，同时根据云计算服务的特有属性，加入云提供商能力因素。因为在电子政务云环境下，政府部门由于失去了对信息系统和数据存储的控制主权，不仅会关注其技术优势，还会对安全风险和隐私风险有所担忧，同时提供商的能力也是政府部门考虑的重要因素，一方面是因为政府部门担心云服务提供商不能提供稳定的、安全的、可靠的服务，另一方面是因为他们担心云服务提供商会泄露、出售以及二次利用政府数据。本研究证实了感知技术优势间接影响云采纳、感知技术风险对云采纳影响不显著、云提供商能力对云采纳影响显著。

在组织维度与环境维度，本研究验证了组织就绪度、外部压力对电子政务云采纳具有显著影响。值得注意的是，在政府部门情境下，外部压力大于组织就绪度对电子政务云采纳的影响程度。这说明行政体系下，政府部门更加关注上级的行政指导、相关部门的模仿压力以及公众的期望等外部压力。此外，外部压力在云信任与云采纳之间起到调节作用，进一步表明外部压力的重要性，以上发现是对于云服务技术在政府部门间采纳研究成果的重要补充。

（三）管理启示

本研究结果有助有对面临电子政务云采纳决策或者正在使用电子政务云的政府部门加速加深采纳电子政务云，有助于政策制定部门制定更加科学和有效的电子政务云推广策略以鼓励政府部门广泛采纳和实施电子政务云，同时有助于云提供商增强品牌、技术以及服务能力。

第一，对于电子政务云服务用户的政府部门而言，组织就绪度对于电子政务云采纳的影响意味着政府部门如果想要加速组织内部对于信息技术创新的采纳进程，就应当适当地鼓励部门高层领导提升对电子政务云优势的认知，进而增强对电子政务云的信任，并提高政府部门对于云服务的预算资源以保证采纳电子政务云的内部支持条件。

第二，对于政策制定部门而言，政策制定部门最应该考虑的是如何提高政府部门对云计算技术和云服务提供商的信任。相关决策部门应协同云提供商共同组织一系列由部门高层管理人员与职员参与的电子政务云研讨会和培训会，以增加部门与部门成员对电子政务云的技术特征的认识和优势的理解，从而消除技术风险担忧、减少对采纳电子政务云的不确定性和增加对云提供商的信赖程度。

研究表明政府部门感受的外部压力能够显著影响电子政务云采纳决策。云计算技术不是简单地购买设备与服务，涉及组织业务流程优化与职能变革，政府部门“云化”过程涉及技术与非技术等方面的挑战。为了推进电子政务云建设，克服组织惯性与固有思维模式，有必要强化制度保障，依赖政策制度推进地方政府采纳进程[439]。政策制定部门应提供必要的制度保障（优惠政策、建设标准、最佳实践和专项预算资金等）以鼓励政府部门积极采纳电子政务云。例如，各级（省级、市级）政策制定部门应该根据自身特性制定与中央政府相一致的政策，以便为电子政务云的长期实施与建设提供稳定的政策制度环境，避免由于政策变化而导致电子政务云投资失败。此外，政策制定部门应建议政府部门加强区域间和部门间的交流和学习，如政府部门可以遵循上级部门推荐的电子政务云的最佳实践的建设标准。同时，政策制定部门应指导权威标准制定机构制定统一的、详细的技术和服务标准（技术体系、服务类别、定价、市场准入等），通过采用自上而下的建设方式指导各省市的电子政务云采纳过程，这能有效防止因架构不同而导致的“数据鸿沟”现象与各部门为维护自身利益竞相争夺信息资源。最重要的是，政策制定部门和财政部门应该在采用电子政务云的整个过程（电子政务云的启动、实施、培训、运营等）中提供必要的财政专项预算，如为电子政务云实施提供“绿色通道”，使政府部门尽快获得足够的专项资金支持。

政策制定部门在制定电子政务云推广政策时需要考虑组织就绪度因素。政策制定部门应该更加重视鼓励高层管理者支持与推进电子政务云采纳进程，引导部门成员克服组织惯性，营造“云化”氛围。如将电子政务云采纳与实施效果作为评估政府绩效、电子政务发展水平与高层领导者个人政绩的关键指标，这对于推动高层管理层支持电子政务云采纳起到决定作用。

第三，对于云提供商，本研究结果为它提供了发展与营销建议。在推进政府部门向电子政务云采纳与实施的进程中，云供应商应该通过由提高组织对电子政务云服务的信任加速政府部门电子政务云的采纳进程。一方面，云服务提供商和行业协会应该举办一些研讨会和云服务展览，向政府部门展示提供商的品牌、资质、声誉和云服务类别等，以建立政府部门对云提供商的信任[29, 253]。同时，云服务供应商可以通过与有信誉的信息技术公司、有影响力的组织协会建立合作关系，以提升自身的可信任形象。另一方面，云提供商应该加强云计算的技术和服务能力的保障。云供应商应该提供先进可靠的产品服务与合理结构保障协议，以减少政府对云技术和云提供商的不确定性，提高政府部门对于电子政务云的信任。

第五节　本章小结

本章基于探索性案例研究结果，从信息技术采纳过程理论视角出发，以技术–组织–环境理论与信任理论为框架，结合制度理论、双因素理论，在技术因素、组织因素和环境因素三个维度的基础上，合理地添加政府部门相对重视的电子政务云服务信任因素，构建并验证了电子政务云采纳概念模型。其中，在技术维度，基于双因素理论将电子政务云特质分为感知技术优势、感知技术风险。同时考虑电子政务云的服务属性，将云提供商能力作为技术维度的组成，组织维度考虑由高层管理支持和组织资源组成的组织就绪度，环境维度则是基于制度理论的外部强制压力。基于收集的166份问卷数据，利用偏最小二乘结构方程对模型进行了检验。实证研究结果表明，云提供商能力、组织就绪度、外部环境、电子政务云信任对电子政务采纳有显著的正向影响。同时研究还发现感知技术优势与云提供商能力对电子政务采纳具有显著的正向间接作用。云信任在技术维度中的感知技术优势、云提供商能力和电子政务采纳的关系中发挥完全中介与部分中介效应。外部压力在云信任与云采纳的关系中起到正向调节效应。研究结果为理论界和实践界理解电子政务云的采纳过程提供了理论依据。

第六章　电子政务云吸收及价值实证研究

基于探索性案例研究与理论分析提出研究模型与假设后，本研究利用问卷调查收集的样本数据对电子政务云吸收及其价值影响机制进行了实证研究。本章将首先构建概念模型、提出相应假设，并对实证研究中变量测量、问卷设计与数据收集、数据分析工具、数据分析与假设检验以及结果与讨论等部分进行详细的阐述。

第一节　电子政务云吸收研究模型

信息科学研究领域长期以来关注的核心问题就是：信息技术和信息科学是否能为组织带来信息技术价值、带来什么信息技术价值以及如何产生信息技术价值。已有研究表明在组织采纳信息技术后，如果没有充分地使用与吸收，那么信息技术的预期功效将无法完全发挥。因此，信息技术创新只有同化、集成、融合到组织的业务活动与流程中，才能产生真正的信息技术商业价值[194，309，440，441]。

对于电子政务云而言，这个问题同样存在。电子政务云是一种新兴的技术与模式创新，但由于政府部门职能的特殊性，使得许多政府部门对于电子政务云的优势和价值都保持观望态度，而且对于电子政务云的采纳决策都比较谨慎。从深入访谈与调查数据可以看出，近几年在中央政府的政策支持与指导下，各级地方政府相继提出电子政务云发展战略并建立政务云平台[439]，以求最大限度地共享政务信息资源、节约建设运行维护成本等。总体而言，我国电子政务云的采纳率与使用率不断提高，但政务系统在云平台的部署比例、基础设施利用率并没有达到预期的水平，大部分云服务应用于云存储、云灾备、云邮件系统等非关键业务领域。究其原因可能在于：（1）由于电子政务云类似于其他信息技术创新具有创新壁垒高与强递增收益等属性，导致电子政务云在采纳后并无法马上体现其价值，存在政府部门对于电子政务云价值产生机制认识不清问题；（2）政府是非营利组织，信息技术建设需要在有限的预算资金完成，因此存在实施电子政务云以实现信息技术价值的行动路径选择问题。

以上问题是政府部门采纳电子政务云之后迫切需要解决的重要问题，也是最终促进电子政务云应用、体现其价值的关键问题。

为了解决这些问题，本研究从电子政务云吸收深度和广度两个角度出发，不仅考虑不同的电子政务云吸收维度对组织信息技术业务价值与信息技术战略价值的影响，而且考虑云吸收深度和广度维度间的匹配方式（组合策略）如何影响组织信息技术战略价值。在此基础上，构建了电子政务云吸收概念模型，并提出了相关研究假设，为理论界和相关组织理解电子政务云服务的吸收及其价值创造提供理论依据。

对一项信息技术创新而言，在采纳、实施与使用之后，只有被组织真正地消化与吸收（即将信息技术创新有效地与组织内外部业务流程匹配与一体化），才能发挥出应有的作用，给组织带来更多的经济与社会价值[282]。如果组织采纳了一项信息技术创新，但是组织无法正确吸收信息技术创新，那么这项信息技术创新就难以为组织价值与绩效作出贡献。

以往的学者定义了信息技术吸收的内涵（即信息技术在组织中应用数量、多样性、广度及深度）[91，290]，并从信息技术创新对组织战略及价值创造的角度探究了信息技术吸收对于业务价值与战略价值的影响[283，286，287]。这些研究都是仅仅考虑信息技术使用对组织绩效或价值的整体影响[442]，却没有考虑信息技术吸收不同维度以及这些维度的组合策略对信息技术价值的提升作用。由于在现实情境下，组织受到有限资源的限制，很难同时以较高水平的广度与深度实施与使用信息技术创新。资源编排理论[443]认为组织通过有效地配置资源部署机制能够实现有限资源的有效使用，进而获得竞争优势。在信息技术研究领域，Iyer等[444]、Lyytinen和Damsgaard[445]认为，不同信息技术实施策略的合理配置，能够提高信息技术成功与组织绩效的可能性。

综上所述，在电子政务云情境下，本研究试图打开信息技术吸收与信息技术价值提升的关系这个“黑箱”，解释不同的信息技术吸收策略如何影响信息技术价值实现。因此，基于已有信息技术吸收维度定义[290，293]，本研究将电子政务云吸收划分为云吸收广度与云吸收深度两个维度。基于信息技术价值分类研究[272，295，302，303]，将电子政务云价值分为电子政务云信息技术业务价值与电子政务云信息技术战略价值。与信息技术吸收对信息技术价值的影响研究结果[155，283，286]以及信息技术价值创造的过程观一致[299，300]，本研究认为电子政务云吸收广度与深度能够影响电子政务云信息技术业务价值，同时通过业务价值间接影响电子政务云信息技术战略价值。此外，本研究基于资源编排理论[443]、组织双元战略[362, 446, 447]，定义了电子政务云吸收广度与深度的组合策略——平衡策略与互补策略，并认为这两种组合策略通过有效地使用电子政务云对电子政务云战略价值产生影响。本研究基于信息技术吸收理论，构建了电子政务云吸收概念模型（见图6-1）。

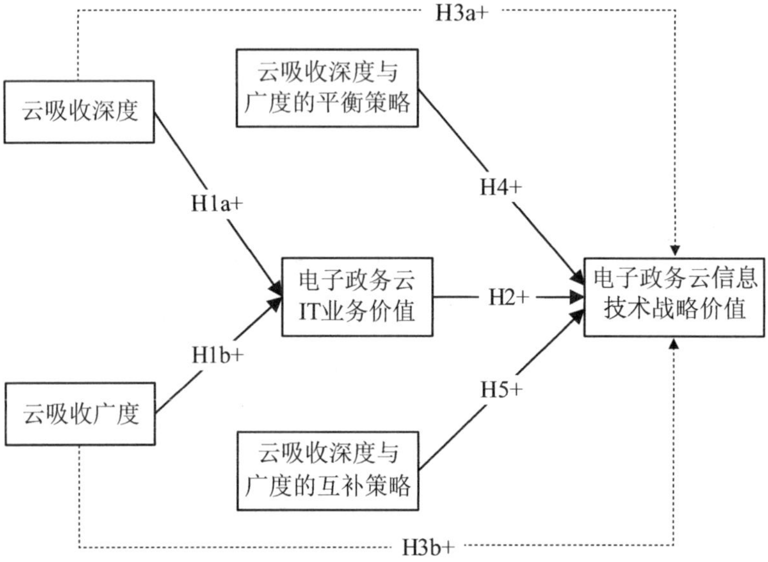

图6-1　电子政务云吸收研究模型

第二节　电子政务云吸收研究假设

一、电子政务云吸收深度与广度

基于不同情境下的信息技术吸收定义[91, 154, 155, 280, 282-285]，本研究认为电子政务云吸收是指实施与使用电子政务云服务与政府部门各层面的业务活动与业务流程相互协调、融为一体的程度，即电子政务云融入政府部门并有效支持部门业务的程度（部门实施与使用电子政务云服务的广度与深度等），也就是电子政务云在支持、处理政府部门具体业务活动和业务流程，并使这些活动和流程成为常规，进而提高业务绩效与政府战略的程度。因此，政府部门在采纳云服务后，为了让云服务真正给政府部门带来价值，就需要促进业务与政务云服务的融合，以真正吸收电子政务云技术。

在信息技术吸收的过程中，对信息技术使用或部署方法的不同侧重导致了不同的吸收维度。Massetti 和 Zmud 为测量电子数据交换使用的程度提供理论基础，包括数量、多样性、广度和深度[290]。信息技术使用的这四个维度中的每一个都在新的信息技术创新背景下被重新定义，例如企业资源计划使用的数量、多样性和深度[91]，基于互联网的采购应用使用数量、广度和深度[286]，组织间系统使用的深度和广度[293]等。上述信息技术使用的一些维度关注信息技术创新使用或部署的多样性和范围，而另外一些维度则关注深入程度和强度。因此，信息技术创新的吸收（使用或部署）主要可以从深度和广度两个方面进行界定。

已有研究表明信息技术吸收能够提高组织的操作与管理效率[283, 286]，为了进一步探讨电子政务云吸收对组织价值的影响机制，本研究依照 Massetti 和 Zmud[290]、Zhu 和 Kraemer[292]、Klein[286]、Liang 等[91]和 Zhang 等[293]的信息技术吸收维度界定，从信息技术使用的深度与广度出发[448]，将电子政务云吸收维度分为吸收深度和吸收广度两个方面。在采纳电子政务云之后，政府部门需要配置必要的资源以推进电子政务云从深度与广度维度两方面的融合。其中，融合深度表示政府部门使用电子政务云支持业务活动的深入程度与强度（电子政务云支持相关业务、管理、决策的程度）；融合广度表示组织使用电子政务云进行业务活动的多样性和范围大小（如采用的服务类型与数量、迁移的系统数量、系统签订与使用云安全协议的数量）。一般而言，具有电子政务云深度的组织通常能将某一业务流程紧密地集成和协作，而具有电子政务云广度的组织通常扩展电子政务覆盖领域[293]。

二、电子政务云信息技术价值

以往对信息技术使用的组织管理研究表明，组织利用信息技术支持组织业务管理活动与流程，能够明显提升组织业务运营效率和战略竞争成效[272, 295]。业务运营效率反映业务处理效率的改善（改进客户服务、降低运维成本、减少信息技术部署时间等），而战略竞争成效反映企业整体竞争优势的提升和利益相关方关系的改善[293, 449]。

在云计算商业价值方面，现有研究已从多个维度对云计算价值进行了探讨，有的专注于云计算经济成本效益分析，有的专注于组织变革与社会效益[51]。但无论从哪个角度来看，云计算的技术优势被实践界和学术界都十分看好，普遍认同云计算价值体现在降低生产成本、提高业务效率、优化业务管理，从而提升组织绩效，并增强组织能力[322]。在电子政务价值方面，已有研究表明信息技术的应用能够给政府带来技术（扩展性、交互性、安全性)、管理(共享、知识管理、结构与文化变革)与社会价值(公众参与与满意、组织创新)[450]。对于电子政务云而言,已有学者对于云计算在政府领域的应用研究表明,电子政务云不仅能够为政府部门带来降低信息技术成本、提高信息技术部署效率等信息技术价值,而且将带来更多的长期社会价值[451]。Cordella和Bonina指出,信息技术公共价值不仅与公共部门所采取行动的效率有关,还与政府方案在某些民主方面取得的成果的有效性有关[302]。

基于信息技术价值与云计算价值研究,在本研究将电子政务云的价值划分为体现提升信息技术运维效率的信息技术业务价值与实现长期社会目标的信息技术战略价值。信息技术业务价值反映了信息技术运维效率的提高,而信息技术战略价值反映了社会战略目标和政府转型。

(一)电子政务云信息技术业务价值

信息技术业务价值是在信息技术相关业务中的价值与效果,说明电子政务云能有效改善电子政务建设问题(高投入、低利用率等),体现在减少信息技术成本、增加政府信息系统部署效率、减少数据共享与业务协同的技术复杂性[3,93,439]。

在构建"智慧政府"的环境下,对于政府部门而言,云计算已经被视为解决传统电子政务建设问题与困境的有效方式,通过整体迁移与建设跨部门、跨地区的政府信息系统应用,有效削减政府自建信息中心或机房的数目,有效通过云计算解决分散建设和重复投资问题[15]。首先,电子政务云可以显著减少政府信息化建设的信息技术运营成本。这是因为政府部门采纳与使用电子政务云服务后,需要把先前自己运维的信息技术资源迁移至云平台并授权给专业化的云服务提供商进行维护,政府部门使用"按需付费"的政府购买方式,这样既不需要政府部门投资购买硬件设备,又不需要雇佣专门信息技术运维员工进行维护,从而节省建设费用与运维费用[9,11,34,126,439]。其次,电子政务云改变了信息技术基础环境,能够显著提升电子政务信息系统的部署效率。政府与公共部门通过已建立的云基础设施与平台服务,在无需考虑软硬件环境是否具备的背景下快速完成系统部署与上线运行[8,10]。最后,电子政务云能够改善信息共享与业务协同的技术环境。政府部门通过使用统一的电子政务云平台,基于共用的基础体系架构,可以实现各政务系统之间的软硬件共享,这有助于推进部门间、跨部门的业务系统的整合与数据资源共享,为政府部门业务协同创造条件[16,41,129]。基于以上论述,本研究认为电子政务云的有效使用与吸收能够提高组织信息技术业务价值,即减少电子政务信息技术运营成本、提升电子政务信息技术部署效率、减少部门信息共享与业务协同难度。

（二）电子政务云信息技术战略价值

信息技术战略价值是信息技术对组织整体绩效与竞争优势的作用，本研究中指的是利用云计算技术实现推进电子政务的集约化发展的战略目标，促进政府转型，这种转型体现在公共行政服务由粗放型向集约型转变、由孤立运作向跨部门、跨区域协同转变，主要表现为部门整体的公众服务质量提升、政务管理创新与服务型政府转型[15, 305, 310, 439, 452]。

从整体来看，首先，电子政务云有助于改善与提升政府服务质量。政府部门将信息技术资源迁移至云平台并使用云服务有助于政府信息技术资源所有权和使用权的分离。政府不再进行信息技术基础运维，而是由供应商专业的技术团队负责提供云服务，在减少信息技术运维工作量的同时，将精力集中于核心业务，显著改善基于信息技术的政府公共服务质量[34, 126]。其次，电子政务云有助于政务管理创新。电子政务云以服务的形式改变了政府信息化建设思路，政务云在一定程度上对政府部门的业务梳理与管理创新产生了“倒逼”作用，使得政府通过云计算整合、优化与革新政府相关职能与业务流程[138]。最后，电子政务云有助于服务型政府的转型。电子政务云通过基础架构与数据的整合与集成，提高了数据共享与部门间的协同能力，提高了公众一站式政务服务水平，进而促进服务型政府转型[14, 15]。

三、云吸收深度和广度与云信息技术业务价值

已有研究表明，信息技术的实施与吸收能够提高组织业务效率，如业务改善、增强竞争优势、改善与利益相关者的业务关系[272, 453, 454]。例如，Ramamurthy等指出组织有效使用电子数据交换能够提高企业业务绩效[291]；Klein指出卫生部门对网上采购应用的使用与吸收能够提高组织业务绩效[286]；Zhang等指出企业有效使用与实施跨组织系统能够提高组织业务效率[293]；Sallehudin等研究表明在马来西亚情境下，政府部门有效地实施电子政务云能够提高信息技术业务效率[92]。云计算使企业能够解除对信息技术设备和软件大规模投资的限制，享受低成本、高效率的计算服务[304]。因此，有效地推进电子政务云吸收能够显著提高信息技术业务价值。

一般而言，组织使用与吸收信息技术或信息科学会经历一个从浅到深、从点到面的过程[286]，即从单项业务的孤立信息化应用向各环节核心

业务集成、整合应用过渡，从相互独立到密不可分的发展过程[91]。在这个电子政务云情境下，政府部门同样也经历一个吸收过程：起初只是简单的电子政务云的应用（存储、灾备等），随后慢慢地扩展至其他复杂服务，并将电子政务云服务用于支持业务流程再造与大数据决策管理[314]。因此，政府部门的电子政务云吸收表现为两个维度：深度与广度。在本研究中，政府部门的电子政务云的信息技术业务价值是电子政务云吸收对部门业务运作的各个方面带来的增强，包括成本降低、高部署效率和更好的信息共享[93]。

在电子政务云吸收深度方面，随着吸收深度的提高，政府部门利用电子政务云服务支持政府业务、管理、决策程度就会越高。政府部门不仅使用电子政务云的IaaS提供支撑基础建设组件（如虚拟机、云存储和防火墙），使用PaaS支撑软件的全生命周期过程（即开发、测试和部署），还在更大程度利用SaaS、DaaS支撑政府部门的决策，这种更高水平的电子政务云吸收程度能够降低信息技术运维成本、提高信息技术部署效率、优化业务处理流程进而实现信息技术业务价值[93]。更深入的“云化”使政府部门能够通过数字化和合理化的业务流程来提高其信息技术业务效率和价值[455]。此外，更深入的“云化”可以使政府部门发展云能力，实现更高效的运营、更精确的大数据决策管理、更好地与其他机构进行信息共享和协作[456]。例如，济南市公安局利用电子政务云平台实现监控数据挖掘，能够支持人像、指纹比对等，大大提高了部门的信息技术业务处理效率与决策水平。

在电子政务云吸收广度方面，随着政府部门吸收广度的提高，政府部门利用电子政务云服务的多样性与迁移系统至平台的数量也就越多。政府部门能够利用不同的服务类型支持不同的业务需求，进而提高信息技术部署效率。同时，大部分的政务系统应用迁移至电子政务云平台，通过云计算的按需购买标准能够降低信息技术运营成本（硬件购买成本与信息技术运维成本）。此外，吸收广度扩大了政府部门间的数字化水平，可以在政府部门间的数据共享中受益[92]。例如，济南市公安局通过电子政务云平台，把传统模式建立的部分系统及其数据信息整体部署于“云”中，一年能够节约能源消耗支出等七十万元。

因此，本研究认为电子政务云吸收深度和电子政务云吸收广度都会影响组织的信息技术业务价值。因此，本研究提出如下假设：

H1a：电子政务云吸收深度正向影响组织的信息技术业务价值。

H1b：电子政务云吸收广度正向影响组织的信息技术业务价值。

四、云吸收深度和广度与云信息技术战略价值

以往信息科学研究表明，在企业情境下，信息技术业务价值（效率）有可能在短期内得以实现（如成本、工作效率等），然而信息技术的战略价值（整体绩效与竞争优势）只能通过长期的信息技术实施活动才有可能得以实现[295]。

在电子政务情境下，政府部门电子政务云的使用能够在短期内实现减少信息技术建设（硬件）成本、提高信息技术部署效率（即减少信息技术审核部署周期）、降低信息技术运维支出、降低信息共享技术难度等信息技术业务价值。然而对于信息技术战略价值（公共服务质量、服务管理创新、政府转型等），则需要政府部门长期投入电子政务云的实施与建设[457]。这是由于在传统的电子政务建设过程中，普遍存在的各自为政、资源分散等问题不是仅仅使用云计算技术就能立刻解决的，需要通过长期电子政务管理创新与机制创新去解决。因此，本研究认为电子政务云对于政府部门的信息技术战略价值是一种长期的价值体现。

Banker和Lin对信息技术商业价值的研究发现，组织的信息技术业务价值与业务效率是实现信息技术战略价值（竞争优势）过程中的一个中间变量[293，295]，即这两种类型的信息技术价值之间存在顺序关系[458]。在电子政务云环境中，电子政务云的有效吸收能够实现信息技术业务价值，进而提高组织信息技术战略价值。

无论是电子政务吸收深度还是吸收广度，都只是提供了一个集成的平台，使得碎片化的系统和分散的资源能够进行信息交换[119]。信息技术战略价值比信息技术业务价值复杂得多，信息技术战略价值不是简单地长期投资于电子政务云的实施而来的，而是由政府部门的某些特定组织能力[298，299]，或资源、能力和环境条件的配置所创造的[445]。在电子政务云吸收深度方面，随着政府部门“云化”战略的深入，云模式改进现有政府信息化的建设模式，利用云提供商专业的服务降低政府部门的信息技术负担，进而实现政府部门的长期信息技术投入绩效。同时电子政务云吸收深度有利于统一与标准化部门间的业务流程及数据结构，支持部门间数据共享以及业务协同，进而实现公共服务质量提高的战略目标。在电子政务云吸收广度方面，随着政府部门电子政务系统与数据的迁移，政府部门能减少信息技术运维的支出，同时减少了信息技术运维的精力投入，使部门更重视公共服务质量的提升，以实现服务型政府的转型的长期战略价值[439]。因此，基于电子政务吸收广度和深度的扩大所带来的

信息技术业务价值，各政府部门将进行行政管理创新和制度创新，以应对云计算与传统电子政务建设模式之间的冲突。同时，各政府部门将进一步提升整合、规范各部门间业务流程和数据结构的能力，实现跨机构数据共享和业务协作，通过电子政务云支持的数据集成和流程集成，提高公共服务（如一站式服务）的质量[92, 298]。

综上所述，从信息技术价值创造的过程视角来看，电子政务云的信息技术业务价值是信息技术战略价值生成过程中的基本条件和前因变量。这意味着电子政务云的有效吸收可以实现信息技术业务价值，从而提升信息技术战略价值。即通过电子政务云信息技术业务价值，电子政务云吸收的深度与广度能够实现长期的电子政务云信息技术战略价值。

H2：电子政务云信息技术业务价值正向影响电子政务云信息技术战略价值。

H3a：电子政务云吸收深度通过信息技术业务价值正向影响信息技术战略价值。

H3b：电子政务云吸收广度通过信息技术业务价值正向影响信息技术战略价值。

五、云吸收深度和广度的组合策略与云信息技术战略价值

（一）电子政务云吸收深度和广度的组合策略

已有研究表明，电子政务云吸收深度和广度能够提高组织绩效[286, 291, 293]。虽然政府采纳电子政务可以为组织带来各种好处，但是很多情况下组织无法实现电子政务的价值[459, 460]。因此，许多学者呼吁采用合适的匹配方法来考虑相互依赖的信息科学使用策略之间的联合效应[445]。例如，Iyer等[444]和Premkumar等[461]研究表明，信息系统的成功与价值实现取决于信息系统的不同实施策略、实施架构和实施环境的合理配合，而不是它们各自的单独影响作用。Flynn等研究表明，在深度维度和广度维度上有效实施信息系统的组织要优于随意（无规划）实施信息系统的组织[462]。Sirmon和Hitt[463]、Fang等[448]研究发现资源的不同配置与部署维度的组合效应能够显著影响组织绩效与竞争优势。Panagiotopoulos等强调并不是技术本身决定了信息技术成功，而是技术的业务模型被配置以实现战略目标的方式[464]。Sirmon等[443]、Siggelkow[465]从资源编排理论角度，把资源利用深度与广度作为组织价值创造与信息技术实施机制的基础，并指出组织的竞争优势最终体现在资源利用深度与广度的组合效应，而并非其单独效应。Massetti和Zmud指出当战略性地考虑电子数据

交换使用的广度和深度时，将提供多功能服务以吸引新老客户，并提高内部运行效率，而片面地强调深度或广度则很难为组织带来收益[290]。

随着政府部门电子政务云深度与广度的吸收（不断地进行电子政务云投资建设），电子政务云吸收达到了一种云服务应用程度与云服务多样性之间的稳定状态。特别是，在广度和深度两个维度上都有效部署信息科学的组织，有可能比部署信息科学更随意的组织表现更好的绩效[293]。基于双元理论[466]，电子政务云吸收的深度和广度可以被认为是信息技术价值创造的基石，这些基石的联合效应最终将有助于组织绩效[446]。因此，本研究将探究电子政务云吸收的广度和深度维度的组合策略如何影响电子政务云信息技术战略。

资源编排视角和双元理论在考虑资源不同配置策略的组合效应时，这些策略之间的组合关系对于实现战略价值十分关键[443]。在策略匹配机制的研究中，Venkatraman 识别了六种匹配策略，其中配对匹配和调节匹配被广泛在双元理论研究中使用[467]。配对匹配关注两个维度策略之间的平衡关系，表明在两个策略相符合或一致时其组合效果能达到最大化。调节匹配关注两个策略之间的互补关系，表明两个策略可能加强彼此对组织整体绩效与优势的边际效应。这种匹配机制同样应用在组织双元的研究中（双元创新的平衡性与互补性）[469]。

遵循这个策略匹配逻辑，本研究关注这两种电子政务云吸收广度与吸收深度策略的匹配方式，即平衡匹配方式与互补匹配方式。本研究认为平衡匹配方式是指政府部门将电子政务云吸收广度与深度保持在同等水平，反映了配对匹配的理念。例如，如果政府部门在深度与广度同等水平的基础上，同时投入资源进行电子政务云深度与广度的建设，那么政府部门追求的是平衡的匹配方式。同样地，互补匹配方式指政府部门加大电子政务云吸收的深度或广度以增加其他吸收维度对政府部门价值的边际效应，反映了调节匹配的理念。例如，如果政府部门在深度与广度同等水平的基础上，加强某一业务的云深度应用，以期带动其他业务领域的整体发展，那么政府部门追求的是互补的匹配方式。

为了更为直观地描述电子政务云吸收深度与广度两种匹配方式的含义，本研究用以下数学公式给予解释。假设一个政府部门在电子政务云吸收深度的倾向程度为X，在电子政务云吸收广度的倾向程度为Y，平衡的匹配方式和互补的匹配方式决定了电子政务云吸收深度和广度对信息技术价值的共同效用。平衡的匹配方式的价值影响表示为“$1-|X-Y|$”，即X与Y的差异值越小，使得X与Y的平衡达到最大化[446]；互补的匹配方

式的价值影响表示为“$X \times Y$”，即X或Y的增加可能潜在地增加另一个变量对价值的边际效应[470]，两者乘积数值越大表示二者互补的程度越好，其统计学意义在于相互调节作用。电子政务云吸收深度与广度不同匹配方式的含义如表6-1所示。

表6-1　电子政务云吸收深度与广度不同匹配方式的含义

政府部门	电子政务云吸收深度	电子政务云吸收广度	电子政务云吸收深度与广度匹配方式
A政府部门	3	5	互补
B政府部门	3	3	平衡

（二）平衡策略与电子政务云信息技术战略价值

由于电子政务云吸收维度与信息技术战略价值之间的关系更为复杂，无法通过深度或广度独立的直接效应来揭示两者的关系[293]。因此，通过区分两种适合的匹配战略，进一步探讨电子政务云吸收深度和广度如何共同影响电子政务云的信息技术战略价值。从组织双元性出发，March提出利用式创新和探索式创新都是企业竞争优势的关键来源，但两者不是孤立存在，两者之间存在两种匹配方式，即平衡和互补[466]。从平衡的角度来看，研究者认为利用性活动和探索性活动存在稀缺资源的竞争，二者之间存在对立的关系。也就是说，在某些条件下，没有平衡，长期生存是可行的[471]。March认为利用和探索活动存在着固有的资源和组织需求的矛盾，并认为当企业过度将资源集中于利用性活动而忽视探索性活动时，其可能会从现有产品和市场中取得短期的成功，但是却会在不稳定的市场环境和快速的技术变化下面临衰落的风险[446，466]；与此相反，企业过度将资源集中于探索性活动时，可能有更好的机会跟上市场节奏变化，但又面临着失去正常收益的风险[472]。因此，基于二者对立的观点，利用和探索二者之间的平衡可能会帮助企业更好地管理绩效和风险之间的平衡，有利于组织的竞争优势，有利于企业的短期和长期效益[155]；而不平衡则会降低业绩增长[447，470]，片面强调深度或广度很难带来长期的组织绩效[290]。

在电子政务云情境下，电子政务云吸收深度与广度对政府部门同样重要，但是这两个维度的活动和投资需要竞争有限的资源，特别是财政预算[299，473]。因此，基于平衡的匹配方式强调，应尽可能在电子政务云的深度与广度吸收之间保持一种平衡。过度关注某一维度的吸收可能给政府部门带来风险。例如，当政府部门过度关注云吸收广度时，基础设施与平台服务能够实现大量信息系统的运维成本的降低、提高运作效率、充分运用信息资源等目的。但在大数据的环境中，会因缺乏深层次应用(决策支持)，无法对社会需求做出及时响应与变化，同时过多浅层次的云服务应用会再次出现“重建设、轻应用”的问题，造成资源的浪费。而当政府部门过度关注云吸收深度时，虽然在某一政务领域能达到较深层次应用（如数据分析、支持决策），但其他电子政务信息系统建设将会滞后，出现不同业务、不同部门信息化水平参差不齐问题，不利于部门整体信息化效率与价值的提升。可见，过度的重视二者之一，往往都会导致另一个维度的滞后（不平衡状态），使政府部门在实现信息技术战略价值中承担一定的风险和挑战。在平衡观点的基础之上，电子政务云实施深度与广度之间存在矛盾性，二者对资源（预算）的冲突和争夺不可避免[299]，鉴于政府部门可获得的资源有限，在广度和深度之间权衡是一场持续的斗争，这就意味着政府部门需要对二者进行一定的权衡，避免过于重视深度或广度带来的管理创新方面的负面影响。因此，如果不能在广度和深度之间取得平衡，就会使政府部门容易受到上述风险的影响。相反，通过结构化地控制风险，促进电子政务云吸收两个维度的平衡，对于政府部门提高其信息技术战略价值是至关重要的[447]。

此外，Chang等认为一个对云计算平衡的信息技术生态系统将提高组织的云计算吸收能力[473]，这种技术吸收能力可以使企业在电子政务云吸收阶段应对组织文化、互动、机制、研发资源投资和技术扩散渠道变化带来的挑战。因此，在广度和深度维度之间的平衡匹配策略为政府部门充分利用电子政务云服务，以实现长期信息技术战略价值提供了所需的稳定性。综上所述，从平衡观上来看，政府部门越注重电子政务云吸收广度与深度的平衡，政府的信息技术战略价值越高。

H4：电子政务云吸收广度与深度的平衡正向影响信息技术战略价值。

（三）互补策略与电子政务云信息技术战略价值

从双元理论互补的观点来看，研究者认为应用和探索之间并不存在矛盾的关系，二者不会产生资源的竞争，是相互作用的关系[446]。已有研究者认为高水平的利用性活动的发展能够提升企业探索新知识、发展新资源的能力，进而支持企业开发新产品，适应新市场；而通过重复使用现有的资源和知识，企业能够更好地对自身进行定位，对企业现有的能力、知识和资源有一个更为深刻的理解。因此，即使在不平衡的状态下，两者的互补也能提高企业竞争优势与绩效水平[293, 470, 471]。

在电子政务情境下，基于互补的匹配方式强调电子政务云吸收深度与广度之间存在着互相补充的关系，并能最大化组织绩效的边际效应[446]。因此，电子政务云吸收深度与广度之间存在着相互的信息技术价值提升作用。例如，当政府部门提高其电子政务云吸收广度以实现更多的业务系统应用、数据迁移至电子政务云平台，基于云平台能为不同系统之间的数据整合提供基础，有利于部门间政务协同与政府管理决策支持等深度应用效果，随着电子政务云吸收广度的深入，其带来的整体效果也就越大；电子政务云吸收深度能够“以点带面”作用，通过一个电子政务云服务应用的深度应用经验，扩展至其他业务应用的云服务，进而促进各个业务系统应用迁移至电子政务云平台，提高电子政务云的整体信息技术价值。因此，这两个维度的互补，可以在数据“云化”、流程集成的基础上，加速优化业务、提升公共服务（如一站式在线服务、政务开放数据）的改革和创新[100]。随着时间的推移，在可用资源有限的约束下，电子政务云吸收的深度和广度的互补效应将提升整体信息技术战略价值。因此，本研究做出如下假设：

H5：电子政务云吸收广度与深度的互补正向影响信息技术战略价值。

第三节 研究方法

为了检验提出的模型，基于在结构方程建模中应用偏最小二乘方法的建议，本研究设计了以下研究方法步骤，概述了本研究涉及的过程阶段[419, 474]。研究设计包括变量测量、数据收集和模型验证。首先，变量测量分三个阶段进行[257]：在电子政务云情境下，根据已有成熟量表设计变量量表；由专家小组进行量表修订，以确保量表的清晰度和有效性；由20个政府部门组成的小组进行量表前测，以确保问卷的可靠性和质量。其次，问卷分发给政府部门的实际受访者。本研究的分析单位是部门组织。最后，利用偏最小二乘结构方程对数据进行分析，验证模型的有效性。

一、变量测量

一般而言，为了提高研究中变量测量的准确性与稳定性，已有研究表明最有效的方式是应用大部分学者使用过的、被证实具有良好信度与效度的测量工具。因此，本研究中所要测量的变量为潜变量，为了确保测量题项的一致性，提高测度的信度，本研究将利用多个题项对潜变量进行测量，而测量题项大部分来源于信息系统实证文献中的成熟量表。

对于电子政务吸收模型中涉及变量的测量方法见表6-2。其中，电子政务云吸收广度、云吸收深度改编自Klein[286]、Liang等[91]和Zhang等[293]，电子政务云信息技术业务价值改编自Sallehudin等[92]，电子政务云信息技术战略价值改编自Melville等[295]、Bannister和Connolly[305]。对于电子政务云吸收深度与广度平衡匹配方式与互补匹配方式，本研究利用电子政务云吸收广度与吸收深度的数学计算实现变量的测量，即平衡的匹配方式利用“$1-\left|\text{云吸收广度}-\text{云吸收深度}\right|$”表示、互补的匹配方式利用“云吸收广度×云吸收深度”表示。在运算之前都需要将云吸收广度与云吸收深度广度进行标准化，即平衡匹配方式与互补匹配方式属于单一题项。

表6-2　电子政务云吸收模型的变量测量项

<table>
<tr><th>变量</th><th>题号</th><th>题项描述</th><th>参考文献</th></tr>
<tr><td rowspan="3">云吸收广度</td><td>Bre1</td><td>部门已使用电子政务云服务种类的多样性，如基础设施即服务、平台即服务、软件即服务、数据即服务</td><td rowspan="6">Massetti和Zmud[290]；Klein[286]；Liang等[91]</td></tr>
<tr><td>Bre2</td><td>部门采用电子政务云服务的数量，如云主机、云存储、虚拟数据中心、设备托管、大数据、云桌面、云灾备、云盘、云应用</td></tr>
<tr><td>Bre3</td><td>部门迁移系统至电子政务云平台的数量</td></tr>
<tr><td rowspan="3">云吸收深度</td><td>Dep1</td><td>部门使用电子政务云进行政务基础运营活动的程度，如政府云共享、云存储、云灾备的使用</td></tr>
<tr><td>Dep2</td><td>部门使用电子政务云进行政务管理活动的程度，如云平台政务审批、报税等</td></tr>
<tr><td>Dep3</td><td>部门使用电子政务云进行政务决策活动的程度，如大数据决策、智能分析</td></tr>
<tr><td>平衡匹配方式</td><td>Bal1</td><td>$1-\left|\text{标准化的云吸收广度}-\text{标准化的云吸收深度}\right|$</td><td rowspan="2">He和Wong[470]；Zhang等[293]</td></tr>
<tr><td>互补匹配方式</td><td>Com1</td><td>标准化的云吸收广度×标准化的云吸收深度</td></tr>
</table>

续表6-2

变量	题号	题项描述	参考文献
信息技术业务价值	Ope1	使用电子政务云能明显降低部门的信息技术运营成本	Sallehudin等[92]
	Ope2	使用电子政务云能明显提升信息技术部署效率	
	Ope3	使用电子政务云能明显改善部门协同效率	
信息技术战略价值	Str1	使用电子政务云能提升公共服务效果与质量	Melville等[295]；Bannister和Connolly[305]
	Str2	使用电子政务云能促进业务优化与管理创新	
	Str3	使用电子政务云能促进服务型政府转型	

二、问卷设计与数据收集

（一）问卷设计

实证数据的收集是本研究的重要步骤，不同来源与质量的数据能显著影响研究方法的选择与研究发现的有效性。本研究是关于政府组织研究，云计算技术（电子政务云）处于推广应用时期，政府部门的信息技术架构与应用系统还没有完全符合或迁移至电子政务云平台，并且电子政务云的应用涉及政府涉密数据与安全，政府部门一般不会向社会公开电子政务云的使用情况与部门效率等信息云（仅是大体上的统计数据，如山东省省级电子政务公共服务云平台部署了39个部门的44个业务应用系统）。因此，本研究选择问卷调查的方法进行数据的收集，用以验证理论概念模型。

本研究的调查问卷主要涵盖三部分：第一部分是基本信息，包括政府部门信息（如部门级别、部门人数）与填写问卷人员的个人信息（性别、年龄），要求应答者直接填写或选择相应的答案选项；第二部分是对电子政务云的认识或者应用情况；第三部分是本研究涉及变量的五级评分式李克特量表。数字的含义由1到5表示为1=完全不同意，2=不同意，3=不清楚或中立，4=同意，5=完全同意。电子政务云吸收调查问卷如附录Ⅲ所示。

（二）数据收集

对于电子政务云采纳、吸收与价值影响问卷发放与收集：问卷调查同样通过纸质和电子问卷（邮件）的形式进行。问卷收集工作从2017年11月开始，2018年1月结束，同样跟随2017年度电子政务绩效评估工作，对考核的省级（山东省）预算部门以及市级（济南市、潍坊市等）预算部门进行问卷发放，保证了问卷的真实性与准确性。在本环节，要求被试所在的政府部门已采纳并正在使用电子政务云服务。本次问卷调查共发放了194份问卷，剔除由于关键信息填写不完整等造成的无效问卷以及未采纳电子政务云服务的政府部门问卷，剩余158份有效问卷（省厅级部门44份、市局级部门114份），有效回收率达到81.44%。

三、数据分析方法

由于本研究目的是通过对已有理论的理论扩展的探索，更好地理解日益增长的复杂性，同时样本数据较小（满足了分析的标准），且数据不服从正态分布，另外存在单一指标构念（平衡和互补），因此，本研究选择偏最小二乘结构方程作为数据分析方法。

第四节　数据分析与结果讨论

一、描述性统计

参与调查政府部门的统计性描述见表6-3。其中政府机关44家，事业单位114家；省厅级部门36家、市局级部门43家。在调研的部门中，超过80%的部门成立了信息化领导小组，超过60%的部门成立了信息中心或支撑单位。

参与问卷调查被调查者信息的统计性描述见表6-4。

表6-3　部门信息描述性统计表（n=158）

描述项	选项	频数	百分比
部门级别	省厅级	44	27.85%
	市局级	114	72.15%
信息化领导小组	已成立	130	82.28%
	未成立	21	13.29%
	未填写	7	4.43%

续表6-3

描述项	选项	频数	百分比
信息中心或支撑单位	已成立	97	61.39%
	未成立	55	34.81%
	未填写	6	3.80%
部门信息技术投入预算	0～50万	57	36.08%
	50万～100万	18	11.39%
	100万～200万	14	8.86%
	200万～500万	25	15.82%
	500万～1000万	15	9.49%
	1000万～2000万	11	6.96%
	2000万以上	8	5.06%
	未填写	10	6.33%
电子政务运维人数	0～10人	63	39.87%
	10～20人	45	28.48%
	20～50人	30	18.99%
	50人以上	11	6.96%
	未填写	9	5.70%

表6-4　被调查者信息描述性统计表(n=158)

描述项	选项	频数	百分比
性别	男	135	75.00%
	女	23	12.78%
文化程度	高中/中专/职高	5	2.78%
	本科/大专	89	49.44%
	研究生及以上	64	35.56%

续表6-4

描述项	选项	频数	百分比
年龄	20～30岁	53	29.44%
	30～40岁	83	46.11%
	40岁以上	22	12.22%
行政级别	科员及以下	46	25.56%
	科级	105	58.33%
	处级及以上	7	3.89%

二、共同方法偏差

本研究利用Harman's单因子检验方法[405]、完全共线性评估方法[408]两种方法来评估共同方差存在的可能性。

首先，本研究将所有题项放在一起进行探索性因子分析，共析出了3个特征值大于1的公因子，且第一个主成分仅可解释21.7%的方差变异，其比率在较低的范围内，因此共同方法偏差并不严重。其次，完全共线性评估方法要求方差膨胀因子值应低于1.993的阈值[408]。由表6-5可知，方差膨胀因子值最大为1.993，说明测量模型不受共同方法偏差影响。

表6-5　共线性检验

构念	信息技术业务价值	信息技术战略价值
吸收深度	1.220	
吸收广度	1.220	
互补匹配		1.993
平衡匹配		1.085
信息技术业务价值		1.882

三、测量模型

（一）信度检验

对于反映性测量模型，应评估指标信度、内部一致性信度、收敛效度和区分效度[385, 411]。

指标信度需要估计构念与其指标（即外部载荷）之间的关系，以往研究建议外部载荷需大于0.708[385]。如表6-6所示，所有构念的外部载荷均在0.708以上，这表明指标的可靠性达到可以接受水平。

表6-6　因子载荷与交叉载荷

题项	吸收深度	吸收广度	互补匹配	平衡匹配	信息技术运维价值	信息技术战略价值
Dep1	0.852	0.330	0.681	−0.159	0.440	0.483
Dep2	0.921	0.424	0.760	−0.118	0.573	0.583
Dep3	0.893	0.369	0.719	−0.154	0.532	0.551
Bre1	0.415	0.871	0.779	0.423	0.510	0.385
Bre2	0.366	0.934	0.794	0.531	0.509	0.445
Bre3	0.358	0.879	0.751	0.473	0.490	0.377
B×D	0.811	0.866	1.000	0.274	0.683	0.639
5-|B − D|	−0.159	0.532	0.274	1.000	0.143	0.110
Ope1	0.653	0.553	0.703	0.085	0.909	0.558
Ope2	0.536	0.499	0.627	0.126	0.946	0.562
Ope3	0.407	0.500	0.547	0.196	0.912	0.542
Str1	0.525	0.394	0.562	0.070	0.511	0.871
Str2	0.519	0.364	0.518	0.045	0.544	0.830
Str3	0.524	0.400	0.565	0.168	0.492	0.872

内部一致性指的是检验题项一致性的程度，常用方法是组合信度、克隆巴赫系数和ρ_A。由表6-7可知，所有构念的克隆巴赫系数和组合信度都大于0.707[411]，这说明测量模型具有较好的信度水平。

表6-7　构念的克隆巴赫系数、ρ_A、组合信度与平均提取方差值

构念	克隆巴赫系数	ρ_A	组合信度	平均提取方差值
吸收深度	0.867	0.882	0.919	0.790
吸收广度	0.875	0.876	0.923	0.801

续表6-7

构念	克隆巴赫系数	ρ_A	组合信度	平均提取方差值
互补匹配	1.000	1.000	1.000	1.000
平衡匹配	1.000	1.000	1.000	1.000
信息技术业务价值	0.913	0.919	0.945	0.851
信息技术战略价值	0.820	0.820	0.893	0.736

（二）效度检验

收敛效度指不同观测变量可否用来测量同一潜变量，一般用平均提取方差值来反映来判断，平均提取方差值越高则说明构念的收敛效度越好。可接受的平均提取方差值应大于0.50。由表6-7与可知，构念的平均提取方差值都大于0.5，这说明测量模型的收敛效度水平较高。

区分效度指不同的潜变量是否存在显著差异。区分效度评估一般利用三种方法：Fornelle-Larcker标准、交叉载荷标准和异质-单质比率标准。Fornell-Larcker标准要求每一个构念的平均提取方差值的平方根都大于该构念与其他构念之间的相关系数的绝对值[316]；交叉载荷标准要求指标在相关构念的载荷应高于其在其他构念上的所有的载荷[317]。如表6-6所示，构念的因子载荷大于交叉载荷，说明测量模型具有较好的区分效度。如表6-8所示，每一个构念的平均提取方差值的平方根都大于构念之间的相关系数的绝对值，表明该测量模型具有良好的区分效度，进一步说明测量模型具有较好的区分效度。

表6-8 构念间的相关系数与平均提取方差值

构念	吸收深度	吸收广度	互补匹配	平衡匹配	信息技术运维价值	信息技术战略价值
吸收深度	**0.889**					
吸收广度	0.424	**0.895**				
互补匹配	0.811	0.866	**1.000**			
平衡匹配	−0.159	0.532	0.274	**1.000**		

续表6-8

构念	吸收深度	吸收广度	互补匹配	平衡匹配	信息技术运维价值	信息技术战略价值
信息技术业务价值	0.584	0.563	0.683	0.143	**0.923**	
信息技术战略价值	0.61	0.45	0.639	0.11	0.601	**0.858**

注：对角线黑体数字是潜变量的平均提取方差值，非对角线是潜变量间的相关系数。

异质-单质比率是特质间相关与特质内相关的比率。该比率数值越小，说明区分效度越高，两构念间的异质-单质比率需低于0.85（有时候可放宽到0.9）[385]，由表6-9可知该测量模型具有良好的区分效度。

表6-9　异质-单质比率

构念	吸收深度	吸收广度	互补匹配	平衡匹配	信息技术运维价值	信息技术战略价值
吸收深度						
吸收广度	0.483					
互补匹配	0.819	0.826				
平衡匹配	0.174	0.569	0.274			
信息技术业务价值	0.642	0.627	0.710	0.154		
信息技术战略价值	0.719	0.531	0.706	0.122	0.694	

四、结构模型

在进行假设检验前，需要确认是否存在多重共线行，由表6-8可知外生变量之间的相关系数最大值为0.866，小于0.9的阈值，同时表6-5显示方差膨胀因子在1.220～1.993之间，远小于3的临界值（严格标准），这表明模型不存在多重共线性问题。

本研究使用Smart PLS 3.0软件对问卷调查所获得的158份样本数据对研究模型进行了检验：Algorithm获得结构方程模型的路径系数，然后利用自助法引导程序从原始数据集中通过抽出放回的方式随机抽取其中的观察结果来创建子样本，为了确保结果的稳定性，本研究利用自助法执行重复采样迭代产生的5000个新样本对模型路径系数进行显著性评估[410]。结构模型估计结果如图6-2所示，给出了内生变量的解释方差R^2、Q^2和标准化路径系数β。

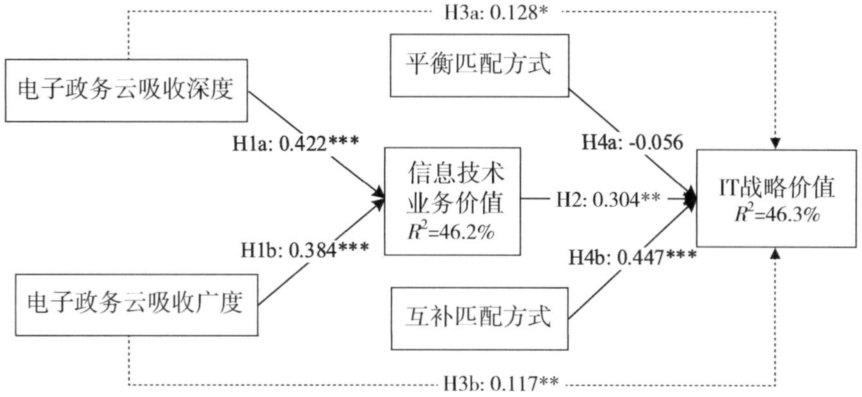

注：$^*P<0.05$；$^{**}P<0.01$；$^{***}P<0.001$；实线为直接效应，虚线为间接效应。

图6-2 研究模型结果

根据结构模型结果，本研究提出的H1a、H1b、H2、H3a、H3b、H5得到验证，即电子政务云吸收深度（β=0.422，P<0.001）、吸收广度（β=0.384，P<0.001）对信息技术业务价值的影响作用显著，互补的匹配方式（β=0.447，P<0.001）对政府信息技术战略价值的影响作用显著，电子政务云吸收深度与云吸收广度通过信息技术业务价值对信息技术战略价值具有间接效应（β=0.128，P<0.05；β=0.117，P<0.01）。另外，平衡的匹配方式对电子政务云信息技术战略价值的影响作用不显著（β=−0.056），因此，H4没有得到显著支持。表6-10给出了在结构模型中构念之间提出的7个假设结果的概括。

评估结构模型最常用的标准是R^2值[418]，它在回归分析中常用来评价模型拟合优度[411]。R^2用于表示结构模型解释的内生构念（因变量）变异性的百分比，是模型解释能力的度量标准，也被称为样本内预测能力[385]。R^2范围从0到1，值越大说明解释能力越强。基于已有建议，当R^2值分别大于0.75、0.50和0.25的时候，可以被认为是较强的、中等和较弱的解释效果[320, 385, 419]。可接受的R^2值范围是视研究情境而定的，在某些研究情境中，R^2值低至0.10也被认为是可接受的。更重要的是，R^2是预测构念数量的函数，即内生构念的预测构念数量越多，则R^2越高。如图6-2所示，研究模型分别解释了信息技术业务价值46.2%的方差和信息技术战略价值46.3%的方差，表明了模型具有一般的解释能力。

表6-10　假设检验结果

假设	路径	路径系数	标准差	T值	P值	偏差修正的置信区间		是否支持
						2.5%	97.5%	
H1a	电子政务吸收深度→信息技术业务价值	0.422***	0.065	6.495	0.000	0.282	0.543	是
H1b	电子政务吸收广度→信息技术业务价值	0.384***	0.072	5.320	0.000	0.242	0.527	是
H2	信息技术业务价值→信息技术战略价值	0.304**	0.096	3.157	0.002	0.116	0.494	是
H3a	电子政务吸收深度→信息技术业务价值→信息技术战略价值	0.128*	0.051	2.510	0.012	0.042	0.243	是
H3b	电子政务吸收广度→信息技术业务价值→信息技术战略价值	0.117**	0.037	3.126	0.002	0.056	0.208	是
H4	平衡匹配方式→信息技术战略价值	−0.056	0.090	0.627	0.531	−0.243	0.108	否
H5	互补匹配方式→信息技术战略价值	0.447***	0.115	3.872	0.000	0.210	0.659	是

注：$^*P < 0.05$；$^{**}P < 0.01$；$^{***}P < 0.001$。

除了检验所有内生构念的R^2外，本研究还利用f^2效应大小对某个预测构念的去除如何影响内生构念（因变量）的R^2值的变化进行了评估，即外生构念与内生构念R^2的贡献大小[416]。在结构方程模型中，对于路径系数大小和f^2效应大小，预测构念在解释结构模型中的结果构念（因变量）的相关性的等级顺序通常是相同的。以往研究表明，数值高于0.02、0.15和0.35分别表示f^2效应大小为较小、中等、较大[385]。当结构模型存在部分中介变量或完全中介变量时，对于路径系数大小和f^2效应大小，解释内生构念的外生构念的相关性等级顺序将略有不同。外生构念的f^2

效应大小如表6-11所示。电子政务云吸收深度（f^2=0.271）和电子政务云吸收广度（f^2=0.224）对信息技术业务价值的解释能力具有中等的贡献；互补匹配方式（f^2=0.187）对信息技术战略价值的解释能力具有中等的贡献、而平衡匹配方式（f^2=0.005）和信息技术业务价值（f^2=0.091）对信息技术战略价值的解释能力具有较小的贡献。

表6-11　外生构念的解释能力R^2与f^2

构念	信息技术业务价值	解释能力	信息技术战略价值	解释能力
电子政务云吸收深度	0.271	中等		
电子政务云吸收广度	0.224	中等		
互补匹配方式			0.187	中等
平衡匹配方式			0.005	较小
信息技术业务价值			0.091	较小
R^2	0.462		0.463	
调整R^2	0.455		0.452	

除了通过评估R^2值的大小作为预测准确性的标准外，本研究还通过Stone-Geisser检验的Q^2值[417，420]，作为评价偏最小二乘路径模型交叉验证的预测相关性的标准。偏最小二乘路径模型中潜变量的Q^2值就是通过自助法过程计算得到。自助法是一种样本重抽样的技术方法，利用自助法偏最小二乘结构模型删除数据矩阵中的单个点，用平均值估算删除的点并估计模型参数[385]。因此，Q^2不是样本外预测的度量标准，而是结合了样本外预测能力和样本内解释能力两方面的度量标准。一般而言，对于一个特定内生构念的Q^2应大于0以表明结构模型对该构念的预测准确性。已有研究表明，Q^2值高于0、0.25和0.50分别表示描述了偏最小二乘路径模型的较小、中等和较大预测相关性[385]。如表6-12所示，信息技术战略价值的Q^2值为0.331，大于0.25，表明所有外生构念对内生构念具有中等预测能力，而信息技术业务价值的Q^2值为0.382，大于0.35，表明所有外生构念（吸收深度和吸收广度）对内生构念具有较强的预测能力。与f^2效应大小一样，本研究还通过计算q^2效应大小来评估外生构念对内生构

念 Q^2 值的贡献[385]。作为 q^2 预测相关性的相对度量，q^2 值高于 0.02、0.15 和 0.35 分别表明外生构念对内生构念具有较弱、中等和较强的预测相关性[385]。如表6-12所示，电子政务云吸收深度（q^2=0.193）和吸收广度（q^2=0.164）对信息技术业务价值具有中等预测相关性，而互补匹配方式（q^2=0.104）、平衡匹配方式（q^2=0.001）和信息技术业务价值（q^2=0.049）对信息技术战略价值具有较弱的预测相关性。

表6-12　外生构念的预测能力 Q^2 与 q^2

构念	信息技术业务价值	预测能力	信息技术战略价值	预测能力
电子政务云吸收深度	0.193	中等		
电子政务云吸收广度	0.164	中等		
互补匹配			0.104	较弱
平衡匹配			0.001	较弱
信息技术业务价值			0.049	较弱
Q^2	0.382		0.331	

五、结果与讨论

（一）主要发现

第一，通过实证研究，本研究发现电子政务云吸收的深度与广度对信息技术业务价值能够产生正向作用，与前期研究结果一致[91, 282, 283, 286, 291, 293]。但二者存在着一定的冲突，即电子政务云吸收的广度虽然对信息技术业务价值会产生显著的正向作用，但是并不如电子政务云吸收的深度对信息技术业务价值产生的正向作用效果明显且显著。这说明，在电子政务云实施与建设中，提高云服务对政务处理的支持程度（决策支持）带来的价值高于仅仅提高浅层次的云服务（技术设施服务）数量所带来的价值，这个结果同样体现在电子政务云吸收的深度对信息技术战略价值的间接作用中。

第二，本研究还发现电子政务云信息技术战略价值关键因素——电子政务云吸收深度与广度的匹配方式，通过模型检验结果发现电子政务云吸收深度与广度的互补匹配方式能够对信息技术战略价值产生显著的正向作用，这与前期学者研究结果一致[470, 471]。研究发现，电子政务云吸收广度虽然能够有效降低信息技术成本，一定程度上实现统一管理与运维，但很难实现部门间协同及信息共享。而电子政务云吸收深度使得政府重新梳理相关业务流程并进行优化，不仅实现云服务的深层应用，还能有效实现部门间协同和资源共享。吸收广度与深度的互补在一定程度上弥补了彼此的不足。

与平衡方式相反的是，本研究发现电子政务云吸收深度与广度的平衡方式不能对竞争绩效产生显著的正向作用，这与前人结果研究不同[293, 446, 447, 472]。根据资源基础观与资源编排理论，组织的竞争优势取决于对其所掌控的稀缺资源的创造性使用。平衡方式要求政府部门对电子政务云吸收投入同等的资源与精力，尽量使二者达到相同的水平。而实践中，政府部门信息化建设的资源往往面临着限制，这导致为实现二者平衡投入大量的资源是很难的，同时也与资源基础观相悖。因此，平衡的方式不能作为一个有效的促进因素，此结果与创新双元的竞争观点一致。

第三，本研究还发现电子政务云的信息技术业务价值对信息技术战略价值产生显著正向影响。这与以往的信息技术商业价值研究结果一致，即信息技术业务效率是信息技术战略价值或战略竞争优势的前因变量[293, 295, 458, 475]。这说明随着电子政务云信息技术业务价值长期稳定提高，政府部门的信息技术战略价值才得以有效体现。

（二）理论贡献

1.综合考虑电子政务云吸收深度与广度的单独与共同影响作用

以往研究侧重于信息系统吸收对组织价值（绩效）的单独影响，而本研究从资产编排的视角来探索电子政务云吸收的两个不同维度（深度和广度）对组织价值的单独与共同影响作用，丰富了信息技术吸收理论，同时扩展了其在电子政务云领域的应用。

2.本研究发现电子政务云不同吸收维度的匹配机制——互补的匹配方式能够实现电子政务云的长期的信息技术战略价值

已有研究多关注信息技术资源的协同对组织价值（绩效）的影响，而缺乏不同信息技术吸收策略的协同对组织价值的实证研究。因此，本研究基于资源编排理论观点（强调信息技术策略协同的重要价值），探究了电子政务云情境下，电子政务云吸收策略的协同对政府价值的影响机制。

3.本研究揭示了电子政务云的价值创造价值机制

研究结果表明，信息技术业务价值是实现信息技术战略价值过程中的中介变量。本研究将已有研究结果扩展到电子政务云领域，并验证了政府长期价值是建立在短期价值之上。因此，组织可以调整电子政务云吸收策略提高对长期信息技术战略价值的影响。

（三）管理启示

电子政务云的吸收，即实施与建设，是一项复杂的系统工程，涉及技术与管理相关维度的变革，本研究的研究对做好电子政务云吸收的资源分配以及建设路径起到指导意义。

相关政策制定部门应该认识到，单独强调电子政务云吸收的深度与广度，已不能有效实现政府转型发展的需求。与此同时，由于政府部门预算的有限性也无法保障吸收广度与深度的任意建设，所以，两者的互补是帮助政府部门实现部门整体价值提升的有效匹配方式。

一方面，吸收与建设电子政务云主要遵循增量建设、先易再难、先通用再特殊的方式。其中，增量建设指把部门新建、升级的政务系统应用直接在云平台实现；先易再难指把相对容易实现的系统应用与功能先在云平台上得以实现，进而逐渐实现复杂的、跨平台的、异构系统的迁移；先通用再特殊指把基础业务系统优先迁移至云平台，以向不同部门提供通用的、统一的应用环境，随后实现不同部门有特殊需要的系统或数据的迁移。通过以上方式实现电子政务云吸收广度带动吸收深度。

另一方面，政策制定部门应该引导与扶持各组成部门围绕重点电子政务应用领域，开展政务大数据挖掘等深度应用，提高应用价值，进而由政府统一购买服务逐步扩大应用范围，通过电子政务云吸收深度带动吸收广度。

第五节　本章小结

本章基于探索性案例研究结果，从信息技术吸收、信息技术价值创造过程理论视角出发，以信息技术吸收理论为基础，从电子政务云吸收的建设维度出发，将电子政务云吸收分为吸收深度和吸收广度两个维度；从电子政务云信息技术价值的实现顺序出发，将电子政务云价值界定为短期的信息技术业务价值与长期的信息技术战略价值；同时从资源编排理论与双元理论出发，界定了两种电子政务云吸收深度与广度的匹配方式——平衡、互补匹配策略，并以此为基础构建并实证了电子政务云吸收与价值影响机制模型，探究电子政务云吸收深度和广度两个维度及其匹配策略对组织电子政务云信息技术价值的影响机制。基于收集的158份问卷数据，利用偏最小二乘结构方程方法对模型进行了检验，实证研究结果表明，电子政务云吸收深度和广度都对短期的信息技术业务价值有正向影响，且电子政务云吸收深度相比吸收广度效果明显。同时，电子政务云吸收深度和广度通过信息技术业务价值对长期信息技术战略价值具有正向间接影响，同样电子政务云吸收深度相比吸收广度间接效果明显。本研究还发现电子政务云吸收深度和广度的互补匹配策略对长期的信息技术战略价值具有正向影响，而平衡匹配策略没有显著影响。以上电子政务云吸收及其价值影响机制的发现，弥补了以往研究过多关注信息技术采纳前而忽略吸收影响机制的不足，将信息技术吸收由以往传统的信息技术建设模式扩展到电子政务云环境中，丰富了信息技术吸收与信息技术价值相关理论。

第七章　研究总结与展望

第一节　研究的主要工作与结论

云计算是下一代信息技术革命的核心，它是服务交付模式创新，利用互联网向用户提供虚拟化的资源服务。云服务以其超大规模计算与存储能力、虚拟化、可扩展性、按需服务、灵活性等主要特征与优势，在个人领域和企业领域（尤其是中小企业）已被广泛应用。另外，云计算深入改革了电子政务建设运营的技术基础环境与状况，给电子政务创新发展、提升公共服务质量带来了珍贵的时机。因此，云计算成为解决电子政务发展瓶颈（分散建设、重复投入、数据安全问题）的方法和推动电子政务基础设施共建、共享和共用，提高资源利用率，实现政务协同和部门间信息的互联互通的有效途径。在中央政府一系列政策指导与支持的基础上，各级地方政府充分地利用信息化领导小组的作用，纷纷规划电子政务云计算战略体系，大力推动集中统一的电子政务公共平台建设与实施，有效支撑各级政务部门业务开展。总体而言，我国政府部门的电子政务云采纳率与程度不断提高。然而，电子政务云采纳的比率与程度还远低于电子政务云发展比较成熟的欧洲发达国家。因此，为了提高电子政务系统在云平台的部署比例、基础设施利用率，提高跨层级、跨部门间的资源共享及业务协同效果，探索电子政务云在政府部门的采纳、吸收与价值影响机制，对于政府部门、云服务提供商、云服务产业和国家电子政务战略而言，都是一个非常有意义的现实问题。

在政府部门面临电子政务云采纳决策与进行吸收（实施路径）时，总是会面临各种现实困难。例如，什么因素影响政府部门采纳电子政务云服务？这些因素的作用机制是什么？电子政务云能否给政府部门带来价值？电子政务云的实施能够为部门带来什么价值？如何吸收电子政务云才能更有效地提升组织信息技术价值？这些问题，贯穿电子政务云采纳（采纳、吸收、价值）的全过程。

为了解决这些问题，围绕“电子政务云采纳→电子政务云吸收与组织价值提升”的路线，并以技术-组织-环境框架、信任理论、信息技术吸收理论与信息技术价值理论等为基础，通过文献研究、探索性案例研究与实证研究的方法开展研究。

具体来说，本研究的主要工作内容和结论如下：

1.识别了影响政府部门采纳电子政务云的关键因素及其作用机制

本研究以技术-组织-环境理论与信任理论为框架，结合制度理论、双因素理论，在技术因素、组织因素和环境因素三个维度的基础上，合理地添加政府部门相对重视的电子政务云服务信任因素，构建并验证了电子政务云采纳概念模型。其中，在技术维度，基于双因素理论将电子政务云特质分为感知技术优势、感知技术风险，同时考虑电子政务云的服务属性，将云提供商能力作为技术维度的组成，组织维度考虑由高层管理支持和组织资源组成的组织就绪度，环境维度则是基于制度理论的外部强制压力。

实证研究结果表明，云提供商能力、组织就绪度、外部压力、云信任对电子政务采纳有显著的正向影响，同时还发现感知技术优势与云提供商能力对电子政务采纳具有显著的正向间接作用。云信任在技术维度中的感知技术优势、云提供商能力和电子政务采纳的关系中发挥完全中介与部分中介效应。外部压力在云信任与云采纳的关系中起到正向调节效应。以上影响机制的发现，弥补了以往研究过多关注技术-组织-环境理论影响因素的直接作用而忽略间接作用的不足，丰富了信息技术创新、云计算、电子政务采纳影响作用机制。

2.发现了影响政府部门采纳电子政务云的关键因素组合

组织要素间经常相互依赖与共同作用导致结果产生，前因是多重并发的。然而，传统基于自变量相互独立、单向线性关系与因果对称性的统计方法，很难解释自变量的相互依赖。因此，有必要探寻导致电子政务云采纳的不同前因变量组合，为促进电子政务云采纳提供更多样化和针对性的选择。本研究基于复杂理论，利用“组态”的整体分析视角，采用模糊集定性比较方法，分析电子政务云技术特质（感知技术优势、感知技术风险、云提供商能力）、组织就绪度、外部压力、电子政务云信任等因素的共同作用，从而形成导致电子政务云采纳的不同组态，以揭示这种复杂的因果关系。模糊集定性比较方法分析结果发现9个导致高水平电子政务云采纳的组态，以及7种导致低水平电子政务云采纳的组态。

3.揭示了电子政务云吸收及其组织信息技术价值影响机制

本研究以信息技术吸收理论为基础，从电子政务云吸收的建设维度出发，将电子政务云吸收分为吸收深度和吸收广度两个维度；从电子政务云信息技术价值的实现顺序出发，将电子政务云价值界定为短期的信息技术业务价值与长期的信息技术战略价值；同时从资源编排理论与双元理论出发，界定了两种电子政务云吸收深度与广度的匹配方式——平衡、互补匹配策略。本研究以此为基础构建并实证了电子政务云吸收与价值影响机制模型，探究电子政务云吸收深度和广度两个维度及其匹配策略对组织电子政务云信息技术价值的影响机制。

研究结果表明，电子政务云吸收深度和广度都对短期的信息技术业务价值有正向影响，且电子政务云吸收深度相比吸收广度效果明显。同时，电子政务云吸收深度和广度通过信息技术业务价值对长期信息技术战略价值具有正向间接影响，同样电子政务云吸收深度相比吸收广度间接效果明显。本研究还发现电子政务云吸收深度和广度的互补匹配策略对长期的信息技术战略价值具有正向影响，而平衡匹配策略没有显著影响。以上电子政务云吸收及其价值影响机制的发现，弥补了以往研究过多关注信息技术采纳前的环节而忽略吸收影响机制的不足，将信息技术吸收由以往传统的信息技术建设模式扩展到电子政务云环境中，丰富了信息技术吸收与信息技术价值相关理论。

第二节　研究不足

本研究的研究也存在一些不足，主要体现在以下方面：

1.电子政务云采纳阶段划分简单

电子政务云的采纳过程属于一个复杂的系统工程，本研究仅简单地按照采纳意愿与实施将电子政务云采纳的过程划分为采纳前与采纳后阶段，忽略了在电子政务云采纳中其他重要的阶段。

2.研究方法较为单一

本研究的调查对象是实施与建设电子政务云的政府部门。电子政务云平台于进几年才刚刚提出，由于安全性与迁移成本的考虑，电子政务云服务目前并未被政府部门广泛采纳和使用。同时由于政府数据的难获取性，导致研究数据很难从公开环境中获得。为了确保研究的有效性，两个子研究都通过问卷调查方法收集实证数据。在数据处理上，本研究仅使用了Smart PLS 3.0软件作为数据处理方法。因此，未来的研究应更多地利用其他的方法，如数学建模、仿真的方法，以提高研究结论的可靠性。

3.研究样本过于集中

由于地域方面的限制，本项研究所使用的分析数据均采集自山东省内的省级与市级政府的组成部门、直属部门、部门管理机构与事业单位。虽然以上样本省（山东省）市（济南市、潍坊市）是国家设立的第一批基于云计算的电子政务公共平台建设试点，具有一定的典型性与代表性。但由于存在地域差异、经济水平差异、电子政务发展水平差异、文化差异，本研究所得出的结论是否适用于其他省份或者国家还值得进一步地进行探讨。

第三节　研究展望

本研究关注云计算在政府部门的采纳问题，主要对电子政务云采纳前影响因素识别与采纳后电子政务云吸收及其价值影响做出了探索性的尝试。下一步的研究将进行扩展区域的数据收集，提高研究结论的普适性。

第一，从长期来看，电子政务云对政府部门的价值创造与作用机理存在动态演变的可能性。本研究只获得了样本的截面数据，构建的模型与研究发现在一定程度上无法有效反映电子政务云在政府部门中价值创造过程。未来研究可以通过纵向研究探究电子政务云对政府部门信息技术价值影响的动态作用过程，这对于如何提升电子政务云价值将起到重要作用。

第二，随着电子政务云在政府部门采纳进程的加快，如何利用云计算技术推进政务数据资源开放及社会化利用是下一步电子政务云发展的热点。“开放式创新”“政府数据开放”已成为当前国内外研究的热点，如何建设政务数据统一开放云平台？如何建立与推进基于云平台的政府数据开放战略？这在理论和实践方面都是非常重要的问题，值得进一步深入研究。

附录Ⅰ

关于"基于云计算的电子政务采纳与建设情况"的访谈提纲

一、访谈目的

本调研旨在利用与参与政府电子政务云相关人员的调研，了解和探讨政府部门采纳、实施电子政务公共云的过程，勾勒出不同政府采纳新兴技术的关键因素，为政府部门进一步成功实施"云化"战略提出切实可行的行动路径。

二、访谈方式

采用面对面的个人深度访谈的形式完成访谈，每个访谈大概持续30～60分钟。访谈地点一般在被访谈人所在单位的会议室或办公室，以保证访谈的顺利进行。

三、访谈对象

信息化部门负责人、政府组成部门信息技术负责人、电子政务云提供商咨询顾问、项目实施人员。

四、调研基本情况清单

组织情况：信息技术部门设置、组织成员人数与结构、信息化进展与投入等；

项目情况（若实施政务"云化"）：云项目名称、规模、目的、建设内容、预算及计划时间表等；

受访者基本情况：个人信息（姓名、性别、学历与专业）以及工作信息（职位、所属部门、职责、信息技术知识与经验）。

五、提问提纲

（一）背景介绍

1.了解被访单位的基本信息，访谈人的基本情况。

2. 您可以详细描述一下本单位信息化建设的基本情况吗？如电子政务建设现状，包括部门设置、信息技术员工人数、信息化投资与运维，系统使用现状及下一步建设规划等？

（二）主要问题

1. 传统电子政务建设模式情境下的挑战与问题。

电子政务项目的责任单位是哪些部门？谁来统筹协调？

您认为电子政务将给组织业务带来哪些变化？当前有哪些不足问题？

2. 对于电子政务云模式与云计算概念的认识。

您对单位对云、云计算、电子政务云了解多少？包括模式、优缺点、能解决什么问题等。如果要采用云计算建设电子政务时，会给组织和您的工作带来哪些变化？包括帮助与风险等。

3. 哪些因素能够促使贵单位实施基于云计算的电子政务战略？

技术因素（云平台的特征：优势、稳定、成本、安全、可靠、兼容）；

组织因素（资源、信息技术成熟度、高层支持、组织需求、战略、创新前瞻性）；

环境因素（政策、竞争、法规、标准、公众、技术水平）；

提供商因素（资质、性质、资金实例、业界领先水平、成功案例、客户口碑、技术服务能力、应用效果、服务商信誉、安全保障政策）。

4. 哪些因素能阻碍使贵单位实施基于云计算的电子政务战略？

5. 上述哪些因素的加强或减弱最能致使组织采纳电子政务云？

附录Ⅱ

“电子政务云服务采纳影响因素与作用机制”调查问卷

一、基本情况

填写说明：请根据部门实际情况选择□（打√）。

（一）部门信息

单位性质：□政府机关　　　　□事业单位

部门级别：□省级　　　　　　□市厅级

部门规模：□50人以下　□50～100人　□100～200人　□200人以上

从事电子政务规模：□10人以下　□10～20人　□20～50人　□50人以上

是否有信息技术部门：□是　□否

是否有信息化领导小组：□是　□否

部门信息技术投入预算为：__________万元

（二）个人信息

性别：□男　　□女

文化程度：□初中及以下 □高中/中专/职高 □大专及本科 □研究生及以上

年龄段：□20岁以下　□20～30岁　□31～40岁　□41岁以上

行政级别：□科员级及以下　　□科级　　　□处级及以上或

□初级职称　　　　□中级职称　□副高级职称以上

工作年限：□3年以下　□3～5年　□5～10年　□10年以上

二、电子政务云服务情况

填写说明：请根据部门实际情况选择□（打√）。

基本情况	对云计算的认知程度:□很熟悉 □熟悉 □了解一点 □不了解。
	是否知道云服务的概念:□很熟悉 □熟悉 □了解一点 □不了解。
	感到云计算可能为部门信息化带来何种优势(多选): □成本更低 □效率更高 □安全性更高 □费用更低 □资源共享 □资源集成 □无
	当前部门在云计算的应用方面所处阶段:□暂时观望,还需了解 □已开始规划 □已开始使用公共云服务平台 □已部署了私有云
服务意向	期望模式:□自建机房,自主管理 □自购设备,托管至数据中心 □租赁服务器、机房与网络,应用软件自主购买 □软硬件完全租赁,委托管理
	希望自云计算平台提供的服务(多选):□云主机 □云存储 □虚拟数据中心 □设备托管 □大数据 □云桌面 □云灾备 □云盘 □云应用 □其他__________
	是否愿意将现有信息系统迁移至云计算公共服务平台:□愿意 □不愿意 □无所谓
	是否愿意或有意向使用云计算公共服务平台:□愿意 □不愿意 □无所谓

三、问卷主体部分

填写说明：

表格部分均采用5级打分，“1～5”分别代表的意思如下：

1=完全不同意、2=不同意、3=不确定、4=同意、5=完全同意

请根据部门实际情况在相应位置做标记（打√）。

编号	问题描述 （请按照部门实际情况选择）	1 完全不同意	2 不同意	3 不确定	4 同意	5 完全同意
1	部门打算尽可能使用电子政务云服务					
2	部门收集电子政务云的相关信息，并有可能使用它					
3	部门已进行了一次初步尝试来评估电子政务云服务					
4	电子政务云能按照部门需求提供可定制的云服务					
5	电子政务云能减少信息技术部署周期					
6	电子政务云能容易实现云端数据共享与分析					
7	电子政务云存在机密信息泄露与数据安全问题					
8	电子政务云难于与以前的信息技术系统集成					
9	电子政务云难以提供可靠的服务质量保证，如服务中断、性能不稳定					
10	电子政务云存在网络传输速度差问题					
11	部门筹备资源采纳电子政务云，如专项资金					

续表

编号	问题描述（请按照部门实际情况选择）	1 完全不同意	2 不同意	3 不确定	4 同意	5 完全同意
12	上级部门协助采纳电子政务云，如技术、规划支持					
13	部门高层管理鼓励电子政务云的使用与建设					
14	上级（中央）政府重视电子政务云的应用					
15	很多其他部门都非常重视电子政务云的应用					
16	公众期望电子政务云的应用，如提高网上办事效率					
17	云提供商处于电子政务云市场领先地位					
18	云提供商具有业界口碑、成功案例等荣誉					
19	云提供商具有较高的技术服务能力，如技术先进性、灾难恢复能力					
20	云提供商具有较高的管理服务能力，如服务规范性、结构保障					
21	电子政务云服务是值得依赖的					
22	电子政务云服务是安全可靠的					
23	电子政务云服务是值得信任的					

附录Ⅲ

“电子政务云服务吸收及其价值影响机制”调查问卷

一、基本情况

填写说明：请根据部门实际情况选择□（打√）。

（一）部门信息

单位性质：□政府机关　　□事业单位

部门级别：□省级　　　　□市厅级

部门规模：□50人以下 □50～100人 □100～200人 □200人以上

从事电子政务规模：□□10人以下 □10～20人 □20～50人
□50人以上

是否有信息技术部门：□是　　　　□否

是否有信息化领导小组：□是　□否

部门信息技术投入预算为：__________万元

（二）个人信息

性别：□男　　□女

文化程度：□初中及以下 □高中/中专/职高 □大专及本科
□研究生及以上

年龄段：□20岁以下 □20～30岁 □31～40岁 □41岁以上

行政级别：□科员级及以下　　□科级　　　□处级及以上
或□初级职称　　　□中级职称　□副高级职称以上

工作年限：□3年以下　□3～5年　□5～10年　□10年以上

二、问卷主体部分

填写说明：

表格部分均采用5级打分，“1～5”分别代表的意思如下：

1=完全不同意、2=不同意、3=不确定、4=同意、5=完全同意

请根据部门实际情况在相应位置做标记（打√）。

编号	问题描述 （请按照部门实际情况选择）	1	2	3	4	5
		完全不同意	不同意	不确定	同意	完全同意
1	使用电子政务云能明显降低部门的信息技术运营成本					
2	使用电子政务云能明显提升信息技术部署效率					
3	使用电子政务云能明显改善部门协同效率					
4	使用电子政务云能提升公共服务效果与质量					
5	使用电子政务云能促进业务优化与管理创新					
6	使用电子政务云能促进服务型政府转型					
编号	电子政务云在部门应用的比例与程度，即哪些业务使用政务云	1	2	3	4	5
		非常低	低	中	高	非常高
7	部门已使用电子政务云服务种类的多样性，如IaaS（基础设施即服务）、PaaS（平台即服务）、SaaS（软件即服务）、DaaS（数据即服务）					
8	部门采用电子政务云服务的数量，如云主机、云存储、虚拟数据中心、设备托管、大数据、云桌面、云灾备、云盘、云应用					

续表

编号	电子政务云在部门应用的比例与程度,即哪些业务使用政务云	1	2	3	4	5
		非常低	低	中	高	非常高
9	部门迁移系统至电子政务云平台的数量					
10	部门使用电子政务云进行政务基础运营活动的程度,如政府云共享、云存储、云灾备的使用					
11	部门使用电子政务云进行政务管理活动的程度,如云平台政务审批、报税等					
12	部门使用电子政务云进行政务决策活动的程度,如大数据决策、智能分析					

参考文献

[1]GUPTA B, DASGUPTA S, GUPTA A. Adoption of ICT in a government organization in a developing country: An empirical study [J]. The Journal of Strategic Information Systems, 2008, 17(2): 140–154.

[2]LAYNE K, LEE J. Developing fully functional e-government: A four stage model [J]. Government Information Quarterly, 2001, 18(2): 122–136.

[3]ALMARABEH T, MAJDALAWI Y K, MOHAMMAD H. Cloud computing of e-government [J]. Communications and Network, 2016, 8: 1–8.

[4]ALSHOMRANI S, QAMAR S. Cloud based e-government: Benefits and challenges [J]. International Journal of Multidisciplinary Sciences and Engineering, 2013, 4(6): 15–19.

[5]AL-RASHEDI A A. E-government based on cloud computing and service-oriented architecture [J]. International Journal of Computer and Electrical Engineering, 2014, 6(3): 201–206.

[6]FANG Z. E-government in digital era: Concept, practice, and development [J]. International journal of the Computer, the Internet and management, 2002, 10(2): 1–22.

[7]SMITHA K K, THOMAS T, CHITHARANJAN K. Cloud based e-governance system: A survey [J]. Procedia Engineering, 2012, 38: 3816–3823.

[8]MOSA A, EL-BAKRY H, ABUELKHIR M. Cloud computing in e-government: A survey [J]. International Journal of Advanced Research in Computer Science & Technology, 2015, 3(2): 132–139.

[9]刘邦凡，詹国辉. 基于云计算的电子服务发展模式研究[J]. 电子政务，2014，(2): 107–113.

[10]ALI O, SOAR J, YONG J. Impact of cloud computing technology on e-government [C]. International Conference on Information and Software Technologies, 2014.

[11]HASHEMI S, MONFAREDI K, MASDARI M. Using cloud computing for e-government: Challenges and benefits [J]. International Journal of Computer, Information, Systems and Control Engineering, 2013, 7(9): 1240–1247.

[12]RASTOGI A. A model based approach to implement cloud computing in e-Governance [J]. International Journal of Computer Applications, 2010, 9(7): 15-18.

[13]牛力．政务信息资源“云服务”整合模式研究 [J]. 情报杂志，2013，32(1): 160-163.

[14]孙伟晔，袁飚．云模式下政府公共服务平台的探索实践 [J]. 电子政务，2014，(9): 63-69.

[15]于颖．云计算环境下的电子政务服务创新模式——以河南省为例 [J]. 电子政务，2014，(9): 107-114.

[16]赵晖．云计算环境下电子政务发展问题研究 [J]. 档案学研究，2014，(1): 65-68.

[17]DWIVEDI Y K, WEERAKKODY V, JANSSEN M. Moving towards maturity: Challenges to successful e-government implementation and diffusion [J]. SIGMIS Database, 2012, 42(4): 11-22.

[18]刘紫微，孙世强，刘春艳．云计算环境下政府信息资源集成模式研究 [J]. 现代情报，2012，32(10): 159-162.

[19]CELLARY W, STRYKOWSKI S. E-government based on cloud computing and service-oriented architecture [C]. 3rd International Conference on Theory and Practice of Electronic Governance, Bogota, Colombia, 2009.

[20]DUTIL P A, HOWARD C, LANGFORD J, et al. Rethinking government-public relationships in a digital world: Customers, clients, or citizens? [J]. Journal of Information Technology & Politics, 2008, 4(1): 77-90.

[21]LIANG J. Government cloud: Enhancing efficiency of e-government and providing better public services [C]. 2012 International Joint Conference on Service Sciences, 2012.

[22]KHAN F, SURAT K, TAREEN A W, et al. Addressing the challenges of e-government in developing countries through public-private partnership model based on cloud computing [J]. Journal of Applied and Emerging Sciences, 2014, 5(1): 59-65.

[23]ZHANG W, CHEN Q. From e-government to c-government via cloud computing [C]. 2010 International Conference on E-Business and E-Government, 2010.

[24]ZISSIS D, LEKKAS D. Securing e-Government and e-Voting with an open cloud computing architecture [J]. Government Information Quarterly,

2011, 28(2): 239-251.

[25]黄铧焕,孙宇. 打造低成本、融合、安全的政务云网络平台——加速政务云应用落地 [J]. 电子政务,2012,(11): 115-121.

[26]贾一苇,赵迪,蒋凯元,等. 美国联邦政府云计算战略 [J]. 电子政务,2011,(7): 2-16.

[27]鲁俊杰,侯卫真. 面向信息资源整合的电子政务云平台构建研究 [J]. 图书馆学研究,2012,(13): 36-40.

[28]ALI O, SHRESTHA A, CHATFIELD A, et al. Assessing information security risks in the cloud: A case study of Australian local government authorities [J]. Government Information Quarterly, 2020, 37(1): 101419.

[29]BELLAMY M. Adoption of cloud computing services by public sector organisations [C]. 2013 IEEE Ninth World Congress on Services, 2013.

[30]ASATIANI A. Why cloud? A review of cloud adoption determinants in organizations [C]. 23rd European Conference on Information Systems, 2015.

[31]DWIVEDI Y K, MUSTAFEE N. It's unwritten in the Cloud: the technology enablers for realising the promise of Cloud Computing [J]. Journal of Enterprise Information Management, 2010, 23(6): 673-679.

[32]OLIVEIRA T, THOMAS M, ESPADANAL M. Assessing the determinants of cloud computing adoption: An analysis of the manufacturing and services sectors [J]. Information & Management, 2014, 51(5): 497-510.

[33]PARK E, KIM K J. An integrated adoption model of mobile cloud services: Exploration of key determinants and extension of technology acceptance model [J]. Telematics and Informatics, 2014, 31(3): 376-385.

[34]MOHAMMED F, IBRAHIM O. Models of adopting cloud computing in the e-government context: A review [J]. Jurnal Teknologi, 2015, 73(2).

[35]邓峰,刘延滨. 基于云计算的政务信息融合平台的研究 [J]. 情报杂志,2013,32(9): 123-127.

[36]胡水晶,李伟. 政府公共云服务中的数据主权及其保障策略探讨 [J]. 情报杂志,2013,32(9): 157-162.

[37]PAQUETTE S, JAEGER P T, WILSON S C. Identifying the security risks associated with governmental use of cloud computing [J]. Government Information Quarterly, 2010, 27(3): 245-253.

[38]SEO J, MIN J-S, LEE H. Implementation strategy for a public service based on cloud computing at the government [J]. International Journal of Soft-

ware Engineering and Its Applications, 2014, 8(9): 207–220.

[39]AHMAD M, HASIBUAN Z A. Government services integration based on cloud technology [C]. 14th International Conference on Information Integration and Web-based Applications & Services, 2012.

[40]SUCK-HYUN S, SUN YOUNG S, JUNG-YUP K. A study on method deploying efficient cloud service framework in the public sector [C]. 2013 15th International Conference on Advanced Communications Technology (ICACT), 2013.

[41]TWENEBOAH-KODUAH S, ENDICOTT-POPOVSKY B, TSETSE A. Barriers to government cloud adoption [J]. International Journal of Managing Information Technology, 2014, 6(3): 1–16.

[42]WYLD D C. The cloudy future of government IT: Cloud computing and the public sector around the world [J]. International Journal of Web & Semantic Technology, 2010, 1(1): 1–20.

[43]ZWATTENDORFER B, TAUBER A. The public cloud for e-government [J]. International Journal of Distributed Systems and Technologies, 2013, 4(4): 1–14.

[44]宁家骏.《国家电子政务"十二五"规划》之解读 [J]. 电子政务, 2012,(5): 43–49.

[45]杨道玲,王璟璇. 中国电子政务"十二五"的进展回顾与评价 [J]. 电子政务,2015,(4): 2–10.

[46]DEVARAJ S, KOHLI R. Performance impacts of information technology: Is actual usage the missing link? [J]. Management Science, 2003, 49(3): 273–289.

[47]高歌,王天勇,刘国亮,等. 政府信息技术吸纳能力及提升研究 [J]. 图书情报工作,2011,55(13): 126–129.

[48]BANKER R D, KAUFFMAN R J. The evolution of research on information systems: A fiftieth-year survey of the literature in management science [J]. Management Science, 2004, 50(3): 281–298.

[49]SCHNEIDER S, SUNYAEV A. Determinant factors of cloud-sourcing decisions: Reflecting on the IT outsourcing literature in the era of cloud computing [J]. Journal of Information Technology, 2016, 31(1): 1–31.

[50]WANG N, LIANG H, JIA Y, et al. Cloud computing research in the IS discipline: A citation/co-citation analysis [J]. Decision Support Systems,

2016, 86: 35-47.

[51]张亚明,刘海鸥.云计算研究综述——基于技术与商业价值双重视角 [J]. 中国科技论坛,2010,(8): 126-133.

[52]BHARGAVA H K, SUNDARESAN S. Computing as utility: Managing availability, commitment, and pricing through contingent bid auctions [J]. Journal of Management Information Systems, 2004, 21(2): 201-227.

[53]SAYAH J Y, ZHANG L-J. On-demand business collaboration enablement with web services [J]. Decision Support Systems, 2005, 40 (1): 107-127.

[54]ELFATATRY A, LAYZELL P. Negotiating in service-oriented environments [J]. Commun ACM, 2004, 47(8): 103-108.

[55]XIN M, LEVINA N. Software-as-a-service model: Elaborating clientside adoption factors [C]. 29th International Conference on Information Systems, 2008.

[56]FOSTER I, ZHAO Y, RAICU I, et al. Cloud computing and grid computing 360-degree compared [C]. 2008 Grid Computing Environments Workshop, 2008.

[57]ARMBRUST M, FOX A, GRIFFITH R, et al. A view of cloud computing [J]. Communications of the ACM, 2010, 53(4): 50-58.

[58]MARSTON S, LI Z, BANDYOPADHYAY S, et al. Cloud computing: The business perspective [J]. Decision Support Systems, 2011, 51(1): 176-189.

[59]IYER B, HENDERSON J C. Preparing for the future: Understanding the seven capabilities cloud computing [J]. MIS Quarterly Executive, 2010, 9 (2): 117-131.

[60]MARTINS R, OLIVEIRA T, THOMAS M A. An empirical analysis to assess the determinants of SaaS diffusion in firms [J]. Computers in Human Behavior, 2016, 62: 19-33.

[61]DORSCH C, HÄCKEL B. Combining models of capacity supply to handle volatile demand: The economic impact of surplus capacity in cloud service environments [J]. Decision Support Systems, 2014, 58: 3-14.

[62]ALSHAMAILA Y, PAPAGIANNIDIS S, LI F. Cloud computing adoption by SMEs in the north east of England [J]. Journal of Enterprise Information Management, 2013, 26(3): 250-275.

[63]HSU P-F, RAY S, LI-HSIEH Y-Y. Examining cloud computing

adoption intention, pricing mechanism, and deployment model [J]. International Journal of Information Management, 2014, 34(4): 474–488.

[64]KUNG L, CEGIELSKI C G, KUNG H-J. An integrated environmental perspective on software as a service adoption in manufacturing and retail firms [J]. Journal of Information Technology, 2015, 30(4): 352–363.

[65]LIAN J-W, YEN D C, WANG Y-T. An exploratory study to understand the critical factors affecting the decision to adopt cloud computing in Taiwan hospital [J]. International Journal of Information Management, 2014, 34(1): 28–36.

[66]LOW C, CHEN Y, WU M. Understanding the determinants of cloud computing adoption [J]. Industrial Management & Data Systems, 2011, 111(7): 1006–1023.

[67]NKHOMA M Z, DANG D, DE SOUZA-DAW A. Contributing factors of cloud computing adoption: A technology-organisation-environment framework approach [C]. European Conference on Information Management & Evaluation, 2013.

[68]RATTEN V. Continuance use intention of cloud computing: Innovativeness and creativity perspectives [J]. Journal of Business Research, 2016, 69(5): 1737–1740.

[69]SABI H M, UZOKA F-M E, LANGMIA K, et al. Conceptualizing a model for adoption of cloud computing in education [J]. International Journal of Information Management, 2016, 36(2): 183–191.

[70]WU Y, CEGIELSKI C G, HAZEN B T, et al. Cloud computing in support of supply chain information system infrastructure: Understanding when to go to the cloud [J]. Journal of supply chain management, 2013, 49(3): 25–41.

[71]YANG Z, SUN J, ZHANG Y, et al. Understanding SaaS adoption from the perspective of organizational users: A tripod readiness model [J]. Computers in Human Behavior, 2015, 45: 254–264.

[72]ELLIMAN T, IRANI Z, JACKSON P. Establishing a framework for e-Government research: Project VIEGO [J]. Transforming Government: People, Process and Policy, 2007, 1(4): 364–376.

[73]曾润喜,崔薇,曾忠平. 我国电子政务的研究主题及其发展——基于2001—2009年CSSCI期刊论文的分析 [J]. 图书情报工作,2011,55(1): 118-121.

[74]GUILLAMÓN M-D, RÍOS A-M, GESUELE B, et al. Factors influencing social media use in local governments: The case of Italy and Spain [J]. Government Information Quarterly, 2016, 33(3): 460–471.

[75]REDDICK C G, NORRIS D F. Social media adoption at the American grass roots: Web 2.0 or 1.5? [J]. Government Information Quarterly, 2013, 30(4): 498–507.

[76]EOM S-J, KIM J H. The adoption of public smartphone applications in Korea: Empirical analysis on maturity level and influential factors [J]. Government Information Quarterly, 2014, 31: S26–S36.

[77]SHAIKH M. Negotiating open source software adoption in the UK public sector [J]. Government Information Quarterly, 2016, 33(1): 115–132.

[78]WANG H-J, LO J. Adoption of open government data among government agencies [J]. Government Information Quarterly, 2016, 33(1): 80–88.

[79]ROGERS E M. Diffusion of innovations [M]. Simon and Schuster, 2020.

[80]SWANSON E B. Information systems innovation among organizations [J]. Management Science, 1994, 40(9): 1069–1092.

[81]HAMEED M A, COUNSELL S, SWIFT S. A conceptual model for the process of IT innovation adoption in organizations [J]. Journal of Engineering and Technology Management, 2012, 29(3): 358–390.

[82]丁邡,吴菊华.政府组织采纳云计算技术的成因探析 [J]. 中国经贸导刊,2012,(31): 75–77.

[83]KUIPER E, DAM F V, REITER A, et al. Factors influencing the adoption of and business case for Cloud computing in the public sector [C]. E-Challenges e-2014 Conference Proceedings, 2014.

[84]MOHAMMED F, IBRAHIM O B. Drivers of cloud computing adoption for e-government services implementation [J]. International Journal of Distributed Systems and Technologies, 2015, 6(1): 1–14.

[85]SALLEHUDIN H, CHE RAZAK R, ISMAIL M. Factors influencing cloud computing adoption in the public sector: An empirical analysis [J]. Journal of Entrepreneurship and Business, 2015, 3(2): 30–45.

[86]SHIN D-H. User centric cloud service model in public sectors: Policy implications of cloud services [J]. Government Information Quarterly, 2013, 30(2): 194–203.

[87]EL-GAZZAR R F, WAHID F. Strategies for cloud computing adoption: Insights from the Norwegian public sector [C]. 12th European, Mediterranean & Middle Eastern Conference on Information Systems, 2015.

[88]JI H, LIANG Y. Exploring the determinants affecting e-government cloud adoption in China [J]. International Journal of Business and Management, 2016, 11(4): 81–90.

[89]MOHAMMED F, IBRAHIM O, ITHNIN N. Factors influencing cloud computing adoption for e-government implementation in developing countries [J]. Journal of Systems and Information Technology, 2016, 18(3): 297–327.

[90]WAHSH M A, DHILLON J S. An investigation of factors affecting the adoption of cloud computing for E-government implementation [C]. 2015 IEEE Student Conference on Research and Development, 2015.

[91]LIANG H, SARAF N, HU Q, et al. Assimilation of enterprise systems: The effect of institutional pressures and the mediating role of top management [J]. MIS Quarterly, 2007, 31(1): 59–87.

[92]SALLEHUDIN H, RAZAK R C, ISMAIL M, et al. Cloud computing implementation in the public sector: Factors and impact [J]. Asia-Pacific Journal of Information Technology and Multimedia, 2018, 7(2–2): 27–42.

[93]SALLEHUDIN H, RAZAK R C, ISMAIL M. Determinants and impact of cloud computing implementation in the public sector [J]. Journal of Advances in Information Technology, 2016, 7(4): 245–251.

[94]HASIMI S, AZANA HAFIZAH MOHD A, RAZLI CHE R, et al. Performance and key factors of coud computing implementation in the public sector [J]. International Journal of Business and Society, 2020, 21(1).

[95]SUBRAMANIAN A, NILAKANTA S. Organizational innovativeness: Exploring the relationship between organizational determinants of innovation, types of innovations, and measures of organizational performance [J]. Omega, 1996, 24(6): 631–647.

[96]KARAHANNA E, STRAUB D W, CHERVANY N L. Information technology adoption across time: A cross-sectional comparison of pre-adoption and post-adoption beliefs [J]. MIS Quarterly, 1999, 23(2): 183–213.

[97]WEBSTER J, WATSON R T. Analyzing the past to prepare for the future: Writing a literature review [J]. MIS Quarterly, 2002, 26(2): xiii–xxiii.

[98]JOURDAN Z, RAINER R K, MARSHALL T E. Business intelli-

gence: An analysis of the literature [J]. Information Systems Management, 2008, 25(2): 121–131.

[99]MOHAMMED F, IBRAHIM O, NILASHI M, et al. Cloud computing adoption model for e-government implementation [J]. Information Development, 2017, 33(3): 303–323.

[100]LIANG Y, QI G, WEI K, et al. Exploring the determinant and influence mechanism of e-Government cloud adoption in government agencies in China [J]. Government Information Quarterly, 2017, 34(3): 481–495.

[101]CHANCHARY F H, ISLAM S. E-government based on cloud computing with rational inference agent [C]. 8th International Conference on High-capacity Optical Networks and Emerging Technologies, 2011.

[102]KURDI R, RANDLES M. Proposed design for an e-government web portal application using cloud computing [C]. 2013 Sixth International Conference on Developments in e-Systems Engineering, 2013.

[103]SULTAN N A. Reaching for the 'cloud': How SMEs can manage [J]. International Journal of Information Management, 2011, 31(3): 272–278.

[104]杨善林,罗贺,丁帅.基于云计算的多源信息服务系统研究综述[J].管理科学学报,2012,15(5):83–96.

[105]ALI O, SOAR J. Challenges and issues within cloud computing technology [C]. 5th International Conference on Cloud Computing, GRIDs, and Virtualization, 2014.

[106]TSOHOU A, LEE H, IRANI Z. Innovative public governance through cloud computing [J]. Transforming Government: People, Process and Policy, 2014, 8(2): 251–282.

[107]KURDI R, TALEB-BENDIAB A, RANDLES M, et al. E-Government information systems and cloud computing (Readiness and analysis) [C]. 2011 Developments in E-systems Engineering, 2011.

[108]ALI O, SOAR J, YONG J. An investigation of the main factors to be considered in cloud computing adoption in Australian regional local councils [J]. Journal of Contemporary Issues in Business and Government, 2015, 21(1): 72–93.

[109]WAHSH M A, DHILLON J S. A systematic review of factors affecting the adoption of cloud computing for e-government implementation [J]. Journal of Engineering and Applied Sciences, 2015, 10(23): 17824–17832.

[110] ALSHAMMARI H H, BACH C. Administration security issues in cloud computing [J]. International Journal of Information Technology Convergence and Services, 2013, 4(3): 1–11.

[111] POKHAREL M, PARK J S. Cloud computing: Future solution for e-governance [C]. 3rd International Conference on Theory and Practice of Electronic Governance, Bogota, Colombia, 2009.

[112] NASR O, GALAL-EDEEN G H. Proposed development model of e-government to appropriate cloud computing [J]. International Journal of Reviews in Computing, 2012, 9(7): 1–7.

[113] ZHAO F, GAW S D, BENDER N, et al. Exploring cloud computing adoptions in public sectors: A case study [J]. GSTF Journal on Computing, 2013, 3(1): 42–47.

[114] LI G, ZHANG Q P, WANG W, et al. Analysis on influence factors of implementing e-government public cloud [J]. Applied Mechanics and Materials, 2013, 411–414: 2157–2160.

[115] ELENA G, JOHNSON C W. Factors influencing risk acceptance of cloud computing services in the UK government [J]. International Journal on Cloud Computing: Services and Architecture, 2015, 5(2/3): 1–16.

[116] POLYVIOU A, POULOUDI N. Understanding cloud adoption decisions in the public sector [C]. 2015 48th Hawaii International Conference on System Sciences, 2015.

[117] ALI O, SOAR J, YONG J, et al. Exploratory study to investigate the factors influencing the adoption of cloud computing in Australian regional municipal governments [J]. Journal of Art Media and Technology, 2015, 1(1): 1–13.

[118] LI G, ZHANG Q, LIANG Y. Study on driving factors of adoption behavior of China's e-government cloud [J]. Journal of Computational and Theoretical Nanoscience, 2016, 13(3): 1865–1875.

[119] LIANG Y, QI G. The determinants of e-government cloud adoption: Multi-case analysis of China [J]. International Journal of Networking and Virtual Organisations, 2017, 17(2–3): 184–201.

[120]朱宇，邵波.国内基于云计算的电子政务研究综述 [J].情报探索，2014，(5): 87–90.

[121]吕元智.基于云计算的电子政务信息资源共享系统建设研究

[J]. 情报理论与实践,2010,33(4): 106-109.

[122]张艳. 美国政府云计算研究与应用对我们的启示 [J]. 电子政务,2011,(Z1): 111-115.

[123]李和中,陈芳. 基于云计算信息架构的云政府服务 [J]. 中国行政管理,2012,(3): 22-25.

[124]徐晓林,李卫东. 论云计算对电子政务的革命性影响 [J]. 电子政务,2012,(10): 18-25.

[125]刘国城. 基于过程的电子政务云安全审计模式研究 [J]. 新疆大学学报(哲学·人文社会科学版),2016,44(1): 28-35.

[126]高奇琦. 云计算对公共管理的影响——以美国联邦政府云计算战略为例 [J]. 西南民族大学学报(人文社科版),2015,36(6): 111-118.

[127]张晓娟,郭娟. 国外政府云计算安全标准建设及启示 [J]. 电子政务,2016,(4): 83-90.

[128]鲍凌云,刘文云. 云计算在电子政务系统中的应用研究 [J]. 现代情报,2011,31(4): 170-173.

[129]迪莉娅. 基于云计算的政府门户网站知识管理研究 [J]. 现代情报,2014,34(3): 55-59.

[130]杨杰,汤海京,朱红军. 基于云计算的政府网站群整合模式研究 [J]. 电子政务,2010,(11): 113-117.

[131]姜茸,张秋瑾,李彤,等. 电子政务云安全风险分析 [J]. 现代情报,2014,34(12): 12-16.

[132]宁家骏. 推进云服务,促进资源优化配置和电子政务建设转型升级 [J]. 电子政务,2012,(Z1): 46-52.

[133]朱继团,杨琳,曾蔚. 云计算视野中的电子政务协同服务模式 [J]. 电子政务,2013,(3): 117-121.

[134]迪莉娅. 基于云计算的电子政务大数据管理研究 [J]. 图书馆理论与实践,2013,(12): 49-52.

[135]杨美沂,林勇. 大数据背景下基于云计算的政府统计平台构建 [J]. 统计与决策,2016,(4): 8-11.

[136]孙振嘉,辛立艳,毕强. 基于云计算的政府危机决策信息管理机制研究 [J]. 图书情报工作,2012,56(17): 37-41.

[137]董凌峰,李永忠. 基于云计算的政务数据信息共享平台构建研究——以"数字福建"为例 [J]. 现代情报,2015,35(10): 76-81.

[138]毕建新,郑建明. 基于政务云的政府业务流程一体化研究——

以南京市政务服务中心为例 [J]. 电子政务,2015,(7): 107–113.

[139]张敏,吴郁松,霍朝光. 国际电子政务知识种群分析:演化、聚类及迁徙 [J]. 情报杂志,2015,34(12): 133–138.

[140]JASMIN N E, HASAN M K. Framework for the implementation of e-government system based on cloud computing for Malaysian Public Sector [J]. Asia-Pacific Journal of Information Technology Multimedia, 2018, 7(1): 1–18.

[141]MOHAMMED F, ALZAHRANI A I, ALFARRAJ O, et al. Cloud computing fitness for e-government implementation: Importance-performance analysis [J]. IEEE Access, 2018, 6: 1236–1248.

[142]DAMANPOUR F, SCHNEIDER M. Phases of the adoption of innovation in organizations: Effects of environment, organization and top managers [J]. British Journal of Management, 2006, 17(3): 215–236.

[143]陈文波,黄丽华. 组织信息技术采纳的影响因素研究述评 [J]. 软科学,2006,(3): 1–4.

[144]SHAH ALAM S, ALI M Y, MOHD. JANI M F. An empirical study of factors affecting electronic commerce adoption among SMEs in Malaysia [J]. Journal of Business Economics and Management, 2011, 12(2): 375–399.

[145]IFINEDO P. An empirical analysis of factors influencing Internet/e-business technologies adoption by SMEs in Canada [J]. International Journal of Information Technology & Decision Making, 2011, 10(4): 731–766.

[146]SHAH ALAM S. Adoption of Internet in Malaysian SMEs [J]. Journal of Small Business and Enterprise Development, 2009, 16(2): 240–255.

[147]AZADEGAN A, TEICH J. Effective benchmarking of innovation adoptions [J]. Benchmarking: An International Journal, 2010, 17(4): 472–490.

[148]DEDRICK J, WEST J. An exploratory study into open source platform adoption [C]. 37th Annual Hawaii International Conference on System Sciences, 2004.

[149]HAGE J, AIKEN M T. Social change in complex organizations [M]. Random House Trade, 1970.

[150]VAN DE VEN A H, ROGERS E M. Innovations and organizations: Critical perspectives [J]. Communication Research, 1973, 15(5): 632–651.

[151]KWON T H, ZMUD R W. Unifying the fragmented models of information systems implementation [M]. Critical issues in information systems research. 1987: 227–251.

[152]COOPER R B, ZMUD R W. Information technology implementation research: A technological diffusion approach [J]. Management Science, 1990, 36(2): 123-139.

[153]MEYER A D, GOES J B. Organizational assimilation of innovations: A multilevel contextual analysis [J]. Academy of Management Journal, 1988, 31(4): 897-923.

[154]ZHU K, KRAEMER K L, XU S. The process of innovation assimilation by firms in different countries: A technology diffusion perspective on e-Business [J]. Management Science, 2006, 52(10): 1557-1576.

[155]RAI A, BROWN P, TANG X. Organizational assimilation of electronic procurement innovations [J]. Journal of Management Information Systems, 2009, 26(1): 257-296.

[156]毕新华,余翠玲.信息技术吸纳能力及其过程模型研究 [J]. 科学学与科学技术管理,2006,(12): 42-46.

[157]毕新华,余翠玲.信息技术吸纳能力及其机理要素研究 [J]. 情报科学,2007,(5): 648-654.

[158]COHEN W M, LEVINTHAL D A. Absorptive capacity: A new perspective on learning and innovation [J]. Administrative Science Quarterly, 1990, 35(1): 128-152.

[159]YANG S, LU Y, GUPTA S, et al. Mobile payment services adoption across time: An empirical study of the effects of behavioral beliefs, social influences, and personal traits [J]. Computers in Human Behavior, 2012, 28(1): 129-142.

[160]TORNATZKY L G, FLEISCHER M. The processes of technological innovation [M]. Lexington Books, 1990.

[161]OLIVEIRA T, MARTINS M F. Understanding e-business adoption across industries in European countries [J]. Industrial Management & Data Systems, 2010, 110(9): 1337-1354.

[162]刘细文,金学慧.基于TOE框架的企业竞争情报系统采纳影响因素研究 [J]. 图书情报工作,2011,55(6): 70-73.

[163]CHANG I C, HWANG H-G, HUNG M-C, et al. Factors affecting the adoption of electronic signature: Executives' perspective of hospital information department [J]. Decision Support Systems, 2007, 44(1): 350-359.

[164]CAO Q, JONES D R, SHENG H. Contained nomadic information en-

vironments: Technology, organization, and environment influences on adoption of hospital RFID patient tracking [J]. Information & Management, 2014, 51(2): 225–239.

[165]LI J P, CHEN R, LEE J, et al. A case study of private-public collaboration for humanitarian free and open source disaster management software deployment [J]. Decision Support Systems, 2013, 55(1): 1–11.

[166]BOSE R, LUO X. Integrative framework for assessing firms' potential to undertake Green IT initiatives via virtualization: A theoretical perspective [J]. The Journal of Strategic Information Systems, 2011, 20(1): 38–54.

[167]李怡文. 组织在采纳信息技术前后的行为影响因素比较研究[D]. 上海: 同济大学, 2006.

[168]JANG M-J P W-Y. Determinants of the adoption of enterprise resource planning within the technology-organization-environment framework: Taiwan's communications industry [J]. Journal of Computer Information Systems, 2008, 48(3): 94–102.

[169]SRIVASTAVA S C, TEO T S H. E-government, e-business, and national economic performance [J]. Communications of the Association for Information systems, 2010, 26.

[170]WANG Y-M, WANG Y-S, YANG Y-F. Understanding the determinants of RFID adoption in the manufacturing industry [J]. Technological Forecasting and Social Change, 2010, 77(5): 803–815.

[171]OLIVEIRA T, MARTINS M F. Literature review of information technology adoption models at firm level [J]. Electronic Journal of Information Systems Evaluation, 2011, 14(1): 110–121.

[172]SOARES-AGUIAR A, PALMA-DOS-REIS A. Why do firms adopt e-procurement systems? Using logistic regression to empirically test a conceptual model [J]. IEEE Transactions on Engineering Management, 2008, 55(1): 120–133.

[173]VENKATESH V, BALA H. Adoption and impacts of interorganizational business process standards: Role of partnering synergy [J]. Information Systems Research, 2012, 23(4): 1131–1157.

[174]YOON T E, GEORGE J F. Why aren't organizations adopting virtual worlds? [J]. Computers in Human Behavior, 2013, 29(3): 772–790.

[175]DIMAGGIO P J, POWELL W W. The iron cage revisited: Institu-

tional isomorphism and collective rationality in organizational fields [J]. American Sociological Review, 1983, 48(2): 147–160.

[176]OLIVEIRA T, MARTINS R, SARKER S, et al. Understanding SaaS adoption: The moderating impact of the environment context [J]. International Journal of Information Management, 2019, 49: 1–12.

[177]TAJUDEEN F P, JAAFAR N I, AININ S. Understanding the impact of social media usage among organizations [J]. Information & Management, 2018, 55(3): 308–321.

[178]GANGWAR H, DATE H, RAMASWAMY R. Understanding determinants of cloud computing adoption using an integrated TAM-TOE model [J]. Journal of Enterprise Information Management, 2015, 28(1): 107–130.

[179]刘红军,汪旭,杨映. TOE–TAM模型与制造企业ERP规划策略研究 [J]. 科技管理研究,2011,31(13): 163–166.

[180]AWA H O, OJIABO O U, EMECHETA B C. Integrating TAM, TPB and TOE frameworks and expanding their characteristic constructs for e-commerce adoption by SMEs [J]. Journal of Science & Technology Policy Management, 2015, 6(1): 76–94.

[181]CHAN F T S, CHONG A Y-L. Determinants of mobile supply chain management system diffusion: A structural equation analysis of manufacturing firms [J]. International Journal of Production Research, 2013, 51(4): 1196–1213.

[182]HERZBERG F. One more time: How do you motivate employees? [J]. Harvard Business Review, 1987, 65(5): 109–120.

[183]DIENER E, SMITH H, FUJITA F. The personality structure of affect [J]. Journal of personality and social psychology, 1995, 69(1): 130–141.

[184]LEWICKI R J, MCALLISTER D J, BIES R J. Trust and distrust: New relationships and realities [J]. Academy of Management Review, 1998, 23(3): 438–458.

[185]CENFETELLI R T, SCHWARZ A. Identifying and testing the inhibitors of technology usage intentions [J]. Information Systems Research, 2011, 22(4): 808–823.

[186]LEE S-G, CHAE S H, CHO K M. Drivers and inhibitors of SaaS adoption in Korea [J]. International Journal of Information Management, 2013, 33(3): 429–440.

[187]LEE S, SHIN B, LEE H G. Understanding post - adoption usage of mobile data services: The role of supplier - side variables [J]. Journal of the Association for Information Systems, 2009, 10(12): Article 2.

[188]LIU C-T, GUO Y M, LEE C-H. The effects of relationship quality and switching barriers on customer loyalty [J]. International Journal of Information Management, 2011, 31(1): 71–79.

[189]PARK S C, RYOO S Y. An empirical investigation of end–users' switching toward cloud computing: A two factor theory perspective [J]. Computers in Human Behavior, 2013, 29(1): 160–170.

[190]DAVIS F D. Perceived usefulness, perceived ease of use, and user acceptance of information technology [J]. MIS Quarterly, 1989, 13 (3): 319–340.

[191]DELONE W H, MCLEAN E R. Measuring e - commerce success: Applying the DeLone & McLean information systems success model [J]. International Journal of Electronic Commerce, 2004, 9(1): 31–47.

[192]GUPTA P, SEETHARAMAN A, RAJ J R. The usage and adoption of cloud computing by small and medium businesses [J]. International Journal of Information Management, 2013, 33(5): 861–874.

[193]SELZNICK P. TVA and the grass roots: A study of politics and organization [M]. Quid Pro Books, 2011.

[194]CHATTERJEE D, GREWAL R, SAMBAMURTHY V. Shaping up for e - commerce: Institutional enablers of the organizational assimilation of web technologies [J]. MIS Quarterly, 2002, 26(2): 65–89.

[195]TEO H H, WEI K K, BENBASAT I. Predicting intention to adopt interorganizational linkages: An institutional perspective [J]. MIS Quarterly, 2003, 27(1): 19–49.

[196]ZHENG D, CHEN J, HUANG L, et al. E - government adoption in public administration organizations: Integrating institutional theory perspective and resource - based view [J]. European Journal of Information Systems, 2013, 22(2): 221–234.

[197]KIM S, KIM H J, LEE H. An institutional analysis of an e - government system for anti - corruption: The case of OPEN [J]. Government Information Quarterly, 2009, 26(1): 42–50.

[198]梁强，林丹明，马靖楠．制度压力、高管团队支持和ERP应

用——来自中国的经验研究 [J]. 汕头大学学报(人文社会科学版),2013, 29(4): 53-61.

[199] HEIKKILÄ J-P. An institutional theory perspective on e-HRM's strategic potential in MNC subsidiaries [J]. The Journal of Strategic Information Systems, 2013, 22(3): 238-251.

[200] LIU H, KE W, WEI K K, et al. The role of institutional pressures and organizational culture in the firm's intention to adopt internet-enabled supply chain management systems [J]. Journal of Operations Management, 2010, 28(5): 372-384.

[201] BAPTISTA J, NEWELL S, CURRIE W. Paradoxical effects of institutionalisation on the strategic awareness of technology in organisations [J]. The Journal of Strategic Information Systems, 2010, 19(3): 171-183.

[202] TSAI M-C, LAI K-H, HSU W-C. A study of the institutional forces influencing the adoption intention of RFID by suppliers [J]. Information & Management, 2013, 50(1): 59-65.

[203] JUN K-N, WEARE C. Institutional motivations in the adoption of innovations: The case of e-government [J]. Journal of Public Administration Research and Theory, 2010, 21(3): 495-519.

[204] LUNA-REYES L F, GIL-GARCIA J R. Using institutional theory and dynamic simulation to understand complex e-Government phenomena [J]. Government Information Quarterly, 2011, 28(3): 329-345.

[205] MCKNIGHT D H, CARTER M, THATCHER J B, et al. Trust in a specific technology: An investigation of its components and measures [J]. ACM Transactions on Management Information Systems, 2011, 2(2): 1-25.

[206] DONEY P M, CANNON J P. An examination of the nature of trust in buyer-seller relationships [J]. Journal of Marketing, 1997, 61(2): 35-51.

[207] MCKNIGHT D H, CHOUDHURY V, KACMAR C. Developing and validating trust measures for e-commerce: An integrative typology [J]. Information Systems Research, 2002, 13(3): 334-359.

[208] HARRIS L C, GOODE M M H. The four levels of loyalty and the pivotal role of trust: A study of online service dynamics [J]. Journal of Retailing, 2004, 80(2): 139-158.

[209] MAYER R C, DAVIS J H, SCHOORMAN F D. An integrative model of organizational trust [J]. Academy of Management Review, 1995, 20(3):

709–734.

[210]MCKNIGHT D H, CUMMINGS L L, CHERVANY N L. Initial trust formation in new organizational relationships [J]. The Academy of Management Review, 1998, 23(3): 473–490.

[211]LI M, ZHAO D, YU Y. TOE drivers for cloud transformation: Direct or trust-mediated? [J]. Asia Pacific Journal of Marketing and Logistics, 2015, 27(2): 226–248.

[212]VANCE A, ELIE-DIT-COSAQUE C, STRAUB D W. Examining trust in information technology artifacts: The effects of system quality and culture [J]. Journal of Management Information Systems, 2008, 24(4): 73–100.

[213]KIM K K, PRABHAKAR B. Initial trust and the adoption of B2C e-commerce: The case of internet banking [J]. SIGMIS Database, 2004, 35(2): 50–64.

[214]JARVENPAA S L, TRACTINSKY N, SAARINEN L. Consumer trust in an Internet store: A cross-cultural validation [J]. Journal of Computer-Mediated Communication, 1999, 5(2).

[215]KOUFARIS M, HAMPTON-SOSA W. The development of initial trust in an online company by new customers [J]. Information & Management, 2004, 41(3): 377–397.

[216]GEFEN D, KARAHANNA E, STRAUB D W. Trust and TAM in online shopping: An integrated model [J]. MIS Quarterly, 2003, 27(1): 51–90.

[217]马钦海,赵佳,张跃先,等. C2C环境下顾客初始信任的影响机制研究:网上购物经验的调节作用 [J]. 管理评论,2012,24(7): 70–81.

[218]KIM G, SHIN B, LEE H G. Understanding dynamics between initial trust and usage intentions of mobile banking [J]. Information Systems Journal, 2009, 19(3): 283–311.

[219]OLIVEIRA T, FARIA M, THOMAS M A, et al. Extending the understanding of mobile banking adoption: When UTAUT meets TTF and ITM [J]. International Journal of Information Management, 2014, 34(5): 689–703.

[220]BELANCHE D, CASALÓ L V, FLAVIÁN C, et al. Trust transfer in the continued usage of public e-services [J]. Information & Management, 2014, 51(6): 627–640.

[221]CARTER L, BÉLANGER F. The utilization of e-government services: Citizen trust, innovation and acceptance factors [J]. Information Systems Jour-

nal, 2005, 15(1): 5–25.

[222]蒋骁,仲秋雁,季绍波. 电子政务公众采纳的信任因素研究 [J]. 情报杂志,2010,29(1): 37–41.

[223]LIPPERT S K. Assessing post-adoption utilisation of an information technology within a supply chain management context [J]. International Journal of Information Technology and Management, 2008, 7(1): 36–59.

[224]THATCHER J B, MCKNIGHT D H, BAKER E W, et al. The role of trust in postadoption IT exploration: An empirical examination of knowledge management systems [J]. IEEE Transactions on Engineering Management, 2011, 58(1): 56–70.

[225]李敏. 中小企业云服务转换意愿实证研究 [D]. 合肥: 中国科学技术大学,2014.

[226]汪鸿昌,肖静华,谢永勤. 基于企业视角的云计算研究述评与未来展望 [J]. 外国经济与管理,2013,35(6): 13–22.

[227]SAYA S, PEE L G, KANKANHALLI A. The impact of institutional influences on perceived technological characteristics and real options in cloud computing adoption [C]. International Conference on Information Systems 2010, 2010.

[228]WU W-W. Developing an explorative model for SaaS adoption [J]. Expert Systems with Applications, 2011, 38(12): 15057–15064.

[229]MARSTON S, LI Z, BANDYOPADHYAY S, et al. An investigation of factors influencing an organisation's intention to adopt cloud computing [J]. Decision Support Systems, 2011, 51(1): 176–189.

[230]BEHREND T S, WIEBE E N, LONDON J E, et al. Cloud computing adoption and usage in community colleges [J]. Behaviour & Information Technology, 2011, 30(2): 231–240.

[231]ALKHATER N, WILLS G, WALTERS R. Factors influencing an organisation's intention to adopt cloud computing in Saudi Arabia [J]. International Conference on Cloud Computing Technology and Science, 2014: 1040–1044.

[232]TASHKANDI A N, AL-JABRI I M. Cloud computing adoption by higher education institutions in Saudi Arabia: An exploratory study [J]. Cluster Computing, 2015, 18(4): 1527–1537.

[233]SAFARI F, SAFARI N, HASANZADEH A. The adoption of software-as-a-service (SaaS): Ranking the determinants [J]. Journal of Enterprise In-

formation Management, 2015, 28(3): 400–422.

[234]LEE Y-C. Why do people adopt cloud services? Gender differences [J]. Social Science Information, 2015, 55(1): 78–93.

[235]HSU C-L, LIN J C-C. Factors affecting the adoption of cloud services in enterprises [J]. Information Systems and e-Business Management, 2016, 14(4): 791–822.

[236]AHARONY N. An exploratory study on factors affecting the adoption of cloud computing by information professionals [J]. The Electronic Library, 2015, 33(2): 308–323.

[237]WU J, DING F, XU M, et al. Investigating the determinants of decision-Making on adoption of public cloud computing in e-Government [J]. Journal of Global Information Management, 2016, 24(3): 71–89.

[238]SHIH T-Y, LIN C-W. Cloud service adoption by firms in Taiwan: Advancing trust theory and applications [J]. Information Development, 2016, 33(5): 495–511.

[239]AKAR E, MARDIKYAN S. Analyzing factors affecting the adoption of cloud computing: A case of Turkey [J]. KSII Transactions on Internet and Information Systems, 2016, 10(1).

[240]TOMÁS S, THOMAS M, OLIVEIRA T. Evaluating the impact of virtualization characteristics on SaaS adoption [J]. Enterprise Information Systems, 2017, 12(3): 259–278.

[241]SABI H M, UZOKA F-M E, LANGMIA K, et al. A cross-country model of contextual factors impacting cloud computing adoption at universities in sub-Saharan Africa [J]. Information Systems Frontiers, 2017, 20(6): 1381–1404.

[242]PALOS-SANCHEZ P R, ARENAS-MARQUEZ F J, AGUAYO-CAMACHO M. Cloud computing (SaaS) adoption as a strategic technology: Results of an empirical study [J]. Mobile Information Systems, 2017, 2017: 1–20.

[243]MAQUEIRA-MARÍN J M, BRUQUE-CÁMARA S, MINGUELA-RATA B. Environment determinants in business adoption of Cloud Computing [J]. Industrial Management & Data Systems, 2017, 117(1): 228–246.

[244]RAUT R, PRIYADARSHINEE P, JHA M, et al. Modeling the implementation barriers of cloud computing adoption: An interpretive structural modeling [J]. Benchmarking: An International Journal, 2018, 25(8): 2760–2782.

[245] DINCĂ V M, DIMA A M, ROZSA Z. Determinants of cloud computing adoption by Romanian SMEs in the digital economy [J]. Journal of Business Economics and Management, 2019, 20(4): 798-820.

[246]邵明星. 企业用户云计算技术采纳的影响因素 [J]. 中国科技论坛,2016,(1).

[247] WU W-W. Mining significant factors affecting the adoption of SaaS using the rough set approach [J]. Journal of Systems and Software, 2011, 84(3): 435-441.

[248]卢小宾,王建亚. 云计算采纳行为研究现状分析 [J]. 中国图书馆学报,2015,41(1): 92-111.

[249] JOHANSSON B, RUIVO P. Exploring factors for adopting ERP as SaaS [J]. Procedia Technology, 2013, 9: 94-99.

[250] ARVANITIS S, KYRIAKOU N, LOUKIS E N. Why do firms adopt cloud computing? A comparative analysis based on South and North Europe firm data [J]. Telematics and Informatics, 2017, 34(7): 1322-1332.

[251] BENLIAN A, HESS T. Opportunities and risks of software-as-a-service: Findings from a survey of IT executives [J]. Decision Support Systems, 2011, 52(1): 232-246.

[252] WU W-W, LAN L W, LEE Y-T. Exploring decisive factors affecting an organization's SaaS adoption: A case study [J]. International Journal of Information Management, 2011, 31(6): 556-563.

[253] TANG C, LIU J. Selecting a trusted cloud service provider for your SaaS program [J]. Computers & Security, 2015, 50: 60-73.

[254] REPSCHLAEGER J, EREK K, ZARNEKOW R. Cloud computing adoption: An empirical study of customer preferences among start-up companies [J]. Electronic Markets, 2013, 23(2): 115-148.

[255] TRIGUEROS-PRECIADO S, PÉREZ-GONZÁLEZ D, SOLANA-GONZÁLEZ P. Cloud computing in industrial SMEs: Identification of the barriers to its adoption and effects of its application [J]. Electronic Markets, 2013, 23(2): 105-114.

[256] DUTTA A, PENG, G.C. AND CHOUDHARY, A. Risks in enterprise cloud computing: The perspective of IT experts [J]. Journal of Computer Information Systems, 2013.

[257] HEART T. Who is out there?: Exploring the effects of trust and per-

ceived risk on saas adoption intentions [J]. ACM SIGMIS Database: the DATABASE for Advances in Information Systems, 2010, 41(3): 49–68.

[258]VAN DE WEERD, MANGULAIS, BRINKKEMPERES. Adoption of software as a service in Indonesia: Examining the influence of organizational factors [J]. Information & Management, 2016, 53(7): 915–928.

[259]BENLIAN D A. Drivers of SaaS-adoption-an empirical study of different application types [J]. Business & Information Systems Engineering, 2009.

[260]HO A T-K, NI A Y. Explaining the adoption of e-government features: A case study of Iowa County treasurers' offices [J]. The American Review of Public Administration, 2004, 34(2): 164–180.

[261]SHAREEF M A, KUMAR V, KUMAR U, et al. E-government adoption model (GAM): Differing service maturity levels [J]. Government Information Quarterly, 2011, 28(1): 17–35.

[262]DAMANPOUR F, SCHNEIDER M. Characteristics of innovation and innovation adoption in public organizations: Assessing the role of managers [J]. Journal of Public Administration Research and Theory, 2009, 19 (3): 495–522.

[263]DORNER D G. Public sector readiness for digital preservation in New Zealand: The rate of adoption of an innovation in records management practices [J]. Government Information Quarterly, 2009, 26(2): 341–348.

[264]MERGEL I. A framework for interpreting social media interactions in the public sector [J]. Government Information Quarterly, 2013, 30 (4): 327–334.

[265]RAUS M, FLÜGGE B, BOUTELLIER R. Electronic customs innovation: An improvement of governmental infrastructures [J]. Government Information Quarterly, 2009, 26(2): 246–256.

[266]REDDICK C G. The adoption of centralized customer service systems: A survey of local governments [J]. Government Information Quarterly, 2009, 26(1): 219–226.

[267]OLIVEIRA G H M, WELCH E W. Social media use in local government: Linkage of technology, task, and organizational context [J]. Government Information Quarterly, 2013, 30(4): 397–405.

[268]KAMAL M, WEERAKKODY V, IRANI Z. Analyzing the role of

stakeholders in the adoption of technology integration solutions in UK local government: An exploratory study [J]. Government Information Quarterly, 2011, 28(2): 200–210.

[269] VAN LOON A, TOSHKOV D. Adopting open source software in public administration: The importance of boundary spanners and political commitment [J]. Government Information Quarterly, 2015, 32(2): 207–215.

[270] GIL-GARCÍA J R, PARDO T A. E-government success factors: Mapping practical tools to theoretical foundations [J]. Government Information Quarterly, 2005, 22(2): 187–216.

[271] KAMAL M M. IT innovation adoption in the government sector: Identifying the critical success factors [J]. Journal of Enterprise Information Management, 2006, 19(2): 192–222.

[272] WILLIAM H D, EPHRAIM R M. The DeLone and McLean model of information systems success: A ten-year update [J]. Journal of Management Information Systems, 2003, 19(4): 9–30.

[273] HENNING F. A theoretical framework on the determinants of organisational adoption of interoperability standards in Government Information Networks [J]. Government Information Quarterly, 2018, 35 (4, Supplement): S61–S67.

[274] KAMAL M M, WEERAKKODY V, JONES S. The case of EAI in facilitating e-Government services in a Welsh authority [J]. International Journal of Information Management, 2009, 29(2): 161–165.

[275] AHN M J. Adoption of e-communication applications in U.S. municipalities: The role of political environment, bureaucratic structure, and the nature of applications [J]. The American Review of Public Administration, 2011, 41(4): 428–452.

[276] MOON M J, NORRIS D F. Does managerial orientation matter? The adoption of reinventing government and e-government at the municipal level* [J]. Information Systems Journal, 2005, 15(1): 43–60.

[277] NORRIS D F, MOON M J. Advancing e-government at the grassroots: Tortoise or hare? [J]. Public Administration Review, 2005, 65(1): 64–75.

[278] PURON-CID G. Factors for a successful adoption of budgetary transparency innovations: A questionnaire report of an open government initiative in Mexico [J]. Government Information Quarterly, 2014, 31: S49–S62.

[279] NELSON K L, SVARA J H. Form of government still matters: Fostering innovation in US municipal governments [J]. The American Review of Public Administration, 2012, 42(3): 257–281.

[280] FICHMAN R G, KEMERER C F. The illusory diffusion of innovation: An examination of assimilation gaps [J]. Information Systems Research, 1999, 10(3): 255–275.

[281]祝效国,叶强,李一军. 企业技术创新的采纳、扩散与内化机制研究综述 [J]. 信息系统学报,2009,3(2): 66–76.

[282]贺明明,王铁男,肖璇. 社会资本对跨组织信息系统吸收影响机理研究 [J]. 管理科学学报,2014,17(5): 66–83.

[283] RANGANATHAN C, DHALIWAL J S, TEO T S H. Assimilation and diffusion of Web technologies in supply - Chain management: An examination of key drivers and performance impacts [J]. International Journal of Electronic Commerce, 2004, 9(1): 127–161.

[284] WEI J, LOWRY P B, SEEDORF S. The assimilation of RFID technology by Chinese companies: A technology diffusion perspective [J]. Information & Management, 2015, 52(6): 628–642.

[285] PURVIS R L, SAMBAMURTHY V, ZMUD R W. The assimilation of knowledge platforms in organizations: An empirical investigation [J]. Organization Science, 2001, 12(2): 117–135.

[286] KLEIN R. Assimilation of Internet - based purchasing applications within medical practices [J]. Information & Management, 2012, 49 (3): 135–141.

[287] ARMSTRONG C P, SAMBAMURTHY V. Information technology assimilation in firms: The influence of senior leadership and it infrastructures [J]. Information Systems Research, 1999, 10(4): 304–327.

[288] NEIROTTI P, PAOLUCCI E, RAGUSEO E. Is it all about size? Comparing organisational and environmental antecedents of IT assimilation in small and medium - sized enterprises [J]. International Journal of Technology Management, 2013, 61(1): 82–108.

[289]巩见刚,丁堃. 本土情境下技术优势、环境竞争性以及组织信息密度与信息技术吸收的关系研究 [J]. 科学学与科学技术管理,2014,35(6): 19–26.

[290] MASSETTI B, ZMUD R W. Measuring the extent of EDI usage in

complex organizations: Strategies and illustrative examples [J]. MIS Quarterly, 1996, 20(3): 331–345.

[291] RAMAMURTHY K, PREMKUMAR G, CRUM M R. Organizational and interorganizational determinants of EDI diffusion and organizational performance: A causal model [J]. Journal of Organizational Computing and Electronic Commerce, 1999, 9(4): 253–285.

[292] ZHU K, KRAEMER K L. Post-adoption variations in usage and value of e-business by organizations: Cross-country evidence from the retail industry [J]. Information Systems Research, 2005, 16(1): 61–84.

[293] ZHANG C, XUE L, DHALIWAL J. Alignments between the depth and breadth of inter-organizational systems deployment and their impact on firm performance [J]. Information & Management, 2016, 53(1): 79–90.

[294] DAVERN M J, WILKIN C L. Towards an integrated view of IT value measurement [J]. International Journal of Accounting Information Systems, 2010, 11(1): 42–60.

[295] MELVILLE N, KRAEMER K, GURBAXANI V. Information technology and organizational performance: An integrative model of IT business value [J]. MIS Quarterly, 2004, 28(2): 283–322.

[296] 吕本富,汪森,彭赓. 基于企业属性的IT价值多维度研究 [J]. 南开管理评论,2006,(6): 89–95.

[297] HITT L M, BRYNJOLFSSON E. Productivity, business profitability, and consumer surplus: Three different measures of information technology value [J]. MIS Quarterly, 1996, 20(2): 121–142.

[298] LI L, DU K, XIN S, et al. Creating value through IT-enabled integration in public organizations: A case study of a prefectural Chinese Center for Disease Control and Prevention [J]. International Journal of Information Management, 2017, 37(1, Part B): 1575–1580.

[299] PANG M-S, LEE G, DELONE W H. IT resources, organizational capabilities, and value creation in public-sector organizations: A public-value management perspective [J]. Journal of Information Technology, 2014, 29(3): 187–205.

[300] BANNISTER F. Dismantling the silos: Extracting new value from IT investments in public administration [J]. Information Systems Journal, 2001, 11(1): 65–84.

[301]ZHANG W, GUTIERREZ O, MATHIESON K. Information systems research in the nonprofit context: Challenges and opportunities [J]. Communications of the Association for Information systems, 2010, 12: 1-12.

[302]CORDELLA A, BONINA C M. A public value perspective for ICT enabled public sector reforms: A theoretical reflection [J]. Government Information Quarterly, 2012, 29(4): 512-520.

[303]TWIZEYIMANA J D, ANDERSSON A. The public value of E-Government: A literature review [J]. Government Information Quarterly, 2019, 36(2): 167-178.

[304]LIANG Y, QI G, ZHANG X, et al. The effects of e-government cloud assimilation on public value creation: An empirical study of China [J]. Government Information Quarterly, 2019, 36(4): 101397.

[305]BANNISTER F, CONNOLLY R. ICT, public values and transformative government: A framework and programme for research [J]. Government Information Quarterly, 2014, 31(1): 119-128.

[306]朱晓武.IT商业价值再研究:基于效率和效果的视角 [J]. 管理评论,2015,27(8): 68-76.

[307]SETHI V, KING W R. Development of measures to assess the extent to which an information technology application provides competitive advantage [J]. Management Science, 1994, 40(12): 1601-1627.

[308]SIRCAR S, TURNBOW J L, BORDOLOI B. A framework for assessing the relationship between information technology investments and firm performance [J]. Journal of Management Information Systems, 2000, 16(4): 69-97.

[309]赵泉午,黄志忠,卜祥智.上市公司ERP实施前后绩效变化的实证研究——来自沪市1993—2003年的经验数据 [J]. 管理科学学报,2008,(1): 122-132.

[310]KLIEVINK B, BHAROSA N, TAN Y-H. The collaborative realization of public values and business goals: Governance and infrastructure of public-private information platforms [J]. Government Information Quarterly, 2016, 33(1): 67-79.

[311]CHATFIELD A T, REDDICK C G. Customer agility and responsiveness through big data analytics for public value creation: A case study of Houston 311 on-demand services [J]. Government Information Quarterly, 2017, 35

(2): 336–347.

[312]CHONG M, HABIB A, EVANGELOPOULOS N, et al. Dynamic capabilities of a smart city: An innovative approach to discovering urban problems and solutions [J]. Government Information Quarterly, 2018.

[313] KLIEVINK B, JANSSEN M. Realizing joined-up government-Dynamic capabilities and stage models for transformation [J]. Government Information Quarterly, 2009, 26(2): 275–284.

[314]NIEHAVES B, PLATTFAUT R, BECKER J. Business process management capabilities in local governments: A multi-method study [J]. Government Information Quarterly, 2013, 30(3): 217–225.

[315]PANAGIOTOPOULOS P, BOWEN F, BROOKER P. The value of social media data: Integrating crowd capabilities in evidence-based policy [J]. Government Information Quarterly, 2017, 34(4): 601–612.

[316] FORNELL C, LARCKER D F. Evaluating structural equation models with unobservable variables and measurement error [J]. Journal of Marketing Research, 1981, 18(1): 39–50.

[317]CHIN W W. The partial least squares approach to structural equation modeling [J]. Modern Mmethods for Business Research, 1998, 295 (2): 295–336.

[318]HAIR J F, SARSTEDT M, RINGLE C M, et al. An assessment of the use of partial least squares structural equation modeling in marketing research [J]. Journal of the Academy of Marketing Science, 2012, 40 (3): 414–433.

[319] CHIN W W, MARCOLIN B L, NEWSTED P R. A partial least squares latent variable modeling approach for measuring interaction effects: Results from a Monte Carlo simulation study and an electronic-mail emotion/adoption study [J]. Information Systems Research, 2003, 14(2): 189–217.

[320]HENSELER J, RINGLE C M, SINKOVICS R R. The use of partial least squares path modeling in international marketing [M]. New Challenges to International Marketing. Emerald Group Publishing Limited. 2009: 277–319.

[321]GEFEN D, STRAUB D. A practical guide to factorial validity using PLS-Graph: Tutorial and annotated example [J]. Communications of the Association for Information systems, 2005, 16(1): Article 5.

[322]刘森. 云计算技术的价值创造及作用机理研究 [D]. 杭州: 浙江

大学,2014.

[323]YIN R K. Case study research: Design and methods [M]. Sage Publications, 2009.

[324]BENBASAT I, GOLDSTEIN D K, MEAD M. The case research strategy in studies of information systems [J]. MIS Quarterly, 1987, 11 (3): 369-386.

[325]EISENHARDT K M. Building theories from case study research [J]. Academy of Management Review, 1989, 14(4): 532-550.

[326]苏敬勤,李召敏.案例研究方法的运用模式及其关键指标 [J]. 管理学报,2011,8(3): 340-347.

[327]苏敬勤,刘静.复杂产品系统制造企业的动态能力演化:一个纵向案例研究 [J]. 科研管理,2013,34(8): 58-67.

[328]JOHNSTON W J, LEACH M P, LIU A H. Theory testing using case studies in business-to-business research [J]. Industrial Marketing Management, 1999, 28(3): 201-213.

[329]MYERS M D. Investigating information systems with ethnographic research [J]. Communications of the Association for Information systems, 1999, 2: Article 23.

[330]CORBIN J, STRAUSS A. Basics of qualitative research: Techniques and procedures for developing grounded theory [M]. Sage publications, 2014.

[331]李志刚,李兴旺.蒙牛公司快速成长模式及其影响因素研究——扎根理论研究方法的运用 [J]. 管理科学,2006,(3): 2-7.

[332]GLASER B G, STRAUSS A L. Discovery of grounded theory: Strategies for qualitative research [M]. Routledge, 2017.

[333]钱坤,孙锐.用户参与虚拟社区中产品创新的影响因素研究——扎根理论研究方法的运用 [J]. 科技管理研究,2014,34(6): 5-10.

[334]SARKER S, LEE A S. Using a case study to test the role of three key social enablers in ERP implementation [J]. Information & Management, 2003, 40(8): 813-829.

[335]JIA L, YOU S, DU Y. Chinese context and theoretical contributions to management and organization research: A three-decade review [J]. Management and Organization Review, 2012, 8(1): 173-209.

[336]LEE J, KIM J. Grounded theory analysis of e-government initiatives: Exploring perceptions of government authorities [J]. Government Informa-

tion Quarterly, 2007, 24(1): 135–147.

[337]王燕,周建涛. 云环境下的信任研究方法与技术 [J]. 小型微型计算机系统,2015,36(10): 2334–2339.

[338]桂雁军. 企业云计算采纳决策研究 [J]. 科技视界,2014,(25): 22–23.

[339]LEE S, KIM K-J. Factors affecting the implementation success of Internet-based information systems [J]. Computers in Human Behavior, 2007, 23(4): 1853–1880.

[340]WELLS J D, CAMPBELL D E, VALACICH J S, et al. The effect of perceived novelty on the adoption of information technology innovations: A risk/reward perspective [J]. Decision Sciences, 2010, 41(4): 813–843.

[341]PATRICK Y K C, TAM K Y. Factors affecting the adoption of open systems: An exploratory study [J]. MIS Quarterly, 1997, 21(1): 1–24.

[342]LIANG Y, WANG W, DONG K, et al. Adoption of mobile government cloud from the perspective of public sector [J]. Mobile Information Systems, 2021, 2021: 8884594.

[343]ALI O, SOAR J, YONG J. An investigation of the challenges and issues influencing the adoption of cloud computing in Australian regional municipal governments [J]. Journal of Information Security and Applications, 2016, 27: 19–34.

[344]黎春兰,邓仲华. 论云计算的服务质量 [J]. 图书与情报,2012,(4): 1–5.

[345]KOLLMANN T, KUCKERTZ A, BREUGST N. Organizational readiness and the adoption of electronic business: The moderating role of national culture in 29 european countries [J]. SIGMIS Database, 2009, 40(4): 117–131.

[346]PETERAF M A. The cornerstones of competitive advantage: A resource-based view [J]. Strategic Management Journal, 1993, 14(3): 179–191.

[347]CALDEIRA M M, WARD J M. Using resource-based theory to interpret the successful adoption and use of information systems and technology in manufacturing small and medium-sized enterprises [J]. European Journal of Information Systems, 2003, 12(2): 127–141.

[348]HAMBRICK D C, MASON P A. Upper echelons: The organization as a reflection of its top managers [J]. Academy of Management Review, 1984, 9(2): 193–206.

[349]马亮.政府创新扩散视角下的电子政务发展——基于中国省级政府的实证研究 [J]. 图书情报工作,2012,56(7): 117–124.

[350] CHWELOS P, BENBASAT I, DEXTER A S. Empirical test of an EDI adoption model [J]. Information Systems Research, 2001, 12(3): 304–321.

[351] WANG Y, AHMED P K. The moderating effect of the business strategic orientation on eCommerce adoption: Evidence from UK family run SMEs [J]. The Journal of Strategic Information Systems, 2009, 18(1): 16–30.

[352] KERNAGHAN K. Integrating values into public service: The values statement as centerpiece [J]. Public Administration Review, 2003, 63 (6): 711–719.

[353]李妮.地方政府创新采纳行为研究:一个比较分析 [J]. 领导科学, 2015,(2): 30–34.

[354] RAMON GIL-GARCIA J, CHENGALUR-SMITH I, DUCHESSI P. Collaborative e-Government: Impediments and benefits of information-sharing projects in the public sector [J]. European Journal of Information Systems, 2007, 16(2): 121–133.

[355] HOFFMAN L J, LAWSON-JENKINS K, BLUM J. Trust beyond security: An expanded trust model [J]. Commun ACM, 2006, 49(7): 94–101.

[356] MCKNIGHT D H, CHERVANY N L. What trust means in e-commerce customer relationships: An interdisciplinary conceptual typology [J]. International Journal of Electronic Commerce, 2001, 6(2): 35–59.

[357] MCKNIGHT D H, KACMAR C J, CHOUDHURY V. Shifting factors and the ineffectiveness of third party assurance seals: A two-stage model of initial trust in a Web business [J]. Electronic Markets, 2004, 14(3): 252–266.

[358] SUN H, ZHANG P. The role of moderating factors in user technology acceptance [J]. International Journal of Human-Computer Studies, 2006, 64 (2): 53–78.

[359]李剑力.探索性创新、开发性创新与企业绩效的关系——基于组织结构特性调节效应的实证分析 [J]. 技术经济,2011,30(2): 23–30.

[360]陈曦,宋合义,乔蓓.高层管理团队对领导者职业兴趣与绩效关系的调节作用 [J]. 科学学与科学技术管理,2011,32(3): 172–179.

[361]樊耘,阎亮,马贵梅.权力需要、组织承诺与角色外行为的关系研究——基于组织文化的调节效应 [J]. 科学学与科学技术管理,2013,34 (1): 135–146.

[362]JANSEN J J P, BOSCH F A J V D, VOLBERDA H W. Exploratory innovation, exploitative innovation, and performance: Effects of organizational antecedents and environmental moderators [J]. Management Science, 2006, 52(11): 1661-1674.

[363]徐敏,汪国银,刘芳. 战略执行速度与绩效——环境动态性和组织资源的调节作用 [J]. 科技管理研究,2014,34(22): 178-182.

[364]李远东. 组织遗忘、突破式创新与组织绩效研究——基于冗余资源的调节作用 [J]. 软科学,2016,30(6): 88-91.

[365]LI Y. Environmental innovation practices and performance: Moderating effect of resource commitment [J]. Journal of Cleaner Production, 2014, 66: 450-458.

[366]李怡娜,叶飞. 高层管理支持、环保创新实践与企业绩效——资源承诺的调节作用 [J]. 管理评论,2013,25(1): 120-127.

[367]李梓涵昕,朱桂龙. 忘却学习对突破性创新的影响——基于关系型社会资本与冗余资源的调节作用 [J]. 科学学与科学技术管理,2016,37(6): 43-54.

[368]SHIN E. Unions and the adoption of high-performance work systems in Korea: Moderating roles of firms' competitive strategies [J]. The International Journal of Human Resource Management, 2014, 25(13): 1858-1880.

[369]SIMON D H, LIEBERMAN M B. Internal and external influences on adoption decisions in multi-unit firms: The moderating effect of experience [J]. Strategic Organization, 2010, 8(2): 132-154.

[370]LEE C-P, SHIM J P. An exploratory study of radio frequency identification (RFID) adoption in the healthcare industry [J]. European Journal of Information Systems, 2007, 16(6): 712-724.

[371]连燕玲,刘俊良,陈琼. 破产威胁与战略变革——基于组织资源与市场丰腴性的调节效应研究 [J]. 外国经济与管理,2016,38(10): 20-34.

[372]邹国庆,倪昌红. 经济转型中的组织冗余与企业绩效:制度环境的调节作用 [J]. 中国工业经济,2010,(11): 120-129.

[373]马富萍,茶娜. 环境规制对技术创新绩效的影响研究——制度环境的调节作用 [J]. 研究与发展管理,2012,24(1): 60-66.

[374]NADKARNI S, NARAYANAN V K. Strategic schemas, strategic flexibility, and firm performance: The moderating role of industry clockspeed [J]. Strategic Management Journal, 2007, 28(3): 243-270.

[375]ZHU Q, SARKIS J. The moderating effects of institutional pressures on emergent green supply chain practices and performance [J]. International Journal of Production Research, 2007, 45(18-19): 4333-4355.

[376]李冬伟,汪克夷.智力资本与高科技企业绩效关系研究——环境的调节作用 [J]. 科学学研究,2009,27(11): 1700-1707.

[377]谢卫红,王永健,蒋峦,等.IT能力与竞争优势关系研究——组织技术中介效应与环境不确定性调节效应 [J]. 科学学与科学技术管理,2010,31(12): 122-131.

[378]李忆,司有和.组织结构、创新与企业绩效:环境的调节作用 [J]. 管理工程学报,2009,23(4): 20-26.

[379]ZAHRA S A, BOGNER W C. Technology strategy and software new ventures' performance: Exploring the moderating effect of the competitive environment [J]. Journal of Business Venturing, 2000, 15(2): 135-173.

[380]WU G-C, DING J-H, CHEN P-S. The effects of GSCM drivers and institutional pressures on GSCM practices in Taiwan's textile and apparel industry [J]. International Journal of Production Economics, 2012, 135(2): 618-636.

[381]PAVLOU P A, GEFEN D. Building effective online marketplaces with institution-based trust [J]. Information Systems Research, 2004, 15(1): 37-59.

[382]DUNN S C, SEAKER R F, WALLER M A. Latent variables in business logistics research: Scale development and validation [J]. Journal of Business logistics, 1994, 15(2): 145-172.

[383]马庆国.中国管理科学研究面临的几个关键问题 [J]. 管理世界,2002,(8): 105-115.

[384]BRISLIN R W. Back-Translation for cross-Cultural research [J]. Journal of Cross-Cultural Psychology, 1970, 1(3): 185-216.

[385]HAIR J F, RISHER JEFFREY J, SARSTEDT M, et al. When to use and how to report the results of PLS-SEM [J]. European Business Review, 2019, 31(1): 2-24.

[386]RAGIN C C. Redesigning social inquiry: Fuzzy sets and beyond [M]. University of Chicago Press, 2008.

[387]AFONSO C, SILVA G M, GONÇALVES H M, et al. The role of motivations and involvement in wine tourists' intention to return: SEM and fsQCA

findings [J]. Journal of Business Research, 2018, 89: 313–321.

[388]WOODSIDE A G. Moving beyond multiple regression analysis to algorithms: Calling for adoption of a paradigm shift from symmetric to asymmetric thinking in data analysis and crafting theory [J]. Journal of Business Research, 2013, 66(4): 463–472.

[389] RIHOUX B, RAGIN C C. Configurational comparative methods: Qualitative comparative analysis (QCA) and related techniques [M]. Sage Publications, 2008.

[390]MIKALEF P, PATELI A. Information technology-enabled dynamic capabilities and their indirect effect on competitive performance: Findings from PLS-SEM and fsQCA [J]. Journal of Business Research, 2017, 70: 1–16.

[391]STANKO M A. Toward a theory of remixing in online innovation communities [J]. Information Systems Research, 2016, 27(4): 773–791.

[392] LIU Y, MEZEI J, KOSTAKOS V, et al. Applying configurational analysis to IS behavioural research: A methodological alternative for modelling combinatorial complexities [J]. Information Systems Journal, 2017, 27 (1): 59–89.

[393]GLIGOR D, BOZKURT S. FsQCA versus regression: The context of customer engagement [J]. Journal of Retailing and Consumer Services, 2020, 52: 101929.

[394] DUARTE P, PINHO J C. A mixed methods UTAUT2-based approach to assess mobile health adoption [J]. Journal of Business Research, 2019, 102: 140–150.

[395]LIANG Y, ZHANG G, XU F, et al. User acceptance of Internet of Vehicles services: Empirical findings of partial least square structural equation modeling (PLS-SEM) and fuzzy sets qualitative comparative analysis (fsQCA) [J]. Mobile Information Systems, 2020, 2020: 6630906.

[396]VALAEI N, REZAEI S, ISMAIL W K W. Examining learning strategies, creativity, and innovation at SMEs using fuzzy set Qualitative Comparative Analysis and PLS path modeling [J]. Journal of Business Research, 2017, 70: 224–233.

[397]RINGLE C M, SARSTEDT M, STRAUB D W. Editor's comments: A critical look at the use of PLS-SEM in MIS quarterly [J]. MIS Quarterly, 2012, 36(1).

[398]RAGIN C C. Using qualitative comparative analysis to study causal complexity [J]. Health services research, 1999, 34(5 Pt 2): 1225–1239.

[399]CALABUIG MORENO F, PRADO - GASCÓ V, CRESPO HERVÁS J, et al. Predicting future intentions of basketball spectators using SEM and fsQCA [J]. Journal of Business Research, 2016, 69(4): 1396–1400.

[400]FISS P C. Building better causal theories: A fuzzy set approach to typologies in organization research [J]. Academy of Management Journal, 2011, 54(2): 393–420.

[401]JAHANMIR S F, SILVA G M, GOMES P J, et al. Determinants of users' continuance intention toward digital innovations: Are late adopters different? [J]. Journal of Business Research, 2020, 115: 225–233.

[402]KAYA B, ABUBAKAR A M, BEHRAVESH E, et al. Antecedents of innovative performance: Findings from PLS-SEM and fuzzy sets (fsQCA) [J]. Journal of Business Research, 2020, 114: 278–289.

[403]GRECKHAMER T, FURNARI S, FISS P C, et al. Studying configurations with qualitative comparative analysis: Best practices in strategy and organization research [J]. Strategic Organization, 2018, 16(4): 482–495.

[404]PAPPAS I O, PAPAVLASOPOULOU S, MIKALEF P, et al. Identifying the combinations of motivations and emotions for creating satisfied users in SNSs: An fsQCA approach [J]. International Journal of Information Management, 2020, 53: 102128.

[405]PODSAKOFF P M, MACKENZIE S B, LEE J - Y, et al. Common method biases in behavioral research: A critical review of the literature and recommended remedies [J]. Journal of Applied Psychology, 2003, 88 (5): 879–903.

[406]熊红星，张璟，叶宝娟，等．共同方法变异的影响及其统计控制途径的模型分析 [J]. 心理科学进展，2012，20(5): 757–769.

[407]WANG N, XUE Y, LIANG H, et al. The dual roles of the government in cloud computing assimilation: An empirical study in China [J]. Information Technology & People, 2019, 32(1): 147–170.

[408]KOCK N. Common method bias in PLS - SEM: A full collinearity assessment approach [J]. International Journal of e - Collaboration, 2015, 11(4): 1–10.

[409]ZHOU T. An empirical examination of initial trust in mobile bank-

ing [J]. Internet Research, 2011, 21(5): 527–540.

[410]HAIR J F, RINGLE C M, SARSTEDT M. PLS-SEM: Indeed a silver bullet [J]. Journal of Marketing Theory and Practice, 2011, 19(2): 139–152.

[411] BENITEZ J, HENSELER J, CASTILLO A, et al. How to perform and report an impactful analysis using partial least squares: Guidelines for confirmatory and explanatory IS research [J]. Information & Management, 2020, 57(2): 103168.

[412]GHAZALI EZLIKA M, MUTUM DILIP S, WOON MEI Y. Multiple sequential mediation in an extended uses and gratifications model of augmented reality game Pokémon Go [J]. Internet Research, 2019, 29(3): 504–528.

[413]HAIR J F, HULT G T M, RINGLE C M, et al. A primer on partial least squares structural equation modeling (PLS-SEM) [M]. Sage Publications, 2017.

[414]DIJKSTRA T K, HENSELER J. Consistent and asymptotically normal PLS estimators for linear structural equations [J]. Computational Statistics & Data Analysis, 2015, 81: 10–23.

[415]HENSELER J, RINGLE C M, SARSTEDT M. A new criterion for assessing discriminant validity in variance-based structural equation modeling [J]. Journal of the Academy of Marketing Science, 2015, 43(1): 115–135.

[416]LIANG Y, ZHANG G, XU F, et al. User acceptance of internet of vehicles services: Empirical findings of partial least square structural equation modeling (PLS-SEM) and fuzzy sets qualitative analysis (fsQCA) [J]. Mobile Information Systems, 2020, 2020: 6630906.

[417]STONE M. Cross-validatory choice and assessment of statistical predictions [J]. Journal of the Royal Statistical Society: Series B (Methodological), 1974, 36(2): 111–133.

[418]HENSELER J, SARSTEDT M. Goodness-of-fit indices for partial least squares path modeling [J]. Computational Statistics, 2013, 28(2): 565–580.

[419] AHMAD N A, DRUS S M, KASIM H. Factors that influence the adoption of enterprise architecture by public sector organizations: An empirical study [J]. IEEE Access, 2020, 8: 98847–98873.

[420]GEISSER S. A predictive approach to the random effect model [J]. Biometrika, 1974, 61(1): 101–107.

[421]PRIYADARSHINEE P. Examining critical success factors of cloud computing adoption: Integrating AHP-structural mediation model [J]. International Journal of Decision Support System Technology, 2020, 12(2): 80–96.

[422]BARON R M, KENNY D A. The moderator-mediator variable distinction in social psychological research: Conceptual, strategic, and statistical considerations [J]. Journal of personality and social psychology, 1986, 51(6): 1173–1182.

[423]HAYES A F. Introduction to mediation, moderation, and conditional process analysis: A regression-based approach [M]. Guilford Publications, 2017.

[424]SOBEL M E. Asymptotic confidence intervals for indirect effects in structural equation models [J]. Sociological Methodology, 1982, 13: 290–312.

[425]RAUT R, PRIYADARSHINEE P, JHA M. Understanding the mediation effect of cloud computing adoption in Indian organization: Integrating TAM-TOE-Risk model [J]. International Journal of Service Science, Management, Engineering, and Technology, 2017, 8(3): 40–59.

[426]MANGLA S K, RAUT R, NARWANE V S, et al. Mediating effect of big data analytics on project performance of small and medium enterprises [J]. Journal of Enterprise Information Management, 2020, ahead-of-print(ahead-of-print).

[427]ARPACI I, KESICI Ş, BALOĞLU M. Individualism and internet addiction: The mediating role of psychological needs [J]. Internet Research, 2018, 28(2): 293–314.

[428]PREACHER K J, HAYES A F. Asymptotic and resampling strategies for assessing and comparing indirect effects in multiple mediator models [J]. Behavior Research Methods, 2008, 40(3): 879–891.

[429]NITZL C, ROLDAN JOSE L, CEPEDA G. Mediation analysis in partial least squares path modeling: Helping researchers discuss more sophisticated models [J]. Industrial Management & Data Systems, 2016, 116(9): 1849–1864.

[430]ZHAO X, LYNCH J G, JR., CHEN Q. Reconsidering Baron and Kenny: Myths and truths about mediation analysis [J]. Journal of Consumer Research, 2010, 37(2): 197–206.

[431]RIGDON E E, RINGLE C M, SARSTEDT M. Structural modeling of heterogeneous data with partial least squares [M]. Review of Marketing Re-

search. Emerald Group Publishing Limited. 2010: 255–296.

[432] HENSELER J, CHIN W W. A comparison of approaches for the analysis of interaction effects between latent variables using partial least squares path modeling [J]. Structural Equation Modeling: A Multidisciplinary Journal, 2010, 17(1): 82–109.

[433] SCHNEIDER C Q, WAGEMANN C. Standards of good practice in qualitative comparative analysis (QCA) and fuzzy-sets [J]. Comparative Sociology, 2010, 9(3): 397–418.

[434] DEL SARTO N, ISABELLE D A, DI MININ A. The role of accelerators in firm survival: An fsQCA analysis of Italian startups [J]. Technovation, 2020, 90–91: 102102.

[435] SCHNEIDER C Q, WAGEMANN C. Set-theoretic methods for the social sciences: A guide to qualitative comparative analysis [M]. Cambridge University Press, 2012.

[436] RAGIN C C. Set relations in social research: Evaluating their consistency and coverage [J]. Political Analysis, 2006, 14(3): 291–310.

[437] URUEÑA A, HIDALGO A. Successful loyalty in e-complaints: FsQCA and structural equation modeling analyses [J]. Journal of Business Research, 2016, 69(4): 1384–1389.

[438] JIANG T-H, CHEN S-L, CHEN J K C. Examining the role of behavioral intention on multimedia teaching materials using FSQCA [J]. Journal of Business Research, 2016, 69(6): 2252–2258.

[439] 肖拥军，姚磊. 关于建设电子政务云平台的几点思考 [J]. 中国信息界，2012，(10): 21–22.

[440] KOHLI R, DEVARAJ S. Measuring information technology payoff: A meta-analysis of structural variables in firm-level empirical research [J]. Information Systems Research, 2003, 14(2): 127–145.

[441] 邵明星. 企业用户云服务采纳及融合行为研究 [D]. 北京: 北京理工大学，2015.

[442] LAI K-H, WONG C W Y, CHENG T C E. A coordination-theoretic investigation of the impact of electronic integration on logistics performance [J]. Information & Management, 2008, 45(1): 10–20.

[443] SIRMON D G, HITT M A, IRELAND R D, et al. Resource orchestration to create competitive advantage: Breadth, depth, and life cycle effects

[J]. Journal of Management, 2011, 37(5): 1390-1412.

[444]IYER K N S, GERMAIN R, CLAYCOMB C. B2B e-commerce supply chain integration and performance: A contingency fit perspective on the role of environment [J]. Information & Management, 2009, 46(6): 313-322.

[445]LYYTINEN K, DAMSGAARD J. Inter-organizational information systems adoption: a configuration analysis approach [J]. European Journal of Information Systems, 2011, 20(5): 496-509.

[446]CAO Q, GEDAJLOVIC E, ZHANG H. Unpacking organizational ambidexterity: Dimensions, contingencies, and synergistic effects [J]. Organization Science, 2009, 20(4): 781-796.

[447]RAISCH S, BIRKINSHAW J, PROBST G, et al. Organizational ambidexterity: Balancing exploitation and exploration for sustained performance [J]. Organization Science, 2009, 20(4): 685-695.

[448]FANG E, PALMATIER R W, GREWAL R. Effects of customer and innovation asset configuration strategies on firm performance [J]. Journal of Marketing Research, 2011, 48(3): 587-602.

[449]ZHANG C, DHALIWAL J. An investigation of resource-based and institutional theoretic factors in technology adoption for operations and supply chain management [J]. International Journal of Production Economics, 2009, 120(1): 252-269.

[450]SIVARAJAH U, IRANI Z, WEERAKKODY V. Evaluating the use and impact of Web 2.0 technologies in local government [J]. Government Information Quarterly, 2015, 32(4): 473-487.

[451]张泽根.论电子政务与政府管理创新——海淀区政府电子政务建设实证研究 [J]. 电子政务,2006,(7): 35-39.

[452]JANOWSKI T. Digital government evolution: From transformation to contextualization [J]. Government Information Quarterly, 2015, 32 (3): 221-236.

[453]SUBRAMANI M. How do suppliers benefit from information technology use in supply chain relationships? [J]. MIS Quarterly, 2004, 28 (1): 45-73.

[454]MUKHOPADHYAY T, KEKRE S. Strategic and operational benefits of electronic integration in B2B procurement processes [J]. Management Science, 2002, 48(10): 1301-1313.

[455] TANRIVERDI H. Performance effects of information technology synergies in multibusiness firms [J]. MIS Quarterly, 2006, 30(1): 57–77.

[456] LAVIE D, STETTNER U, TUSHMAN M L. Exploration and exploitation within and across organizations [J]. The Academy of Management Annals, 2010, 4(1): 109–155.

[457] WADE M, HULLAND J. The resource-based view and information systems research: Review, extension, and suggestions for future research [J]. MIS Quarterly, 2004, 28(1): 107–142.

[458] DONG S, XU S X, ZHU K X. Information technology in supply chains: The value of it-enabled resources under competition [J]. Information Systems Research, 2009, 20(1): 18–32.

[459] ANTHOPOULOS L, REDDICK C G, GIANNAKIDOU I, et al. Why e-government projects fail? An analysis of the Healthcare.gov website [J]. Government Information Quarterly, 2016, 33(1): 161–173.

[460] ZHU X. The failure of an early episode in the open government data movement: A historical case study [J]. Government Information Quarterly, 2017, 34(2): 256–269.

[461] PREMKUMAR G, RAMAMURTHY K, SAUNDERS C S. Information processing view of organizations: An exploratory examination of fit in the context of interorganizational relationships [J]. Journal of Management Information Systems, 2005, 22(1): 257–294.

[462] FLYNN B B, HUO B, ZHAO X. The impact of supply chain integration on performance: A contingency and configuration approach [J]. Journal of Operations Management, 2010, 28(1): 58–71.

[463] SIRMON D G, HITT M A. Contingencies within dynamic managerial capabilities: Interdependent effects of resource investment and deployment on firm performance [J]. Strategic Management Journal, 2009, 30(13): 1375–1394.

[464] PANAGIOTOPOULOS P, AL-DEBEI M M, FITZGERALD G, et al. A business model perspective for ICTs in public engagement [J]. Government Information Quarterly, 2012, 29(2): 192–202.

[465] SIGGELKOW N. Evolution toward fit [J]. Administrative Science Quarterly, 2002, 47(1): 125–159.

[466] MARCH J G. Exploration and exploitation in organizational

learning [J]. Organization Science, 1991, 2(1): 71–87.

[467]VENKATRAMAN N. The concept of fit in strategy research: Toward verbal and statistical correspondence [J]. Academy of Management Review, 1989, 14(3): 423–444.

[468]杨建锋,王重鸣.薪酬策略与公司竞争战略的匹配机制研究 [J]. 重庆大学学报(社会科学版),2008,(5): 63–67.

[469]奚雷,彭灿,李德强.智力资本对双元创新协同性的影响:高管团队行为整合的调节作用 [J]. 科技进步与对策,2016,33(6): 142–148.

[470]HE Z-L, WONG P-K. Exploration vs. exploitation: An empirical test of the ambidexterity hypothesis [J]. Organization Science, 2004, 15(4): 481–494.

[471]GUPTA A K, SMITH K G, SHALLEY C E. The interplay between exploration and exploitation [J]. Academy of Management Journal, 2006, 49(4): 693–706.

[472]李瑜,谢恩.客户导向和竞争者导向的整合与企业绩效 [J]. 管理科学,2014,27(3): 14–23.

[473]CHANG Y, WONG S F, EZE U, et al. The effect of IT ambidexterity and cloud computing absorptive capacity on competitive advantage [J]. Industrial Management & Data Systems, 2019, 119(3): 613–638.

[474]URBACH N, FREDERIK A. Structural equation modeling in information systems research using partial least squares [J]. Journal of Information technology theory and application, 2010, 11(2): 5–40.

[475]BANKER R D, BARDHAN I R, CHANG H, et al. Plant information systems, manufacturing capabilities, and plant performance [J]. MIS Quarterly, 2006, 30(2): 315–337.